我们的十大信条

- 常想着乡村教育是救国惟一的政策
- 常想着乡村师范是乡村文化的中心
- 常想着乡民是我们的好友
- 常想着乡村是我们的乐园
- 努力做师生协作的工夫
- 努力把教学做打成一片
- 努力实现新中国的乡村
- 努力创造新时代一个乡村师范
- 生活简陋思想不要简陋
- 埋头的努力胜过无谓的夸张

（录自黄质夫1927年著《栖霞乡师十六年度之回顾》）

黄质夫乡村教育文集

主编 王文岭 黄飞

东南大学出版社

图书在版编目(CIP)数据

黄质夫乡村教育文集 / 王文岭，黄飞主编. —南京：东南大学出版社，2017.12
 ISBN 978-7-5641-7500-9

Ⅰ.①黄… Ⅱ.①王… ②黄… Ⅲ.①乡村教育-中国-文集 Ⅳ.①G725-53

中国版本图书馆 CIP 数据核字(2017)第 296367 号

黄质夫乡村教育文集

主　　编	王文岭　黄飞
出版发行	东南大学出版社
地　　址	南京市四牌楼 2 号(邮编 210096)
出 版 人	江建中
网　　址	http://www.seupress.com
印　　刷	南京玉河印刷厂
开　　本	700 mm×1000 mm　1/16
印　　张	22.75
字　　数	426 千字
版　　次	2017 年 12 月第 1 版
印　　次	2017 年 12 月第 1 次印刷
书　　号	ISBN 978-7-5641-7500-9
定　　价	98.00 元

本社图书若有印装质量问题，请直接与营销部联系，电话(传真)：025-83791830。

黄质夫
（1896—1963）

南京市栖霞中学（前栖霞乡村师范）内黄质夫先生雕像

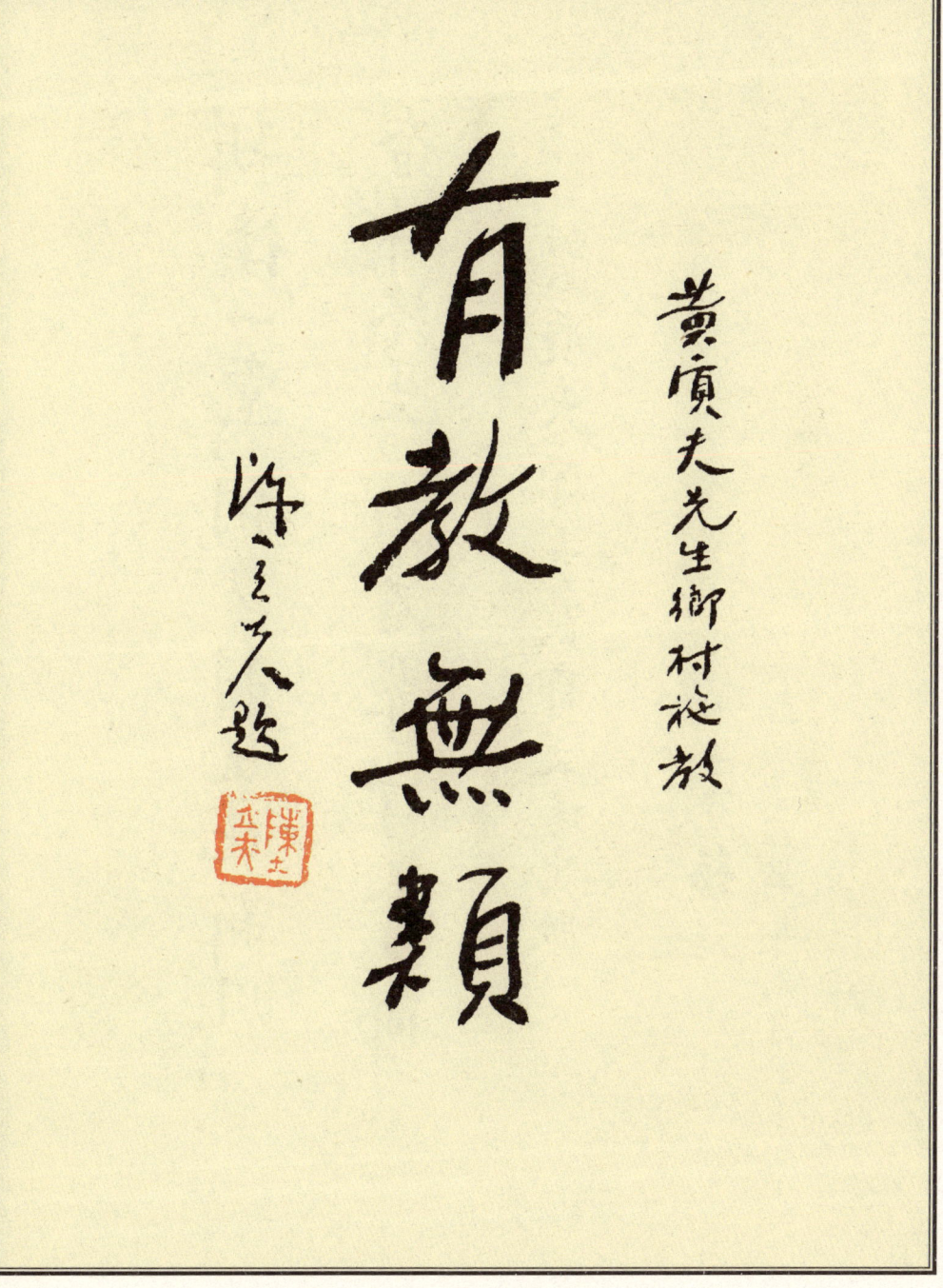

前国民政府教育部部长陈立夫题词（1991年）

耕读一堂，树乡村文化新风；
奋斗终生，为后辈学人之师。

贺质夫学长教育文选出版

韦钰
二〇〇二年元月

中华人民共和国教育部原副部长、工程院院士韦钰题词（2001年）

黄质夫出生地——江苏仪征十二圩旧貌

国立东南大学，黄质夫1924年毕业于农艺系

江苏省立第五师范界首乡村分校，黄质夫1924年创办

浙江湘湖师范学校，黄质夫1931—1932年间任校长

国立贵州师范学校（榕江县），黄质夫1939年奉命创办

栖霞乡村师范，黄质夫1927—1931年、1932—1937年间任校长

黄质夫夫妇与五子在栖霞故居前留影（1956年）

南京栖霞山东麓黄质夫夫妇之墓

黄质夫致孙伯亮信札手稿（1962年）

黄质夫公开出版的论著

1931 年

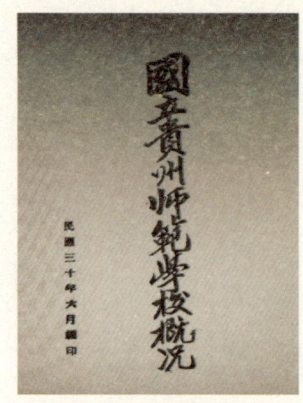
1941 年

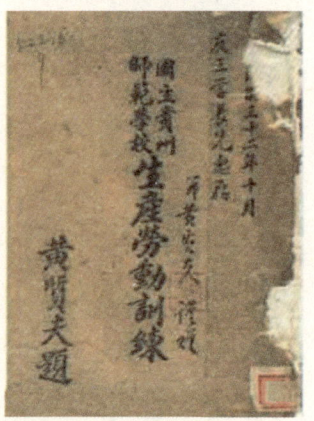
1943 年

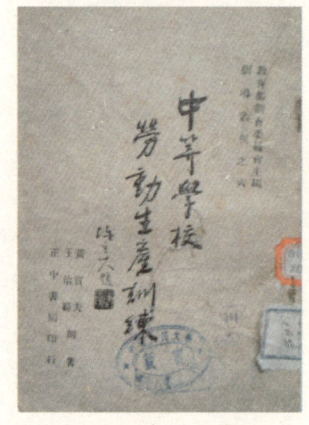
1944 年

栖霞乡村师范学校校刊

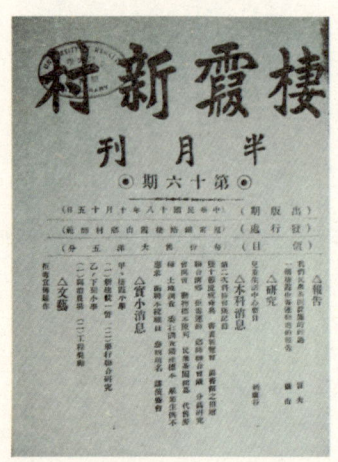

纪念和研究黄质夫先生的专著及其他

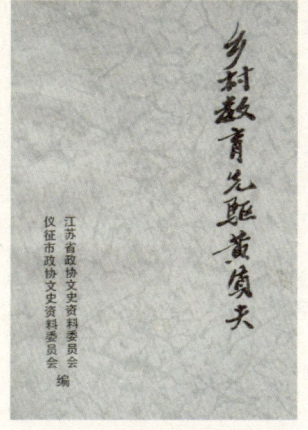

1992 年

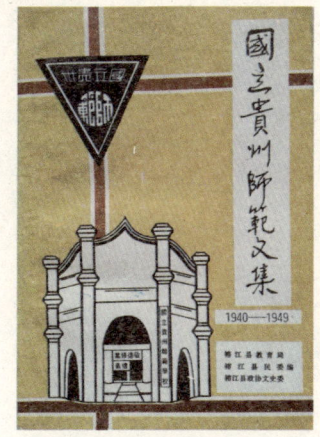

1995 年

2001 年

2003 年

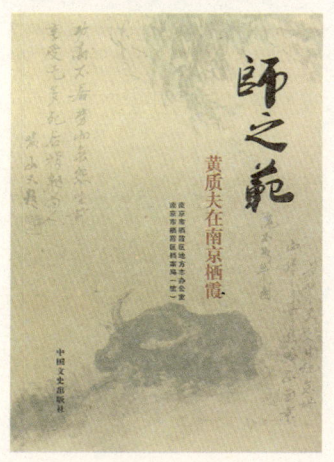

2012 年

部分报刊杂志

著名画家赵峻山《愧不如牛图》

编辑说明

一、为方便读者阅读，本书将黄质夫先生的文字分为论集、集外文汇和诗歌三类。公开印行出版的黄质夫先生著作归入论集，不同时期发表的单篇文章和信函等归入集外文汇，校歌等归入诗歌。

二、为便利学者研究，黄质夫的活动行事、参与组建教育团体史料，以及曾经工作过的南京栖霞乡村师范规章制度等，收入附录。

三、本书各部分收录的文字，在发表时体例不一，标点、用字与当前用法有较大出入。为保留史料原貌，诸如原有标题格式、数字符号、译名、作者习用的字词如"明瞭""惟一""凭藉"，以及一部分现在已不建议采用的异体字，在编校时尽量不做改动。下列情形，则由编者酌情处理：

1. 原文繁体竖排均改为横排，原文中出现的"如左"等字样，均改为"如下"。

2. 原文无标点者，由编者予以标点；原文用旧式标点或标点不合当今习惯者，由编者适当改动。

3. 原文中明显的错字、漏字和衍字，均加以补正；辨识不清者，用方框（□）表示。

前　言

一、黄质夫的生平活动

黄质夫，原名同义，以字"质夫"行世，1896年3月6日生于江苏省仪征县十二圩镇。祖籍湖南邵阳，祖父曾在湘军中服役，后移防江苏，退役后定居下来，以耕种为生。父亲除耕种外，早年做过瓦木工、修船工，后来在十二圩街上开一间茶水炉，藉以贴补家用。祖父辈没有机会读书，不希望子弟再做睁眼瞎，因此十分重视子女的文化教育。黄质夫9岁（1905年）之前就已接受过四年的私塾教育，之后进入当地小学堂和高等小学堂学习；17岁（1913年）考入江苏省立第五师范学校（扬州），毕业后在"五师"附属小学任教；23岁（1919年）考入国立南京高等师范学校农业专修科，四年后从国立东南大学农科农艺系毕业[①]，获农学士学位。

其时，中国的乡村师范教育正处于发轫期，江苏省义务教育期成会会长袁希涛于1922年发表文章，呼吁在城市办学的省立师范学校到乡村开办分校[②]，以便利用乡村环境训练乡村教师。江苏省立第一至第四师范学校率先响应，两年间先后到乡村创办了四所分校，黄质夫在国立东南大学毕业后，即受前母校——江苏省立第五师范学校之聘，前往江苏高邮县界首镇创办乡村分校，并主持校务工作；1927年，江苏省立第四师范栖霞乡村分校并入江苏省立南京中学，应"南中"校长邰爽秋之聘，出任江苏省立南京中学栖霞乡村师范科主任；1931年秋，应浙江省教育厅之聘，出任浙江省立湘湖师范学校（萧山县）校长；1932年春，栖霞乡村师范独立办学，更名为江苏省立栖霞乡村师范学校，再次受聘返校主持工作；1937年，抗日战争全面爆发，栖霞乡村师范停办，黄质夫内迁

---

① 据1923年国立东南大学农科报告第二册《国立东南大学农科六年间概况》介绍，1921年前，国立南京高等师范农业专修科分设博物、农艺、园艺、畜牧、农虫害、农产制造等六个系，1921年改组为国立东南大学农科，遂改博物系为生物系，又添设蚕桑系。
② 袁希涛：《省立师范添办乡村分校议》，《义务教育》1922年第7号。

武汉、贵州和湖南等地,参与收容安抚流亡内地的师生;1939年,受国民政府教育部之命,以省立贵阳师范学校(贵阳青岩镇)为基础,创办国立贵州师范学校,并迁往黔东南榕江县,招收边疆少数民族子弟,发展边疆民族地区教育。

黄质夫不仅见证了民国时期中国乡村师范学校从创始到发展的历程,而且亲身参与创办乡村师范学校,积极探索乡村师范学校的组织形式、课程设置、训育以及改造乡村社会的方法,等等,是中国近代乡村师范教育的先驱者。

1945年抗战胜利后,黄质夫正可在乡村师范教育领域为建设新中国做出更大贡献的时候,不幸在赴重庆途中遭遇车祸,右耳失聪,自此离开了教育界,回到江苏先后任职于江苏省建设厅、国民政府农林部,1949年后任职于苏南棉麻指导所、江苏丹阳轧花厂和江苏省农林厅;更不幸的是,由于众所周知的原因,黄质夫在1959年被定为历史反革命,管制三年,1963年辞世。

1987年,黄质夫的冤案得到平反,被历史尘封的影像再次清晰地出现在人们的视野中,他的名字不仅被载入江苏和贵州等省教育史册,而且已有五本学习研究黄质夫先生的著作先后出版,分别是:《乡村教育先驱黄质夫》(1992)、《国立贵州师范文集》(1995)、《黄质夫教育文选》(2001)、《黄质夫乡村教育思想研究》(2003)、《师之范——黄质夫在南京栖霞》(2012)。这些书中收录的黄质夫的文章,篇数虽然有限,却真实地记录了黄质夫在民族危机四伏、社会动荡不宁的年代,为发展中国近代乡村师范教育而殚精竭虑、呕心沥血的思想轨迹,弥足珍贵!中华人民共和国教育部前副部长、工程院院士韦钰教授曾在贵州教育出版社出版《黄质夫教育文选》时说,它"将销声匿迹达50年之久的我国优秀教育家黄质夫先生展现在读者面前"[①]。近年来,学界研究黄质夫的学术文章时有发表,在此情形下,尽可能全面地辑录黄质夫生前著述的文字,便利学界深入研究黄质夫的教育思想,弘扬他献身乡村教育的精神,就显得非常的必要。

二、黄质夫对中国近代乡村师范教育的贡献

中国近代乡村师范初创时,乡村教育界同仁已然认识到需要运用乡村环境训练乡村师资,但是在如何组织乡村师范,如何运用乡村环境,如何构建乡村师范课程体系等方面,认识并不一致,实施的路径也不尽相同。此外,教育界内部

---

① 韦钰:《〈黄质夫教育文选〉序》,载杨秀明、安永新等编《黄质夫教育文选》,贵州教育出版社2001年版。

和地方行政当局关于师范教育的定位,也都存有分歧,这种分歧直接影响全国师范教育的健康发展,对初创的乡村师范教育影响更大。作为中国近代乡村师范教育的先驱,黄质夫在乡村师范教育的理论和实践上积极探索,做出了卓越的贡献,主要体现在以下两个方面:

第一,积极推动师范教育(包括乡村师范)独立。

中国传统教育本无专门的师范教育,更没有专门的乡村师范教育,未能通过科举进入仕途的读书人,往往退而为人师,以教授儒学经义为谋生之道。1862年京师同文馆创办,中国教育开始告别传统,走上向近现代教育转型发展之路。1905年清政府废除科举,传统教育由此式微,以儒学知识为本位的传统知识分子,因缺乏现代文化知识和现代教育理念,难以胜任新式学堂(民国建立后一律改称学校)的教育教学,新教育师资十分紧缺。晚清和民初,政府大力兴办师范教育,培养新教育师资,可谓不遗余力,但是仍然不能满足新教育发展所需。1922年北洋政府颁布新学制——"壬戌学制",规定中学可兼办师范科,旨在扩大新教育师资的培养途径。然而,不少省区因为教育经费掣肘,纷纷将原本独立的师范学校并入中等学校,如江苏省立第四师范栖霞分校并入省立南京中学,更名为江苏省立南京中学乡村师范科。出乎新学制制定者预料的是,新学制实施后,新教育师资的培养路径虽然增多了,但是师范教育的独立性反受极大地冲击,严重影响师范教育的质量。黄质夫较早地认识到这一问题的严重性,积极奔走,呼吁师范学校独立,1927年他代表江苏省立中学师范科联合会暨南京中学乡村师范科,呈文国民政府大学院,申述师范学校独立的五条理由:

(一)师范学校所设之普通学程,与普通中学所有者尽有相同,但两者选材内容及教学应注重之点,究有差异,未可强同,盖后者仅注重知识之习得,而前者除此以外,仍须习得知识传予之方法。其他如社会情形、儿童心理等问题,亦均须有深切之了解,为他日服务小学时应用上之准备,藉谋教学上效率之增进,断非普通中学增授几门教育学程所克胜任也。

(二)教育虽为一种职业,但与他种职业有别,从事教育者必须体格健全,能耐劳苦,品格高尚,堪资表率,对于本身职业有浓厚兴趣,肯认定其职务为终身之事业者不可。师范学校之设,即谋所以训练理想之教师也,其任务为培养其理想,丰富其智识,训练其技术,而使成有效率之教师耳。

(三)教育为实现国家理想之工具,师资为教育之基本,师资不良,教育无从发展。故凡一国之师资,其训练,其精神,必期全国一致,方足以谋民众之福利,国家之存在。故他种职业教育不妨自由设施,而惟师范教育非有专设之师范学校不可。

（四）师中合并后,为之长者责重事繁,事事躬亲,精力定虞不继。若仅主持大体,进步定行迟滞。现在各校师范科,虽均设有专人主持各该科一切事宜,然以权限不清,用志不专,致效果未见宏大。

（五）南中合并后,师范教育专业之训练不著,直接影响在校师范生之思想行为,间接影响他日服务社会之效率。（黄质夫《本省各中学师范科联合会南京中学乡村师范科提议案》）

1928年5月,第一次全国教育会议在南京召开,关于师范教育独立的议案备受关注;1929年3月,国民党第三次全国代表大会关于师范教育的议决案中,要求"于可能范围内使其独立设置,并尽量发展乡村师范教育";同年4月,国民政府公布了《中华民国教育宗旨及其实施方针》,对师范教育发展做出了专门的规定,采纳了"三全"大会关于师范教育的议决案。在此背景下,黄质夫又为江苏乡村师范独立,以苏省乡师联合会的名义,多次呈文地方教育行政当局,1929年又呈文教育部,申述理由有15条之多：

（一）根据各国师范教育独立之情形；

（二）根据本国师范教育过去之历史；

（三）根据现在国家确定之教育方针（全国教育会议、三全大会议决）；

（四）根据乡师与中学分设之现状（距离近者三十里,远者百七十里）；

（五）根据少数中学校长因乡师远设,情形隔阂,难于负责；

（六）根据公文递转之迟缓；

（七）根据职权之牵制；

（八）根据他省乡师单独设立之猛进；

（九）根据本省实验小学独立而成绩显著；

（十）根据专家之种种意见；

（十一）根据办理对外接洽之便利；

（十二）根据教学训管上之特殊需要；

（十三）根据少数中学校长对于乡师经费未能划清；

（十四）根据本省晓庄乡村师范单独设立发展之便利；

（十五）根据中校联会、职教人员联会、师范科联会、全国教育会议及三全大会所议决。（黄质夫《为江苏省乡村师范独立呈教育部文》）

黄质夫和师范教育界同仁群起呼吁师范教育（包括乡村师范）独立，合力推动了政府层面改革师范教育制度。1932年国民政府颁布了《师范教育法》，次年又颁布了《师范学校规程》，在制度层面保障和推动了师范教育的独立发展。江苏省教育厅为回应师范教育界的呼吁和执行中央政府的决策，亦于1932年公布《改进全省师范教育计划大纲》，其中规定"分年添办乡村师范学校，以谋乡村教育之平均发展"①；次年又公布了《省市乡村师范学校组织暂行规程》，对省市县所办乡村师范学校做出了具体的规定。江苏省的师范教育包括乡村师范教育由此获得了完全独立的发展。

第二，积极探索乡村师范办学模式。

中国近代乡村师范在初创期没有既定的办学模式，各处乡村师范都在实践中不断地探索，黄质夫因其师范教育和农学教育的双重背景，以及多年的乡村师范教育实践，在乡村师范学校的组织、课程、训育、改造乡村社会等方面积累了丰富的经验，形成了较为系统的思想。

（一）在乡村师范组织方面，他在南京栖霞、浙江湘湖主政乡村师范时，均设有工读指导、生活部、研究实验、推广和总务等五部，在数年的实践中取得了相当的效力。据此，他认为部定《师范学校组织规程》有关事务部、教务部和训育部之设置，并不完全适用于乡村师范。他说：

以之部辖乡村师范之一切事业，则犹有不足，吾人既已知师范学校不与普通学校等，乡村师范又不与普通师范等，而今后之乡村师范，又将注重劳作之训练、生产之技能、社会之改进，则总务、教务、训育三部之名称，不仅涵义含混，即其职权，亦有不能妥适分辖之嫌。

他对自己探索出来的乡村师范组织形式，有确定的信心，对"五部"的工作有翔实的安排，直到主政国立贵州师范时，他依然采用此种组织形式。

---

① 古楳：《乡村师范概要》，商务印书馆1936年版，第39－40页。

（二）在乡村师范课程方面，黄质夫因其农学教育背景，认为运用乡村社会环境训练乡村师资，核心在于生产劳动的训练，从1924年创办界首乡村师范起，就开始实践他的思想主张。著名教育家古楳曾经回忆说，1925年春，即将从东南大学教育科毕业前，与同学参观考察界首乡村师范，"所得印象最深的，就是学生的做工，简直和劳动工人一样的努力，一样的成绩""他（指黄质夫，编者）以为他是学农业的，我是学乡村教育的，乡村教育如不与农业携手共进，都不很好"（参见本书附录古楳《回忆在江苏界首乡师的生活》）。1932年，黄质夫在《服务乡教八年之自省》一文中强调生产训练的重要，提出"浅尝科目宜减并"，职业课程宜增加，实施工读以代实习，劳作以代体育；1933年，著文《我们的主张与实施》，详细制定了乡村师范学校的课程，包括生计教育、语文教育、健康教育、村政教育、家事教育、休闲娱乐教育和学校推广等七大类，各大类又有若干子目；1942年，著文《实践的师范教育》，重申孙中山先生"我们要实践行的教育"的遗训，认为"今日师范教育努力之途径，当以实践为要务，一切高谈阔论，都应摒弃师范教育范畴之外"。他主持的国立贵州师范学校全面实施生产劳动教育，在抗战期间物资十分匮乏的情势下，全校师生的物用基本上实现了自给自足。黄质夫的办学实绩，引起教育行政当局的高度重视，并应教育部训育委员会之请，与国立贵州师范王治范先生合著《中等学校劳动生产训练》一书，作为教育部训育委员会训导丛刊之六，于1941年由正中书局印行，教育部长陈立夫题写了书名。该书是黄质夫关于中等学校实施生产劳动训练思想的集大成之作。

（三）在乡村师范训育方面，他反复强调乡村教师责任重大，应由"才能胜任，德能感人"的人担任。因此，他主张乡村师范的训育，须从三个方面进行：一是"纪律军队化"，他认为"昔普鲁士曾以全国师范生，采用军队之训练，一战而胜法"，今日中国国难较之当年的普鲁士更为急迫，唯有使全国青年接受此种训练，方才不至为亡国之奴；二是"生活劳苦化"，他认为传统教育脱离生产生活，读书人"不耕者而求精食，不织者而求美衣"，如今外有资本主义之剥削，内有天灾人祸之频仍，国家经济困窘之极，今欲以乡村教育为救国要图，唯有使乡村师范生接受"生活劳苦化"不为功；三是"思想笃实化"，他认为国家纷乱多难之际，亦是思想学说庞杂之秋，"门户各立，争执不已，党同伐异，祸变迭乘，而青年学生意虑不深，蛊惑至易，偶得一二惬心之言，即以为百世不易之道，推波助浪，轻信盲从"，要克服青年学生此种弊病，"惟在整严思想，力求笃实"（黄质夫《服务乡教八年之自省》）。

（四）在乡村师范服务乡村社会方面，他认为"今日之师范生，将来不仅应为培养现代儿童健全之师资，更须进而担当地方自治之职务，训导全民之导师"，因此，乡村师范尤应注重训练学生改进乡村社会的能力，重视从调查研究入手，办理各种社会事业和宣传推广工作。国立贵州师范在服务乡村社会方面的主要工作计有四项：① 学校设有农场、工场和林场，旨在陶冶学生刻苦耐劳的劳动精神，培养学生生产劳动的技能，求其手脑并用，自足自给，进而将其所能推广于地方，贡献于社会；② 提倡合作事业，学校设有消费合作社及公利互助社；③ 考察调查边疆文化教育工作，创建车江乡村教育实验区，编辑边疆同胞识字读本和《乡土教材》，辅导榕江、黎平、从江、三都等县小学及社会教育机关，多方面推进国民教育；④ 创建地方文物陈列馆，一方面展示边疆民族特有的文物，保存各民族优秀文化，增强民族自信，另一方面介绍现代新文物，增进边疆同胞的见识。

（五）在乡村师范教育教学方法方面，他接受了杜威"做中学"、陶行知"教学做合一"的思想，不仅运用于具体的教学过程中，而且运用于组织建设方面。譬如，他强调生产劳动训练的组织建设时说，一椿事业的推行，必须建筑在健全的组织上，才有成功的希望，大而至于政党，小而至于家庭，都是如此。所以社会上任何事业，都有其合理的组织。有组织才有力量，有组织才能行动一致，指挥如意。劳动生产训练，除了周详的计划、妥善的设备以外，还须有严密合理的组织，这种组织和政党组织、家庭组织的性质不同，除了要以能力分组之外，还要求师生全体加入，"因为劳动生产训练，是一种教育实施，必须先有以身作则的领导，才能达到做学教的本义，才能使工作富有深长意味，使学生发生兴趣"（黄质夫《中等学校劳动生产训练》）。

总之，黄质夫在多年的乡村师范教育实践中，形成了一系列具体的、实用的、有成效的办学经验，易为各地乡村师范学校所取法，对于中国近代乡村师范教育的发展贡献良多。

三、黄质夫对中国近代乡村教育的贡献

黄质夫对中国近代教育的贡献，不仅仅在于乡村师范教育，而是包括整个乡村教育。他认为乡村师范是乡村教育之母，他关于乡村师范教育的思想和实践，最终也都是指向发展乡村教育，以及藉此改造乡村社会。他和同时代从事乡村教育的同仁既有共同的认知，也有自己独立的见解，主要体现在以下两个

方面：

第一，联络乡教同仁发起成立中华乡村教育社。

中国近代在向工商社会转型发展的过程中，传统的乡村社会开始趋向凋敝。如果任由85％以上人口生产生活的广大乡村凋敝下去，将严重阻碍中国社会现代化的进程。在上世纪二三十年代，由知识界发起，政府力量支持和参与，形成了一场声势浩大的乡村建设运动。据陈序经估计，到1930年代前期，全国各地从事乡村工作的机关团体约有一千余家，如果再加上各地的农学会，则有一万余处。① 乡村建设的工作不仅是单向地利用外部资源，在乡村修几座桥、筑几条路、疏浚几条河道、建几处文化娱乐设施等，而是要教育农民组织起来，形成内生的力量，自觉自动地建设自己的家乡。因此，在乡村建设运动如火如荼开展的同时，又形成了一场影响更为深远的乡村教育运动。晏阳初、梁漱溟、陶行知、黄炎培、高阳、杨效春等都是乡村教育界的重要人物，也都是乡村建设运动的中坚人物。黄质夫在乡村教育与乡村建设运动中，是一个十分活跃的角色，其最富影响的活动，是联络各地乡教同仁，发起成立中华乡村教育社，筹备处及社址就设在栖霞乡师。该社成立的经过情形，可参阅本书附录《中华乡村教育社史料》。

中华乡村教育社的个人社员，多为当时教育界知名人物，如梁漱溟、俞庆棠、江问渔、高阳、邰爽秋、程其保、彭百川、陈剑脩、金海观、相菊潭等，团体社员则以各省区乡村师范和农民教育馆为主，社务活动的宗旨为"集中全国乡村教育同志之力量共谋乡教运动之开展"，具体工作则有下列数项：

一、调查各地乡村状况

二、依据实际问题探讨解决方法

三、编译关于乡村教育之书报

四、促进乡村教育之发展

五、辅助个人或机关对于乡村教育之实施或改进事项

六、其他关于乡村教育事项②

---

① 陈序经：《乡村建设运动》，大东书局1946年版，第1页。
② 《中华乡村教育社简章》，《教育部公报》1932年第4卷第41期。

该社宗旨强调"共谋乡教运动之开展",具体工作侧重乡村教育调查研究,传布所得各项结果,从这方面看,中华乡村教育社与今日盛行的教育智库相类。由于抗日战争爆发,民族独立生存的危机加深,中华乡村教育社未能实际地开展活动,但是,乡教同仁团体协作致力于改进乡村教育的愿望,显见"五四"以后中国知识分子平民主义精神和民族主义情怀。

第二,积极探索乡村教育发展模式。

通过发展乡村教育,组织动员最广大的乡村民众,是中国近代教育救国论者在上世纪二三十年代形成的重要共识,也是中国近代乡村教育运动得以发动的思想基础。黄质夫与同时代的知识分子一样,有着强烈的平民主义精神和民族主义情怀,不仅终生秉持教育救国的坚定信念,而且把服务乡村教育视为富民强国的现实路径。他说:"中国的中坚的人民不是工人、商人,是那胼手胝足的农民。这班做中坚人物的农民倘若是没有知识,中国的前途堪设想吗?所以我们今后要想对外谋民族的生存竞争,对内谋社会的改革进展,那能不赶紧去提倡乡村教育和实施乡村教育呢?!"(黄质夫《乡村实施教育》)

但是,不良的乡村教育不仅不能富民强国,反而会加速乡村的衰败,加深亡国的危机,关键在办什么样的乡村教育,怎样办乡村教育。许多有识之士开展不尽相同的实验,如梁漱溟在山东邹平创办乡村建设研究院,志在通过重建乡村新的文化伦理,实现乡村建设的目标;晏阳初在河北定县开展"四大"教育,期在解决乡村的愚贫弱私;黄炎培在江苏昆山徐公桥开展职业教育,着力解决乡村经济问题;陶行知认为乡村教师应为改造乡村生活的灵魂,乡村学校应为改造乡村生活的中心,遂团结同志在南京晓庄创办试验乡村师范,培植新型乡村教师。

黄质夫关于乡村教育发展模式的构想,比较早地见之于1928年撰述的《中国乡村的现状和乡村师范生的责任》。他在文中指出乡村的问题有四:一是乡村人民生计的困苦;二是乡村人民知识的浅陋;三是乡村风俗的颓惰;四是乡村人才的缺乏。他认为,解决上述问题的步骤有三:第一步是使乡村经济富足,第二步是增进乡民知识,第三步是指导乡民组织与建设。第一步在短期内很难办到,必须有待乡村教育增进农民的知识,进而发展农民组织。同年,他在另一篇文章《栖霞乡师十六年度之回顾》中,第一次明确地提出"教育乡村化"和"乡村教育化"两大目标,其时对这两个概念还没有明确且系统地论述。

1932年,黄质夫为江苏省区长训练所撰述的《乡村实施教育》一文,基本完成了他对中国乡村教育发展模式的建构。

第一,在概念上厘定了乡村教育的含义:① 整个的乡村就是教育的场所,"举凡山边、水涯、田头、林间,无在不可以做探讨事物的天然场所,无在不做领受活的智识的优良源泉";② 乡村所有的人民,都是教育的对象;③ 教育的时间,不限于白天,夜间也可利用,不限于特定的几个月,全年都可施行教育;④ 乡村教育者,不限于乡村小学的教员,各地方上宗教、政治、经济、慈善等各界人物,都负有指导教育的责任。

第二,明确"教育乡村化"的具体目标。他认为要复兴乡村,"没有旁的方法,唯有教育"。只有教育能够指导农民、组织农民、训练农民,进而实现理想中的乡村——"野无旷土,村无游民,人无不学,事无不举"。他还就理想乡村四个方面的目标,分别提出具体的标准。

第三,明确"乡村教育化"的实施方法。他认为乡村人民年龄不同,特质各异,因此需要施以不尽相同的教育,并就乡村幼稚教育、乡村儿童教育、乡村青年教育和乡村成人教育,制定了翔实的进行方法。

第四,乡村教育者应有正确的态度。乡村教育有了明确的目标,有了实施的具体计划和方法,并不意味着就能实现乡村教育的理想目标,能否实现理想的目标,关键还要取决于乡村教育者的态度,只有深入到民间,得到农民的信任,与农民打成一片,各种具体的计划才能得到切实的实施。因此,他提出乡村教育者,一要有大无畏的精神,二要有牧师传教的精神,三要有愚公移山的精神,四要有和蔼可亲的态度,五要有诚信无欺的态度,六要有熟悉风俗人情的本领。

"乡村教育化"和"教育乡村化",既指向乡村教育,同时也指向乡村建设,是黄质夫乡村教育和乡村建设思想的两个核心概念。他以这两个核心概念为根据,提出一系列藉由乡村教育建设乡村社会的主张、计划和方法,丰富了中国近代乡村教育运动和乡村建设运动的内容,中国当代新农村建设或可从中得到某种智慧和启迪。

(王文岭,南京晓庄学院陶行知研究院副教授)

目 录

序一 （易红） ································· 1
序二 （田正平） ······························· 3
序三 （王运来） ······························· 5

论 集

乡村实施教育 ································· 002
国立贵州师范学校概况 ························· 037
国立贵州师范学校生产劳动训练 ················· 050
中等学校劳动生产训练 ························· 079

集 外 文 汇

1928 年

《栖霞新村》半月刊发刊词 ····················· 114
在栖霞新村职员就职典礼上的讲话 ··············· 115
中国乡村的现状和乡村师范生的责任 ············· 116
栖霞战痕 ····································· 119
本省各中学师范科联合会南京中学乡村师范科提议案 ··· 122

和乡村教师的谈话 ·················· 125

乡村师范对于农事改良上应负之责任 ·········· 126

栖霞乡村师范服务社会之实况 ············· 128

栖霞乡师十六年度之回顾 ··············· 131

中山陵园建设新农村计划大纲 ············· 135

1929 年

本科农民教育馆计划草案 ··············· 138

我们友农社的设计 ·················· 142

我们民众茶园设施的经过 ··············· 148

栖霞的红叶 ····················· 158

为江苏省乡村师范独立呈教育部文 ··········· 160

1930 年

吃饭与做人 ····················· 162

江苏省立南京中学乡村师范科史略 ··········· 163

农厅村政改进会议提案 ················ 165

江苏省立南京中学乡村师范科十九年一二月份工作摘要报告 ··· 168

江苏省立南京中学乡村师范科十九年三月份工作摘要报告 ···· 171

江苏省立南京中学乡村师范科十九年四月份工作摘要报告 ···· 175

本科三年级生京镇锡苏沪杭各地教育参观筹备的经过 ····· 179

为南京中学栖霞乡村师范告远近乡教同志书 ······· 187

宜兴中学省款添设职业科计划书 ············ 192

1931 年

黄墟参观纪要 ···················· 195

1932 年

改进江苏省立栖霞乡村师范学校之刍议 …………………………… 206

苏省南中栖霞乡师各部实施方案 ………………………………… 216

服务乡教八年之自省 ……………………………………………… 227

请支持栖霞农民借贷——致上海商业储蓄银行邹秉文函 ………… 237

请放贷赈济栖霞农民——致农业银行杨冯署函 …………………… 239

1933 年

我们的主张与实施 ………………………………………………… 240

1935 年

华北教育考察见闻录 ……………………………………………… 259

1936 年

非常时期教育设施的一种探试 …………………………………… 265

1939 年

致贵阳师范学校师生书 …………………………………………… 273

1940 年

初到榕江生活近况——致付况麟学长信 ………………………… 275

1942 年

实践的师范教育 …………………………………………………… 276

1949 年

自传 ………………………………………………………………… 280

1962 年

恭请入山共话桑麻——致孙伯亮信 ……………………………… 282

诗　　歌

栖霞乡师校歌 · 284

国立贵州师范校歌 · 285

我是师范生 · 286

学生劳动歌 · 287

尊师重道歌 · 288

劳动建校歌 · 289

国师学生怎样 · 290

榕江好 · 291

贵州好 · 292

愧不如牛 · 293

附　　录

回忆在江苏界首乡师的生活　（古楳） · 296

南京栖霞乡村师范主要规约 · 299

黄质夫在浙江湘湖师范学校 · 314

中华乡村教育社史料 · 317

后记 · 325

序一

易 红

教育是人类的一种实践,也是人类永恒的事业。一生尽瘁于教育事业的乡村教育家黄质夫先生更是可敬可佩,正是这样一代代前仆后继的先哲们勇于探索,躬身力行的奉献,才使得教育生活充溢着理性的光辉。黄质夫先生致力于乡村教育事业,培养出一批批服务农村教育的人才,桃李满天下。尤可贵者,他把教育、教学工作和拯救祖国、改造农村社会结合在一起,努力实践,勇为先驱,做出了很大的贡献。

黄质夫先生是东南大学的杰出校友。先生1919年就读国立南京高等师范农科,四年后毕业于国立东南大学农艺系。此后直至抗日战争胜利的二十余年间,先后创办和主持了江苏界首乡村师范、浙江湘湖乡村师范、南京栖霞乡村师范和在贵州榕江县的国立贵州师范学校。

三十年代"救亡图存"无疑成了此一时期的教育诉求。活跃于此间的黄质夫先生怀着无比的爱国热情,积极投身浩浩荡荡的教育救国洪流之中,在教育实践中,讲究脚踏实地、循序渐进,厌恶高谈阔论、华而不实的言行和作风;在国家危难之际,高呼教育救国论,敢于创新,积极致力于教育体制的改革,联系当时国情,理论联系实际,以求真务实的态度,修学制、立校规;在发展乡村师范教育的实践中,创造性地建立了从校务管理、师资建设、课程大纲到素质教育、体育、社会活动等一系列理论与制度,不仅培养了大批"不怕苦、能实干、负责任、守纪律、懂礼义、知廉耻、不消极、不苟安",成为"能工、能农、能商、能教学、能生产,能在后方保安,能在前线作战"的新型乡村教师,还以学校为基地,发展农村文化,提高农民素质,推广农业新技术,提高农业生产水平,可谓竭智尽力、鞠躬尽瘁。从乡师走出的莘莘学子,接受时代的召唤,在抗日战争、新民主主义革命和社会主义建设事业中,贡献着力量与智慧。

我们这位老学长,他的工作岗位可以有多种选择,然而他却到最艰苦的农村和边远地区从事乡村师范教育事业,虽常处苦境,然始终初衷不改。这种不畏艰险、勇挑重担、百折不回、勇于创新的胸襟和气度,令我敬佩不已。当年先生不仅赢得师生的爱戴,还得到农民的赞誉和社会的尊崇。因此,在东南大学百年校庆之际出版的《东南大学校友业绩丛书》中,黄质夫的传略与陶行知、郑晓沧、陈鹤琴、廖世承等人的传记,均以我国师范教育的先躯和名师编入"丛书"第一卷中,以志纪念。

有幸看到《黄质夫乡村教育文集》一书面世,我感到由衷地高兴。先生不仅参与了20世纪中国乡村教育的历史性工作,而且在乡村教育的实践和理论建设上颇有建树,为乡村师范学校教学改革做出了很大贡献,其留下的理论、业绩值得我们学习、研究和弘扬。黄质夫先生是我们东南大学的骄傲,先生的思想和业绩将永远镌刻在中华民族的教育史册上。

仅作此短文,以示敬仰之意!

(易红,中共东南大学党委书记、教授、博士生导师)

序二

田正平

在中国近代教育史上，20世纪20年代后期至30年代中期是一个特别值得关注的时段。在经历了由新文化运动和五四运动拉开序幕，在沿海、沿江口岸地区和大中城市轰轰烈烈地开展教育改革之后，大批知识分子和教育界人士经过深刻的反思，认识到中国的教育走错了路，提出"教育必须下乡"的主张，把目光投向广大乡村，纷纷脱下西装，换上布鞋，到乡村办小学、中学，办职业教育机构，办乡村师范学校，开展各种乡村教育、乡村改造和乡村建设试验活动，形成了持续十年之久的乡村教育改造运动和此呼彼应、影响深远的乡村教育思潮。1937年，抗日战争全面爆发，日本帝国主义的侵略打断了中国教育早期现代化的正常进程，也使方兴未艾的乡村教育改造运动难以继续深入。开展试验活动最多的山东、江苏、河北、河南、浙江等地先后沦陷，众多的参与乡村教育改造运动的知识界、教育界人士不得不以其他形式投入到抗日救国的行列中。乡村教育改造运动经历了十余年的轰轰烈烈之后，已是不绝如缕。

1940年1月，著名科学家、教育家，时任国立浙江大学校长的竺可桢，为了浙江大学的再次搬迁，从广西宜山来到贵阳，风尘仆仆地到处寻找可供浙江大学师生安置的新校址。在《竺可桢日记》中有如下一段记载：

1940年1月14日："晨七点起。七点半彭百川偕青岩乡村师范学校校长黄同义即黄质夫来。黄，镇江人，曾在栖霞办乡村师范多年，现将长乡村师范于青岩。去冬改成国立，以收苗民为目的，有学生二百人，拟迁往榕江，以该处苗民较多，且生活低也。青岩房屋家具可以移交与浙大接收，将于明日出发，故今日特来拜访。"（《竺可桢全集》第7卷，276页，上海科技教育出版社2005年版）

《竺可桢日记》的上述记载，不仅披露了一段鲜为人知的两位教育家相遇、黄质夫在浙江大学极端困难的情况下慷慨给予支持的佳话,而且透露出黄质夫此时仍在贵阳办乡村师范学校,并且为了让更多的苗民子弟有机会上学,正在准备将学校迁往苗、侗族聚居的黔东南地区的榕江县继续办学的信息。

在 20 世纪二三十年代,投身乡村教育的知识界、教育界人士可以说为数众多,但是,像黄质夫这样,认定一个目标,数十年始终如一地坚持在乡村教育第一线的确实不多。从 1924 年国立东南大学毕业应邀担任江苏高邮界首乡村师范分校主任,到 1927 年后历任南京中学乡村师范科主任、栖霞乡村师范学校校长、浙江湘湖乡村师范学校校长、贵阳乡村师范学校校长……他一生中精力最充沛、最富创造性的美好时光,都与"乡村师范"这四个字紧紧地联系在一起。每到一地,每办一校,他总是告诫自己:"乡村教育,不仅以学校为范围,须以乡村为范围;受教育者不仅以学生为对象,乡村之农民,皆应为教育者之对象;必使野无旷土、村无游民、人无不学、事无不举。"他默默地、一步一步地实践着"救百万村寨的穷,化万万农工的愚,争整个民族的脸"的宏伟抱负。

收集在《黄质夫乡村教育文集》中的文章,是质夫先生长期从事乡村教育的思想结晶,字字句句都来自于他的亲身实践与体验。阅读这些大多成文于七八十年以前的文字,常常被他那炽热的感情、深沉的思考、良苦的用心所感动。质夫先生离开我们已近半个世纪,他的遗愿、他的抱负远未完全实现。《黄质夫乡村教育文集》的编辑出版,既是对质夫先生为乡村教育事业所做贡献的怀念和敬重,更是为我们留下一份关于中国乡村教育的宝贵思想财富,相信每一位从事教育工作的人,阅读之后都会从中受到启迪和鼓舞,得到教益和鞭策。

是为序。

丁酉暮春于浙江大学西溪校区

(田正平,浙江大学教授、博士生导师,中国教育学会教育史分会理事长)

序三

王运来

欣闻《黄质夫乡村教育文集》即将付梓出版,我既感到喜出望外,又觉得天经地义。之所以感到喜出望外,是因为被历史淹没了半个多世纪的黄质夫已鲜为人知了,了解此人的差不多也仅限于少数教育史专家和相关地区的民众,加之"乡村教育"又不是一个多么高大上的话题,因此,该书的出版是让人有些"意外"和惊喜的。之所以觉得天经地义,是因为黄质夫是中国近现代史上名重一时的乡村教育先驱和中国乡村师范教育思想的代表性人物,先后创办或主持江苏界首乡村师范学校、南京栖霞乡村师范学校、浙江湘湖乡村师范学校和国立贵州师范学校等,积累了一系列兴办乡村师范学校的教学经验,形成了一套独特的乡村师范教育思想理论,其教育实践的业绩与教育思想的光辉,终归会为人们所关注,不会一直被尘封的。因此,该书的出版,又是天经地义的。

《黄质夫乡村教育文集》荟集了黄质夫的 4 部专著、40 余篇各类文章和歌曲,比较全面、系统地收录了他的代表性论著。通过初步研读黄质夫的论著,我觉得他业已从教育作用、培养目标、教学内容、教学方式四个方面,完整地构建起了他的乡村师范教育思想。

就教育作用而论,黄质夫认为,"改造乡村唯一的工具,就是教育"(语出《中国乡村的现状和乡村师范生的责任》,以下简称《责任》)。此处的教育显然是指乡村教育,他在另一篇文章中就明确指出"乡村教育为乡村复兴之源泉"(语出《服务乡教八年之自省》,以下简称《自省》),而乡村教育的发源地就是乡村师范。他从中国当时的国情出发,针对中国农村经济文化非常落后的现状,抓住中国农业、农村和农民存在的突出问题,通过兴办乡村师范学校,发展乡村文化教育,培养乡土人才,开发智力,以发展农村生产力,促进农村经济和社会的发展,就是要"救百万村庄的穷,化万万农民的愚,争整个民族的脸"(《栖霞乡师校歌》)。他希望短期之内就能够建成"野无旷土、村无游民、人无不学、事无不举"

的"理想乡村"(语出《栖霞乡村师范服务社会之实况》),并将这种理想乡村称之为"栖霞新村","大家出入相友,守望相助,忧乐与共,携着手儿齐向那光明路上走,实现新中国的乡村,跻中国于自由平等的地位"(语出《〈栖霞新村〉半月刊发刊词》)。具体而言,仅在"推广"方面就要做到六要:"改良农村组织,增进农民生活,普及农村教育,提高农民知识,提倡农村娱乐,培养农民道德。"(语出《我们的主张与实施》,以下简称《主张》)。当然,"最后的责任,还在改进农业社会,使他科学化、工业化、商业化起来"(语出《中等学校劳动生产训练》)。

就培养目标而论,黄质夫对当时中国乡村的状况有着清醒而痛苦的认识,提出乡村师范学校的学生必须是"在校好学生,出校好教师",要成为能文能武、能官能民、能屈能伸、德才兼备的多面手,做一个集"良好的乡村教师""灌输农民知识、改进农民生活的导师"与"发展乡村社会事业的领袖"于一体的英雄式的人物(语出《责任》)。黄质夫为《我是师范生》写的歌词中就有这么一句话:"学有专长,当仁不让,献身教育,造福边疆……赫赫英雄我手创。"这些学生在毕业之时要具备七项资格:"他们不仅是坐而言的人,还要是起而行的人;对于各种基本知识,应有充分的修养;体格健全,能耐劳苦,品格高尚,堪做乡民的表率;有各种应用的常识,且明白教育原理以及近代社会的趋势;对于本身职业,有浓厚的兴趣,肯认定他的职业为终身职业;长于社交,能得各方面的助力;了解乡村社会情形,熟知农民习性,安于乡村生活,视改造乡村为最有乐趣的事业。"(语出《责任》)当然,在黄质夫的设想中,而要想培养出这种"赫赫英雄",那就必须拥有"才能胜任、德能感人"的导师,这些导师应该是一些十项全能的人——他们要具备这样十个条件:"有许身乡教宏愿、改造乡村决心;厉行俭朴,重视劳作,为学生倡;遵守学校纪律,努力为学生表率;努力进修,力求深造;师生共同生活,不自居于例外;精选教材,恳切指导,务使学生学有所用;有劳而不怨、诲人不倦精神;爱惜公物,共体时艰;见利思义、见危授命,示学生以楷模;爱学生如子弟,视学校如家庭,认乡教为终身事业。"(语出《责任》)

就教学内容而论,针对中国当时的实际和乡村师范学校的特点,黄质夫提出了包括教导、训育、体育、推广在内的全面教育思想(语出《主张》)。他格外重视学生道德品质和实用技能的培养。他认为德育(即训育)是核心,是办学的方向和重心所在,始终强调"爱国报国,求实苦干,献身乡村,文明礼貌"等。他明文规定"校长负训导上的最高责任",并制定各个年级的具体要求和实施方案,循序渐进,严格执行。在智育等方面强调学以致用,"务期教应所需,用出所学"

"以教育求合于社会需要"(语出《自省》)。讲究的是水无定势,兵无定法。可以说,除了最基础的文化知识之外,农民需要什么,乡村需要什么,农业需要什么,他就组织乡村师范的学生学习什么,这便是他的"职业课程宜增加""浅尝课目宜减并"的思想。他所讲的浅尝课程是指那些"无所不能"而又"未成一技""实无可用"的"空泛"课程(语出《自省》)。除基本文化课和教育专业课外,在他长校的学校均增设农业常识、工艺常识、医卫常识、手工劳动、音乐、美术等课程,所有课程均严格考核。栖霞乡师规定学生须学会一二种乐器,毕业考试前多出现秉烛夜弹、校园乐声悠扬的情景。学校还将课外活动视作第二课堂,引导学生开展绘画、音乐、读书、作文、冬泳、园艺、标本采集等活动,举行国语(普通话)演讲、书法、美术、歌咏、专题辩论比赛等,在丰富多彩的活动中陶冶情操,增长知识,发展才能。在体育中,创设了"千分制"的千分考(语出《主张》)。而且,黄质夫所主张的教学内容的重点是动态的、变化的。例如,在抗战的非常时期,他就在教学中加进了一种"探试"——训练,包括精神、体格、生产、特殊技能、社会服务的训练(语出《非常时期教育设施的一种探试》)。

就教学方式而论,黄质夫既不赞同中国传统的教育方式,也反对对欧美教学方法"未敢稍加变更"的做法,独创性地提出了"教育方法不妨多,教育形式不必同"的黄氏教法。他根据乡村师范教育的宗旨,通过调查中国社会的实际需要,参考中外名家的研究,审察当时教育失败的原因,提出"实施工读以代补习,加紧劳作以代体育,利用休闲以代音乐",强调"纪律军队化,生活劳苦化,思想笃实化"的乡村师范教学新思路(语出《自省》)。就系统性、逻辑性、深刻性、新颖性而论,它们都称得上是黄质夫"三三教法"或"黄氏三三法"。

黄质夫先生的教育思想博大精深,拜读《黄质夫乡村教育文集》,高山仰止之情油然而生。对于前辈学者的文集,我是丝毫没有资格写序的。感动于黄质夫老前辈之子黄飞先生的真诚相邀,出于对南京大学、东南大学杰出校友的无比敬重,膺服于乡村师范教育的研究旨趣,我斗胆应承下来,并不揣浅陋,撰成此文。

此乃读后感,弗敢称序言。

(王运来,南京大学教育研究院院长、教授、博士生导师,全国高校校史研究会副理事长)

论集

乡村实施教育①

《乡村实施教育》目录大纲

一、为什么要讨论乡村教育

二、乡村教育的认识

三、要以教育的力量去改造乡村

四、实施的方法

  甲、怎样实施农村幼稚教育

  乙、怎样推行农村儿童教育

  丙、怎样推行农村青年教育

  丁、怎样推行农村成人教育——民众教育

五、实施农村教育的态度

---

① 本文与夏承枫著的《政治教育》合并于1930年由江苏省区长训练所编辑发行，题名为《教育》，列为"江苏省区长训练所政治丛书"第22分册。

一、为什么要讨论乡村教育

教育是人类改进生活的工具,促进社会进展的原动力。教育的方针:

(一)应该使全国的民众都能受到相当的教育,避去那畸形的发展和教育机会不均等的现象。

(二)应该铲除不切实用的教育,使受教育者均变为有用的人。

(三)有用的人才须要适合中国的国情。

看一看中国过去的教育是怎样呢?论发展是畸形的、偏枯的;论形式是粉饰的、摹仿的;论精神是因袭的、敷衍的;论立场是唯心的、违背时代精神的;论效果是不切实用的、隔离现实社会的。受过这种教育的人,有些还能够独善其身,不失为一个谦谦君子,其余大多数的就目空一切,鄙视劳动,肩不能担,手不能提,饱食终日,无所用心,变为一个无业的高等游民,甚或横行乡里,把持村政,鱼肉乡民,使道路侧目。唉!中国办了若干年新教育,结果如此伤心。

可是这点装潢门面、毫无实用的教育,受惠的仍仅限于少数的城市居民,至于乡村民众连这点儿光都沾不到。他们一直到现在依旧是不识不知,过那浑浑噩噩太古时代的生活;他们因为智识浅陋,在过去的历史上,看起来确实吃了不少的亏;他们对于军阀的暴敛,土匪的蹂躏,土豪劣绅的宰割,除去忍泣吞声、含辛茹苦、自怨自艾外,何尝有一毫的正义的表示和有理的反抗啊!加之他们保守的心极重,他们经营农业纯凭着他们的经验,父而子,子而孙,累世相传,不敢稍事改变,对于一切任何的学理、新方法,都极端加以排斥。经验固然可贵,不过经验是既往的事迹,纯凭着经验去做,做得好也不过和从前人一样,断不会有什么新的发明、新的进步出来。更加上农民迷信的心很深,对于各种灾害完全委诸天命,从没有想到用人力去防治的,其他各种应用的常识也非常缺乏,因此农民竟做了时代进化上的落伍者。

中国是以农立国的国家,据一般人的估计,全国农民户口占全国人民总数百分之八十五以上,算是世界上农民最多数的国家,所以中国的中坚的人民不是工人、商人,是那胼手胝足的农民。这班做中坚人物的农民倘若是没有知识,中国的前途堪设想吗?所以我们今后要想对外谋民族的生存竞争,对内谋社会的改革进展,那能不赶紧去提倡乡村教育和实施乡村教育呢?

记得几年前,有一位美国麻省农科大学校长白德斐博士来华调查教育①,他说了几句话很值得我们注意。他说:"中国欲有真正的共和,希望须先有生计宽裕、智慧开发的乡村农民。中国以后五十年教育,应注重乡村教育,中国乡村社会才有改良的希望。"乡村教育在现时的特殊情况下确是特殊的重要,所以有人说,要建设新中国,须先建设新农村;建设新农村,非先从乡村教育入手不可。

乡村教育既然如是的重要,我们须得认清了目标,才不致走入歧路。第一,要使农民认识现时的需要和过去的背景是甚么,以发扬他们民族的精神;第二,要使农民认识自身和党国和乡里的关系,感觉互助共荣的需要,以启导他们的民权应用;第三,要使农民获得各种智识技能,向农业上去应用,以解决他们的民生问题。

二、乡村教育的认识

年来乡村教育的呼声一天高似一天,这是好现象。但是,社会一般的人对于乡村教育的解说还弄不清楚,普通人所谓乡村教育,专就设施的学校教育而言,尤其偏重乡村小学教育,这种教育可以说是狭义的乡村教育。我所谓乡村教育和一般不同,大凡住在乡村的人民,不论其为何种阶级,无论其为男女老幼,悉数授以相当的教育,使他们智识开发,品性改善,谋生有道,而且具有一种向上发展的才能,所以可说是广义的乡村教育,或者可以说是提高乡村文化一种普遍的活动。这种教育场所、教育对象以及教育方法,与仅仅限于特殊范围者自然不同,现在把它逐条略述如下:

(一)教育的场所

理想的乡村教育,他的场所决不仅限于一校一地之内,或某种特殊的区域,换句话说,就是把整个农村统当作教育的场所看待。所以,推行新教育的人们,对于这乡村教育施教的场所,范围极广,种类也多。例如,我们要给被教育者得着相当的指导,那举凡山边、水涯、田头、林间,无在不可以做探讨事物的天然场所,无在不做领受活的智识的优良源泉,只要我们善为支配,善为利用,总可得到不少的利益。

(二)教育的对象

教育的场所既然那样的扩张,当然教育的对象决不止限于年龄相当的乡村

---

① 白德斐于1921年冬来华调查农业教育,著有英文《改进中国农业与农业教育意见书》,由傅焕光译为汉文,刊发于《江苏实业月志》1922年第37期。

儿童，凡是居住村内的人民，都作为被教育者看待。不过各地方的人各有他的特质，我们施行乡村教育要明瞭的，就是乡村儿童的特质和乡村成人的性质，然后才可做我们施行教育的参考。

（三）教学的时间

场所及对象既然如许扩张，自然教学的时间也和普通不同，又不仅限于昼间，夜间也是利用的；又不仅限于特定的几个月，全年都在教育中。

（四）指导者

乡村的指导者，不仅限于几个小学校教职员，各地方之宗教家、政治家、经济家、慈善家都负有指导的职责，他们都应该本着先知觉后知、先觉觉后觉的精神，做那已立立人、已达达人的事业，这样做去收效才可以宏大。

（五）乡村教育的范围

我们既承认乡村教育是提高乡村文化一种普遍的活动，所以他的活动范围当然是全体的、普遍的。现在先把我们所要研究事项逐一的写在下面：

1. 乡村幼稚教育，如农村幼稚园、农忙托儿所、疾病托儿所；
2. 乡村儿童教育，如乡村小学校；
3. 乡村青年教育，如乡村职业补习学校、乡村青年会、乡村处女会等；
4. 乡村成人教育，如乡村通俗讲演会、老人会、户主会、主妇会、平民教育等；
5. 乡村自治问题与教育；
6. 乡村经济问题与教育；
7. 乡村娱乐问题与教育；
8. 乡村宗教问题与教育；
9. 乡村社会问题与教育。

三、要以教育的力量去改造乡村

乡村教育家所负的使命有两方面：一方面是教育儿童，一方面是指导农民。一则建设将来的新中国，一则挽救现时的中国。现在的乡村社会，倘若我们仔细的去看一看，静心的去想一想，他的弱点随处都可以发现，我们究竟用什么方法，凭什么力量去改造他，才能使这久经衰退的乡村，有复兴的希望？我敢武断的说一句，没有旁的方法，惟有教育，而教育是否有效果，全凭着教育者的热心毅力和知识修养的程度。倘若他对于乡村有真正的认识，有爱乡村的热忱，有改造乡村的决心,尽力去指导农民,组织农民,训练农民,使整个的农村向上发展进步,不难使理想的乡村——"野无旷土,村无游民,人无不学,事无不举"——实现。分析起来说:

(一) 野无旷土就是:

1. 全村没有不种庄稼的土地;
2. 全村没有不长树木的山陵;
3. 全村有适宜的排水灌溉的沟渠和河道;
4. 利用科学的方法改良农业,使农产的收入增加;
5. 利用不可垦种的田地从事蚕桑、畜牧、养鱼等事。

(二) 村无游民就是:

1. 全村男女老幼都有相当的职业;
2. 提倡及时的合理的享乐,使人人有康健的体格,没有人因病废业;
3. 利用农闲从事各种农产制造;
4. 农民全体明瞭劳动的价值而乐于劳动;
5. 戒绝烟酒赌博,铲除土劣贪污。

(三) 人无不学就是:

1. 人人读书识字,而且有用书的能力;
2. 全村民众有征服天然环境的知识和能力;
3. 全村民众有爱护乡村及发展农村的观念;
4. 全村民众对于国家社会有明确的认识;
5. 养成村民团体习惯、互助道德并参加各种社会活动的热忱;
6. 人人有高尚娱乐的修养和善用闲暇的习惯。

(四) 事无不举就是:

1. 全村有四通八达的道路和水道;
2. 有改良乡村卫生娱乐和发展乡村经济的组织;
3. 有各种防灾的设备和适当的慈善事业;
4. 有优美的花草树木;
5. 有丰衣足食的原料和储藏的仓库。

怎样使这样理想的乡村实现? 最好是:第一,以乡村学校为改造社会的中心;第二,以学生和先知先觉的农友为改造乡村社会的同志;第三,就乡村实际的生活逐渐的加以改良。我现在把栖霞乡村师范对于乡村改造和教育实施的情况,约略的介绍一下,似乎比较上说话有根据些(详见《栖霞新村》半月刊十二期)。

(一) 关于农友知识的

1. 民众夜校　现分为日间的、夜间的两组。日间的约在下午三时至五时,专便于本村的女子;夜间的在晚间六时至八时,专便于本村的男子。程度至为不齐,现采用单级教学的方法。

2. 村民识字处　这是专为本村的村民因为有职务或别种关系,不能按钟点来校上课而设的,他以一家一店一机关做单位,每天派人到他的家里、店里或是机关里去教他识字。还有识字运动,每晚在玻璃灯上写字去教他们,希望全村的人都能识字。

3. 村民问字处　凡村民有不认识的字,可以到本处来询问,以辅助民众夜校、村民识字处的不逮。

4. 村民代笔　村民有不会写的,或是不会做的东西,可以拿来代写或是代做。

5. 购置新闻杂志和有益村民的书籍　该科原有村民图书馆,所有书籍不免嫌深,此处多设各种通俗的书报,任村民随意浏览。

6. 举行各种谈话会　如乡村调查、道德促进、党义宣传、风俗改良、产业发展、娱乐提倡、土木改进等,随时和村民举行各种谈话会,以期便于收效。

7. 农产物品的陈列和研究　陈列各种农产物品,如稻、小麦、杂粮(粟、高粱、玉米等)、豆类(黄豆、赤豆、绿豆等)、棉花、蔬菜、蚕桑、畜牧之类,并时常和农民研究种子、栽种、收获等方法,藉为农业改良的帮助。

(二) 关于农友道德的

1. 孝敬　保持农民应具的道德。

2. 勤俭朴素　农民勤苦耐劳,常依赖自然的生产品来支持,日常生活不需人工制造品的帮助,并且农民的身体强健,不需美味的食物;业务易于污秽,不需美丽的衣服。农民应当保持勤俭朴素的美德。

3. 戒绝不正当嗜好　农民往往以吃烟、赌博来做业余娱乐的消遣品,甚至因此倾家荡产,不务正业,以致流为匪类,故竭力提倡戒烟和戒赌。

4. 亲爱(不侮人)　农民和自然接触的时间多,和人类交际的机会少,所以思想感情的表现都极恶劣,往往为人有粗野的举动,所以对农民提倡互相亲爱,不侮人。

5. 守时间　中国人向缺乏时间的观念，农民更甚，往往约在午前，忽到午后，此皆不守时所致，故设法矫正此弊。

6. 不当路小便　农民随地小便，既不雅观，又碍卫生，各村应建小便所，养成不当路小便之习惯。

7. 废止虚礼　农民有许多虚伪的礼节，如婚嫁丧葬以及平日应酬，应提倡俭朴，废止虚礼。

8. 清洁等　卫生首重清洁，农民终日在郊外工作，容易污秽，于卫生上殊有妨碍，所以关于农民的衣食住行，均当提倡清洁。

（三）关于农友身体的

1. 国技　我国最近各地提倡国术，不遗余力，乡村间如石担、石锁之类，均为我国固有的武技，须竭力提倡，藉以保存。

2. 竞走　竞走也是农民的一种技能，如能利用起来，可以引起农民赛跑和练习耐久力的兴趣。

3. 游泳　游泳是乡村间良好的运动，提倡不独有裨益农民身体，并且可以做救护的帮助。

4. 竞舟　近水乡的农民，船是必备之物，竞舟比赛很是一件有兴趣的事，利用自然的环境来做运动的工作。

5. 登山　栖霞山山路崎岖，登山竞走是天然的一种良好的运动。

6. 牧牛　乡村人家没有一家不畜牛的，牧牛是农民必具的技能，利用他做一件运动工具，实在是惠而不费。

7. 各种比赛等　如拔草比赛、种植比赛、挑粪比赛、凿柴比赛、运石比赛、牧牛比赛等，藉以锻炼农民的身体。

（四）关于农友娱乐的

1. 餐会　每年在一定的时期，集合农民组织一个聚餐会，藉此联络感情，交换意见，并指导那农民饮食的改革，藉以减少什么土地会、斗吃会之类。

2. 象棋　农民智识较高的人，莫不喜欢着棋，象棋实在可以锻炼人的脑力，所以象棋是娱乐的一种。

3. 音乐　音乐感化人的气质，农民类多粗野，倘能使常听音乐，必定能改变农民的性情不少。

4. 赛会　农民对于迎神赛会的心理异常热烈，宜利用此机会，一变而为各种物品的赛会。

5. 讲书　在业余的时候讲述各种书籍、故事，藉以增长农民的知识，善讲书的人，动作活现，声色容易动人，我国乡村中这种娱乐也时常举行的，很有效果。

6. 唱词　唱词是乡村中一种很好的娱乐，农民们赛会，或者村祭，或者农闲的时候，往往雇来一位唱词先生，在公众地方，或自己家中，举行一二天的行乐，我们利用这方法来唱词，假使善于唱词的人，感化力很大。

7. 钓鱼　钓鱼也是一种极好的消遣品，乡村各河流中蓄鱼最多，闲暇的时候大家去钓鱼，也是很快乐的事体。

8. 演剧等　通俗演剧感人最深，所以我们提倡乡村演剧，使农民能潜移默化。

（五）关于乡村群众的

1. 共同合作　如森林经营、果树栽培、育蚕养鸡、养蜂畜牧、垦荒事业，均可和农民共同合作。

2. 实行储蓄　小则提倡农民个人的储蓄，以养成勤俭的美德，大则建设公共的义仓之类。

3. 改良社交　如访问的改良、接待的改良、赠送的改良之类。

4. 经营合作社　经营合作社有两种事业：一种是低利借与社员产业上必要的资本；一种是办理社员储蓄的事务。那好处在减农民受债主的压迫，又可养成社员的储蓄心，再可使乡村金融活动，不致集中都市。

5. 改良农事等　农事改良，如指导农民应用科学的原理，经营农业，利用优良的农具，使收效迅速，以及熟练技术、预防虫害之类。

（六）关于乡村社会的

1. 民众周报　每周出民众周报一次，选录重要的新闻张贴照壁，以供众览。

2. 村政指导　指导乡村厉行自治，凡乡村应兴应革之事件，都尽量指导。

3. 乡村保卫　乡村的保安较城市为难，因城市集中而乡村散漫，若仅赖少数的警察，能力鲜薄，难于胜任。农民宜联合组织保卫团，藉以自卫。现在我国盗匪遍地，警备一事更不容缓。

4. 组织消防队　乡村发生火患，往往蔓延很广，消防器具势所必备，宜使农民练习，偶遇不测，即可救熄。

5. 沟渎道路扫除　沟渎道路的扫除，关于公共卫生至巨，宜使农民常常扫除，免得污秽容易做病菌的媒介。

6. 蚊蝇驱除和防疫运动　乡村疫病流行较城市中为剧，蚊是疟疾的媒介，蝇是伤寒霍乱痢疾的媒介,所以乡村中要常常做防疫运动和扑灭蚊蝇。

7. 村中公墓　提倡村中实行公墓,免致将有用的田地都做葬地。

8. 破除迷信　烧香念佛,迎神赛会,乡村中数见不鲜,亟宜设法改革,破除迷信。

9. 交换种子　欲求农事的改良,当先注意于种植的种子,乡村缺乏良好种子的来源,所以特设交换所,如麦种、稻种、豆种、棉种、菜种、树苗、蚕种之类,皆可来所交换。

10. 代办农具　农具日新月异,层出不穷,农民即便知道新式农具的好处,苦于无处购买,不免有望洋兴叹之苦,本社特设所代办,以期乡村中农具改良。

11. 中心茶园　乡村的街市上必有茶馆多处,每日农民都聚集在茶馆里,高谈阔论,以为乐事。但是,茶馆内往往做赌博的场所,殊属有关风化,当设有中心茶园,陈设通俗书报,俾农民暇余来园吃茶,兼可得到普通的常识。

12. 劝禁烟赌　鸦片赌博的害人,有如毒蛇猛兽,乡村中最容易犯这弊病,应竭力劝禁。

13. 改良风俗　乡村有乡村的风俗,往往不可以理喻,应当切实的改良,凡婚嫁丧葬等风俗,合理者保留,不合者去之。

14. 举行通俗讲演　乡村通俗讲演会是乡村成人教育最重要的集合,可以提高农民的道德,可以增加农民的知识,可以使民众运动彻底。那讲演的总纲,不外三种:A. 使一般农民能理解自己本身的地位和职业的价值;B. 使一般农民能理解怎样可以经营合理的农民的生活;C. 使一般农民能理解本国的国情和世界的大势。

15. 农忙托儿所　农忙的时候,乡村的儿童无所寄托,本社拟和幼稚园联络,在乡村农忙的时候,每天在一定的时间把儿童送到学校里来代为保育,因为和幼稚园联络,保育时间可以活动,而活动的地方也不必拘泥在园内,幼儿玩具和园里的用具可以借用,不致发生困难。

16. 疾病托儿所　疾病托儿所的要件:一要较远农家,二要空气新鲜。内里的设备,约分以下的数种:A. 看护的人须有相当的经验和无限的同情心,看护须周到;B. 必要的药品须一一购备;C. 饮食新鲜,须简单;D. 寝室的采光通风务须注意,清洁更不待言;E. 家境丰裕的人,当然自己纳费,设家境贫寒人,可以酌量减少或全免。

四、实施的方法

我在第二讲上面,不是已把那农村实施教育的几个大纲说明过吗?现在为求实施时完美起见,特为把实施的方法说一说。不过我们在实施之前,要了解两条原则:

(一)乡村教育化　是实施农村教育横的策略。要想农村能达到真正的教育化,那负责的实施者,就得要亲自到农村里去,调查民众生活的苦况,考察生产减少的原因,然后设法施以相当教育,增厚生产力量,使民众生活达到宽裕的地步。

(二)教育乡村化　是实施农村教育纵的策略。负责的实施者,要谋教育能彻底乡村化,亦须亲自到农村里去,采取民众勤朴耐劳的精神,明瞭社会急切的需要,拿来做我们设施的标准,使我们的目的达到,一般乡村都成功有教育意味的新建设。

明瞭这两点,那"无聊的铺张""因袭的陋病",以及"都市化的""原始化的"种种过犹不及的弊病,或可减少些,或可完全消灭,成就一种"合于原理""合于时代"的实施根据。现在分几点叙述在下面:

甲、怎样实施农村幼稚教育

1. 农村幼稚教育的重要

(1)完成幼儿时代的生活价值;

(2)解决农村家庭教养的缺憾;

(3)建设健全生活的优良根基;

(4)救济农村家庭农忙的牵绊。

2. 农村幼儿教育的种类

我国农村的幼儿教育的设置,确有迫不及待的情势,不过农村的环境,自然和都市不同,我们先找出几种,供我们做设施的依据:

(1)关于永久设立的,如:

① 农村幼稚园　这种幼稚园是收容满三至六岁的未入学的幼儿,施以合理的养护,使他们身心上得到合理的发展。

② 农忙托儿所　每一农村在播种收获的时候,家庭父母们往往一天到晚在田间操劳,没有余暇养护子女,因此子女们身心上发生许多不健全的现象,这种农忙托儿所,每逢农忙时节即行开办,在欧美各国早已施行,专收容那些无人监

护的幼儿,施以合理的教养。

③ 疾病托儿所　这种组织是救济农村的疾病儿童,加以短时间或长时间的调理,使他们的身心得到恢复健康的境界为止。关于这件事,也是因为我国乡村人家不知医药方法,设有疾病,往往求神拜佛,更因有时为农事牵绊,那子女生了病,往往怕误及农事,就不加医治,任其呻吟叫嚎死伤夭亡的。有了这种组织,可以解决乡村幼儿的疾病问题,同时也可把我国的人口问题上的困难,救济一下子。

(2) 关于临时举行的,如:

① 母姊谈话会　这是借村中集会之期,或学校集合时举行的,在这一个集会中,最切要的是谈话。谈话的事项要切实,如家庭教育法、幼儿生活指导法,谈话的态度要诚恳,最好先就你所认识的人谈起,然后再行渐及于群众。

② 家庭访问团　这是由村中幼稚教育里派出的——或小学校代办的——由这几个指导员,带了许多问题,或是文字,或是画片,到各个农村人家做流动的访问,在访问时要注意的要巧为供给相当幼儿指导法,能得村中有知识的妇女做团员,那更能解决许多困难了。

③ 婴儿比赛会　这件事是轻而易举,在一时的公共集会时节中可以举行的。

3. 农村幼稚教育的设施

谈到设施的实际,我们可以分述于下:

(1) 农村幼稚园设施标准

① 园址三间是特别建造的,或是附在小学校内的。

② 桌椅是合于经久耐用的原则,合于幼儿身材的高低的原则,或特制,或用各个家庭中携带来的。

③ 用具最少要有贮藏柜、清洁台、墙壁黑板清洁用具、艺术用具、游戏用具、音乐用具。

④ 课程是要用生活做中心的,从游戏中得到相当知能的,从大自然中认识一切事物的。

⑤ 保姆最少要有二人(能有夫妻二人担任尤为便利)。

(2) 农忙托儿所设施标准

① 所址是特建的,或是附设在幼稚园中的;

② 用具可以向幼稚园借用;

③ 课程用生活中心取材料，多行室外学习法；

④ 保姆人数以幼儿数目为标准（大概每廿幼儿须觅一保姆指导生活）。

（3）疾病托儿所设施标准

① 所址要特别建造，要在离开村庄空气清鲜之地；

② 看护要具有高深保育经验的；

③ 助手要至少有二人；

④ 药品须事前购备完全；

⑤ 饮食须新鲜，须简单；

⑥ 寝室须注意采光通风；

⑦ 费用富厚的自行缴纳，贫穷的酌量减收。

4. 农村幼儿教育的人才经济

（1）关于人才方面的

① 由各乡村师范开办农村幼稚教育科，招收初中毕业的男女学生，研究幼稚教育设施问题，二年毕业；

② 由各女子师范中特设二年幼稚保姆科，招收小学毕业的女学生，研究幼稚保姆问题，二年毕业；

③ 由各县教育局创办短期保姆护习会，讲习幼稚教育、医药常识，招收小学毕业的女子，一年毕业；

④ 由各乡村实施教育的人们，除请一女教师外，再觅本村中清洁的老妪，帮助处理保育事宜。

（2）关于经济的筹划

① 教育费的一部分，必须要占有全村教育经费的三分之一；

② 慈善捐款；

③ 县补助费。

乙、怎样推行农村儿童教育——农村小学教育

1. 农村小学教育的目标

（1）学理上的主张

① 要儿童生活做教育的中心——生活即教育；

② 要社会生活做教育的目的——社会即学校。

(2) 国情上的顾照
① 根据三民主义的;
② 按照儿童心理的;
③ 培养基本常识的;
④ 适应社会生活的;
(3) 实施上的目标
① 要革命化——注意心性的感化;
② 要民众化——注意团体的陶冶;
③ 要生活化——注意体魄的操练;
④ 要科学化——注意正谊的竞进;
⑤ 要社会化——注意协作的精神。

2. 农村小学的设施方针

我以为,"欲贯彻'三民主义教育'的本旨,增加教育向上发展的效率,那不可不考察乡村社会的状况,乡村儿童身心的常态,据以图谋教育上适应于现时的设施,及将来的预计,期于能开发乡村无穷的宝藏,得到教养乡村儿童的真谛,俾可成党国政策中'改良乡村组织,增进农人生活'一句话的期望"。本着这种大纲去实行,固是我们所要领略的,但实施的方针我们也要订一订。那么,本着大纲,参照现况,顾及将来,不难得到合法的建设,改进的成功。因此特就我短少时间研究,写出一种关于乡村小学设施的方针在下面:

(1) 努力做一个新时代的乡村小学;
(2) 努力做一个环境健全的感化院;
(3) 努力做一个自然美化的园艺场;
(4) 努力做一个功效显著的农艺园;
(5) 努力建设寄宿舍,使儿童精神物质均有规律;
(6) 努力建设工作场,使儿童生利事业有所准备;
(7) 努力做到有早晚操之固定训练;
(8) 努力做到一切教学都由于观察的过程;
(9) 努力做到有多行野外生活或田间指导的作业;
(10) 努力做到有多行自由课业,养成儿童创造才能;
(11) 努力做到教学是侧重多方发表兴味的倾向;
(12) 努力做到教学是以实际经验为根据之教材;

(13) 努力做到考查儿童是侧重自由发表的;

(14) 努力做到补充材料是注意临时资料的;

(15) 努力做到有团体法治的真精神;

(16) 努力做到有公共制裁的服从心;

(17) 努力教儿童明瞭服务的原则是根据互助的原则施行;

(18) 努力教儿童知道惩罚的执行是依照罪过的直接关系;

(19) 努力做到儿童有独创的才能;

(20) 努力做到师生有协作的精神;

(21) 努力造成有关美化的环境,使儿童生活于纯艺术的境界中;

(22) 努力造成有政治设施,使儿童生活于小共和的组织中;

(23) 努力使科目支配匀称,使儿童有学习习惯;

(24) 努力使教材排列适宜,使儿童前后有联合;

(25) 努力注意儿童的进步,是用自身比较法;

(26) 努力注意儿童的行为,是用故事感化法;

(27) 努力推行最经济的民众教育事业;

(28) 努力引用新旧方法的试验和改进;

(29) 努力利用暇时去做联络家庭的方法;

(30) 努力设法沟通家庭学校社会为一。

3. 乡村小学的编制

(1) 单级制

① 四年单级制——合一二三四年级在一个教室中教学的;

② 六年单级制——合一二三四五六年级在一个教室中教学的;

③ 分团单级制——不问是四个年级或是六个年级,因为教学的关系,依照能力分团教学,不以年级为标准的。

(2) 复式制——合两个学级以上组成的,如一二合级,三四合级,一二三合级,二三四合级,一三四合级,四五六合级。

(3) 单式制——乡村儿童不多,采用这种办法,在优点上说,能顾及天才儿与低能儿;在劣点上,那经费不宽,人数太少,往往不能成班教学,殊觉寡味。

(4) 二部制——分全日二部制,半日二部制。

① 半日制——用在山村、渔村人口较少的地方,可用一教员兼教两个学校;

② 间日制季节制——是今日在此甲地授课,明日到乙地授课,经费减少,儿

童亦得照常工作农事；如若是季节制，那夏秋农忙停止，春冬农隙时施以教学。

（5）联合学校——这是合并在一地方的几个不完备的小学，并成一个大规模小学，美国乡村中日渐发达，我们国里未尝不可采用，但因道路不修，交通梗塞，若是强欲为之，徒有削足适履之讥，所以我们只要知道，将来总可实现的。

4. 乡村小学的课程

（1）从前新学制课程上的所订的标准，初级小学是国语、算术、常识、体育、音乐、艺术等科，现在教育部中小学课程起草委员会也没有公布。

（2）经过我们长时间的讨论，觉得乡村小学的课程：

① 要科目宜简单，不宜繁杂；

② 要切合乡村社会的环境；

③ 要顾及实际方面的推行便利；

④ 要适应乡村儿童的需要；

⑤ 要顾及普通的应用。

（3）本此目标，我们特为把乡村小学的课程，研究到一个小结束，现在写在下面：

农村小学课程的各科大纲

一、农事操作——本科包括农业园艺

1. 目的

（1）灌输儿童农业上正确必要的常识

（2）教育儿童知道本乡农产物的栽培、饲养和用途

（3）引起儿童尊重农业的观念和居住乡村的乐趣

（4）练习耐苦耐劳的本领

2. 选材标准

（1）须适合于本地方的需要

（2）须儿童容易了解

（3）须不违背时令

（4）须与实习事项相联络

二、自然研究——本科包括自然

1. 目的

（1）给儿童明瞭自然现象和人生的关系

(2) 给儿童知道各种事物的成因

(3) 给儿童有观察和研究的兴趣

(4) 给儿童有利用自然的才能

2. 选材标准

(1) 要切于环境的

(2) 要易于领会的

(3) 要与人生有重大价值的

(4) 要能各科有联络需要的

三、语言文字——本科包括读文、语言、作文、写字四种事项

1. 目的

(1) 养成儿童学习普通语言文字的习惯和能力

(2) 发展儿童的思考和思想

(3) 陶冶儿童感情和德性

(4) 具有用适当语言或文字来发表自己思想的技能

(5) 熟练日常文字的正确、整齐和敏捷的功夫

2. 选材标准

(1) 打破牢记的诵习材料，采取生动的文字

(2) 培养儿童欣赏文学能力的

(3) 乡村社会常需应用的

(4) 发表与自己生活有关事项的记载

(5) 日常应用文字的使用

四、公民活动——本科包括社会、公民、党义三种事项

1. 目的

(1) 使儿童明瞭在现时代的个人准备

(2) 使儿童了解社会的现象与人生之关系

(3) 使儿童有观察实际社会的兴趣和参加活动的力量

(4) 使儿童有尽力社会的志愿，养成远大的眼光

2. 选材标准

(1) 养成现时代人民的良好习惯

(2) 与以人生和社会一切事项的密切关系

(3) 了解人生对于各种事业有改革的思想和创作的才能

(4) 活的社会里的实际参加的事项

五、计算技能——本科包括笔算、珠算二种事项

1. 目的

(1) 能在日常作业内或游戏中获得数量方面之经验

(2) 能解决自己生活状况内的问题,并能自己去找求问题之解决

(3) 能具有计算正确的能力,并且有敏快和精细的思考力

2. 选材标准

(1) 日常生活内有关系的问题

(2) 游戏作业中所发现的问题

(3) 适于儿童心理的各种数量问题的材料

(4) 适于生活常轨的各种事物计算材料

(5) 实际参加社会活动中的计算常识

六、音乐陶冶

1. 目的

(1) 陶冶优美康乐的人生

(2) 调济枯涩乡村的生活

(3) 明瞭普通浅近的乐理

2. 选材标准

(1) 不取淫靡之音做材料

(2) 采取革命性的

(3) 描写自然景物的

(4) 有关身心娱乐的

七、体育卫生——本科包括体育、卫生二种事项

1. 目的

(1) 养成体格健全、姿势优美及活泼之精神,高尚之情感

(2) 有爱好运动的习惯

(3) 明瞭民族生存的要素

(4) 有协同互助的精神

2. 选材标准

(1) 适于程度的普通卫生习惯

(2) 适于身体的各种锻炼

(3) 富有兴趣的游戏资料

(4) 矫正姿势的说明画图

(5) 选购经济的体育设备

八、艺术生活——本科包括工艺、形艺二种事项

1. 目的

(1) 启发艺术本能

(2) 增进美的欣赏与鉴别

(3) 使用工具完成一己的表现

(4) 发挥自由创作的才能

(5) 涵养美感,增进耐劳德性

2. 选材标准

(1) 适合儿童心理可以涵养性质的

(2) 可使儿童就经验及理想加以设计的

(3) 与儿童生活有密切关系的

(4) 在环境上有发表价值的

(5) 基础作业的欣赏和建造

5. 农村小学的教学

农村小学教学的方法,近来经我们细细研究,觉到已往的农村小学,多半因袭城市,不能得到相当效果,以至造成一种变相私塾的教学法,大半纸上谈兵,偏重注入,实际生活毫不参加,因此学与教截为两事,至于实行方面——做——更是毫无生气。现在好了,我们感觉到了新主义的教育方法,要以儿童为主体的学习的方式,要以经验做出发点的,那么教师指导儿童,不问是教,是学,是做,要变成一体才可得到整个的经验,所以他的过程往往成功儿童的需要,就是教师的指导结果,儿童在做上学,教师在做上教,这样来指导儿童,儿童得的知识技能是整个的,是合于生活的,是"教学做合一"的,这就是我们现在施行的一种"生活教育法",我们若是引用这种方法,去指导儿童,那儿童可以得到许多活的知能,不像已往的纸上谈兵,不切实际了。至于这个"生活教育法"的举例,各位可以参阅我校实小的一本小刊物——《生活教育实验》之一,儿童在集场期中的活动。现在不妨把他的大概情形介绍在下面:

生活教育实验的儿童——在集场期中的活动

实验本教学的经过：

一、关于本项的报告，要预先给诸位知的，有下列几点：

1. 实验的学校：栖霞山南中乡师实小六学年单级。
2. 实验的日期：十七年四月二十日（废历三月一日）。
3. 实验的教师：姚虚谷、叶效夷。
4. 实验的儿童：一年级5人，二年级10人，三年级9人，四年级8人，五年级5人，六年级5人，共42人。
5. 实验的经过

(1) 中心：集场期中的生活。

(2) 联络：读文、写字、作文、算术、社会、自然、美术、工艺、音乐、体育。

(3) 目的：① 认识了现实的乡村社会活动，了解集场的功用，并知道与我们的关系；② 救济已往的弊端，充分利用这时期做改正心理的工作，并利用此时实地参加社会的练习。

(4) 儿童：栖霞小学六年单级。

(5) 教师：叶效夷、姚虚谷。

(6) 动机：本月二十日，适逢本村集会之期，每年一次，村民都视为盛举，历年学校中多停课一日，以供儿童游乐之用。今年经师生共同计划，大家都感觉虚度此日殊感可惜，因而特为在这"集场"期中，大家都要加以充分的研究，这种动机是非常满了在我们的脑海中，于是决定在本周的水曜起，到下周的水曜止，以这个问题做设计的中心。

(7) 实行：本教学经过了六七天的讨论，每日均预定了各组的研究事项（六个年的单级在施行设计教学时，分三大组，即高中低三组）。

(8) 计划：各科联络的计划写在下面：

读文：高级（社会趣剧《根本的错误》），中级（《聪明的法官》），低级（《石匠王二》）。

写字：写劝学标语，戒赌标语（高级），写商品名称（中级），写集场中的玩具名称和自己的名字（低级）。

作文：① 约亲友来参观集场；② 三茅会记（高级）；③ 我在集场中所见所闻；④ 我所喜爱的玩具（中级、低级在作文中指导）。

算术：采集场中买卖的事实来应用笔算和珠算。

社会：高级：① 集场的功用；② 集场的游览；③ 集场的调查；④ 本乡的交通（附图）。中级：① 原始时代人的交易；② 集场的观察和应注意的事项。

自然：高中级：① 各种农具的研究；② 各种种子的选择；③ 小鸡鸭鹅的饲养法。低级：① 怎样养小鸡；② 钱有什么用。

美术：高级：① 会场写生；② 赌博的讽刺画。中级：① 几件农具的写生；② 会场写生。低级：① 几件玩具的写生；② 会场想像，赛会的陈列和西洋镜的欣赏也可算的是美术的设计。

工艺：高级：① 鸡罩的仿制（竹篾工）；② 张贴标语。中低级：① 农具的图案（剪贴）；② 竹玩具叫子。

音乐：熟练"识字好"的歌，创作"戒赌歌"。

体育：游览集场，练习侦察。

二、搜集

关于材料的搜集，大部分是在集场中取采，小部分由师生搜集出来，大家商定之后，再拿去应用，各科的材料，可以大胆说一句，都是依照设计中心去搜集的，没有什么牵强附会的嫌疑，至于讨论情形，请看下一项。

三、讨论

每日各科教学过程都是依照设计法去施行的，各科的情形说来非一时可毕，现在就其大概约略的说一说：

1. 读文方面：三组决定选三种剧本读一读，以便在集场举行的这一天，开一个表演会，所以决定高级组选的社会趣剧《根本错误》，中级选的《聪明的法官》，低级选的《石匠王二》。各组在练习过程中非常有味，所以在这天午后的表演中，都还言语熟练，态度大方，一般乡民无形中受了不少的纠正。

2. 写字方面：各组材料都是从设计手续下产生出来的，所以在练习时以及张贴标语后，各人都了解字的美术优劣，有关乎到阅者的兴趣。

3. 作文方面：做得非常圆满，因为事实是亲身经历的，不是虚构的文章，尤其是在这一个作业成绩中见到各个儿童的思想。

4. 算术方面：简直全是计算实际事物的应用，儿童因为受了这样指导，他们在集场中的活动更是非常注意，每逢买主卖主论价时，便都有相当的速算法，做出了得数，大声说出来了，所以在这种需要之下，同时更把珠算的应用又教了一二种（如乘除的应用，斤求两，两求斤的例子，又解说一下），还有数量的估计，也是算术科中一个应用，同时也做过一次，这是高级生做的。至于中级低级，也有相当的工作。

5. 社会方面：有趣极了，别的都可想像，可知只就"游览会场"的一个活动，就很是有趣了。我们在这一天的九点钟的光景，由两位先生、四个风纪员分别游览会场（另有会场图），这会场可分为四大部：① 迷信区：栖霞寺前及三茅宫；② 享乐区：本校门前；③ 交易区：栖霞街中；④ 堕落区：栖霞街之南端旷地。我们先看了交易区，种类很多，另有记录。次看了迷信区，无非是善男善女做些无谓的举动，同时我们便讲了些破除迷信的讲演和识字运动的事项，完毕后便到享乐区中来，研究有卖西洋镜火车镜的，儿童争欲观看，我们见他的影片除去几张秽亵的片子以外，还可以看一看，于是向卖镜者商量，以二十枚铜元个个都饱了眼福。这一件事在儿童已满足了欲望，而教师不营加以指导，结果对于恶秽的事项，不致紊乱了纯洁的心地。又看猴把戏，买了几件乡村的粗玩具，大家都很欢喜，还有卖各种糖果食物的，大家看一看，认识了几种名字，也就回来休息午膳了。到了午后，大家都说还有那堕落区没有游玩，大家决意要去，有人说去不得，大家一去就要堕落了；有人说有先生去，我们也不好做这种事；又有人说我们到要看一看，同时我们再散他们些戒赌传单，不就是一种改良风俗的举动吗？大家都说使得，忽有一人说，那些赌博之中，全是假的，全是骗人的。我们——教师——听见这种讨论非常重视，因为我们要他们——儿童——游览赌博的目的，就在乎此，这一点非常重要。于是我便插嘴道，既是假的，骗人的，我们何不把他假骗的地方侦探出来，告诉一般人，不就可以指导那些要受欺的人们不去加入吗？这句话说完，接连大家都互相讨论起来了，我说道："游览堕落区只高级组加入，中低两组仍在享乐区中做戒赌宣传，不过高级组去到堕落区中要利用侦探的精神，把他们——赌徒——的妙门查出来，告诉这些宣传员，转告游人不是不上他们的当吗？大家说好极，于是分队而去，不一刻有一儿童来报告，转碗的玩意他用了一个迷子，假作输赢的人，假输假赢，逢到有生人押的时候，他就在空门上停针碗不输出而一次一次的收入，许多钱，他的法子是在盘下面钉一根木条，通在转轴之下，停动，只用指在自己面前一动就得了。大家得了这个消息，于是传播开去，大声的宣传起来，结果他面前人走了不少，还有押鱼押虾的、押黑红宝的、掷骰子的、推牌九的，都由各儿童一一看出弊端，宣告大众，到后来这些人托人向我们说项，大家不答应，并且责成公安局取缔。总之，这一天集场中的活动得了许多活的知识，做了许多有益社会的工作，到四时以后，游人也渐渐散去，我们也就回校整理一下子，放学回家，明天继续再讨论罢。这是"游览会场"的一个活动内容，如此别的研究也可想而知了。

6. 自然方面：如购买小鸡，讨论饲养法，都能做得十分圆满。

7. 美术方面：可就儿童的作品和集场中观览品的画片，分类上加以考查，便知道大概了。

8. 工艺方面：同前。

9. 音乐方面：歌词的创作虽觉粗浅，但在一般乡下人看来，倒还不错，而且是儿童的力量。

10. 体育方面：在游览集场和练习侦探中已受有相当的活动不少了。

11. 欣赏：本教学的过程中，儿童受了不少的知识和相当的感化，所以他们的心情都时时流露出来满意的表示，他们的最后没有多大批评，不过，认为遗憾的就是没有留一个摄影。

12. 整理：这一次教学可算是破天荒的举动，在儿童方面，因为求得经验都是看了很多力量，所以在建造过程中都可见到他们的努力；在教师方面，都因这次教学了解乡村小学用"整个教学"的好处，得到许多安慰。本教学固然算是草草的成功，就是本校的"田间教学"，也就因此格外催促实验起来。

至于农村中一年要有忙有闲，忙时儿童不能入学或是学校设备简陋，往往不能做到很圆满的境界，那么用了"生活教育法"，也可以解决他的困难，不过因为设施的不同，我们特为叫他为"田间教学法"，现在也把他的大概介绍在下面（欲知其详，可参阅《教育杂志》实验专号）：

田间教学法

一、动机

1. 解决儿童农忙期中的缺席问题
2. 帮助施行家庭设计的辅导问题
3. 救济乡村小学校舍的简陋问题
4. 增高乡村小学儿童的活动问题

二、标目

1. 利用农忙期间
2. 实行野外生活
3. 享受美满自然
4. 陶冶康乐人生
5. 创造露天教室

6. 探讨活的知识

7. 发现乡村宝藏

8. 发展儿童本能

9. 适应环境需要

10. 完成整个知识

三、地点——可就各乡村的环境自己酌定

1. 山脉区

2. 森林区

3. 农作区

4. 水藻区

5. 牧场区

6. 田园区

7. 名胜区

8. 石产区

四、教学的方式

1. 共同确定研究题目——动机和目的

2. 共同计划研究大纲——计划

3. 共同观察研究事物——搜集

4. 各自记载研究心得——讨论

5. 提出问题共同探讨——欣赏批评

6. 整理问题得一结论——整理

五、教学时间

1. 春季：二三月间旅行及远足时期

2. 夏季：三四月间农忙期中，五六月之夏季生活

3. 秋季：七八月之秋收期中

4. 冬季：九十月间种麦种豆期中（家庭设计）

六、教学用具

1. 公共方面——文具箱、采集箱、放大镜、捕虫网、应用器具……

2. 个人方面——纸、夹、铅笔、雨笠、参考书……

七、实验的事项

有放牛的乐趣，麦的收获，栖霞之美景……

（注）举例甚长，兹从略，如欲知其详，可参看《教育杂志》实验号。

6. 农村小学的训育

(1) 关于学校内应有的具体的组织

a. 学级会：以一级做一个团体，以教师做一个顾问，指导儿童做各种自治事业，他的组织表如下：

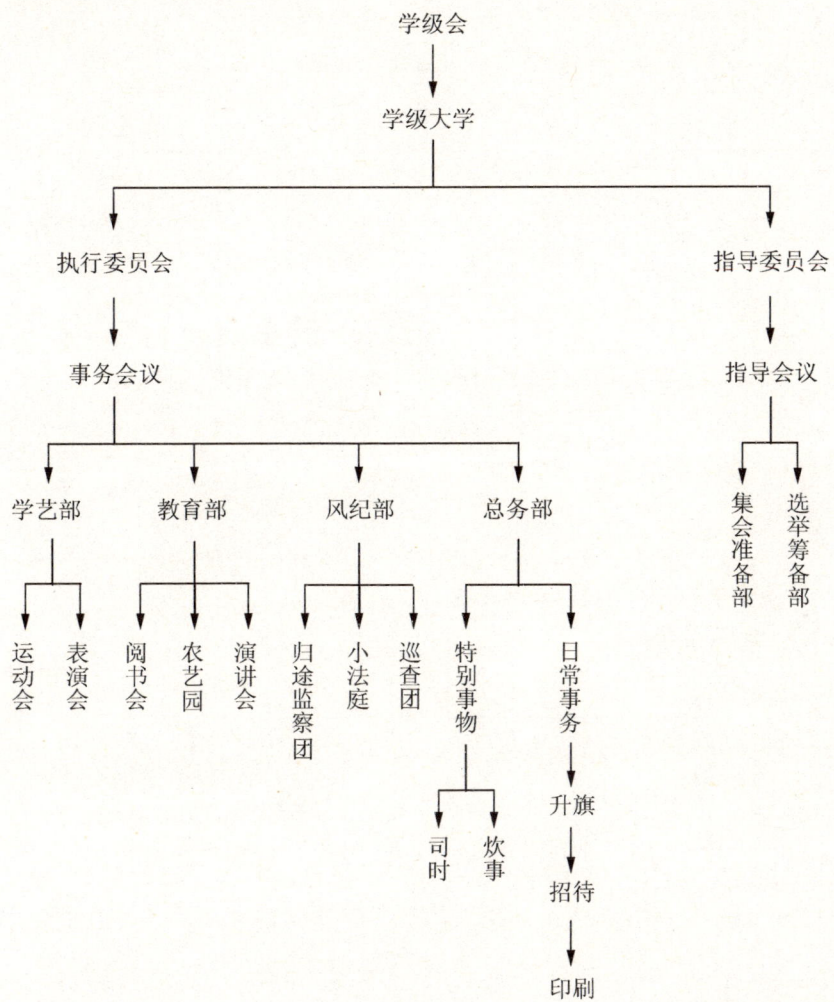

b. 学校村：以一校为一小社会，凡社会生活必需的事项，都用自动的方法指导儿童，组织起来。他的组织如下表：

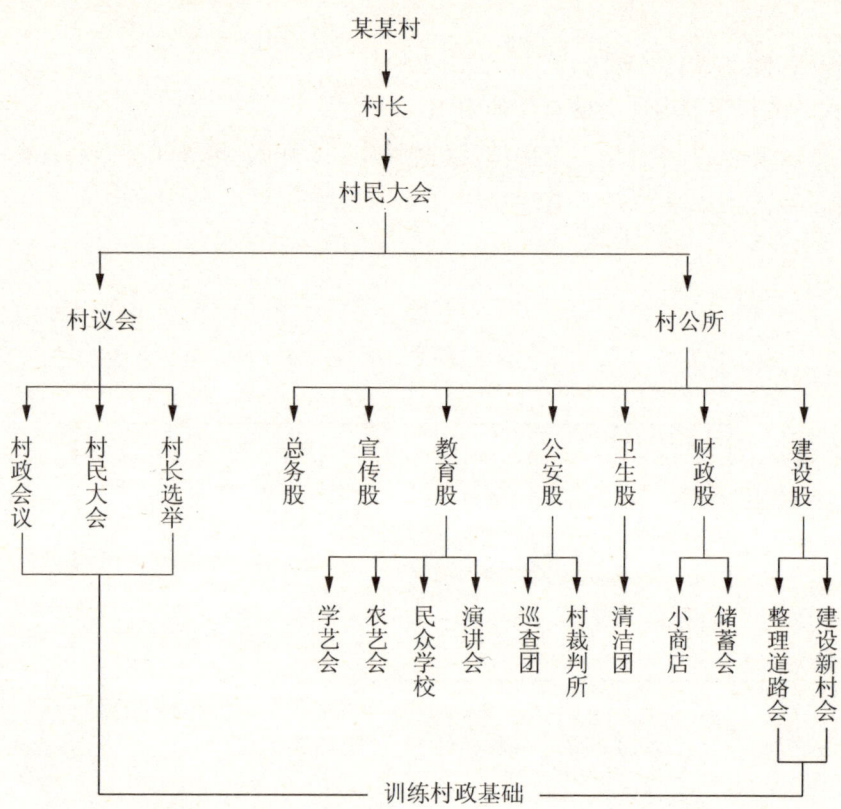

(2) 关于学校内应有具体的大纲

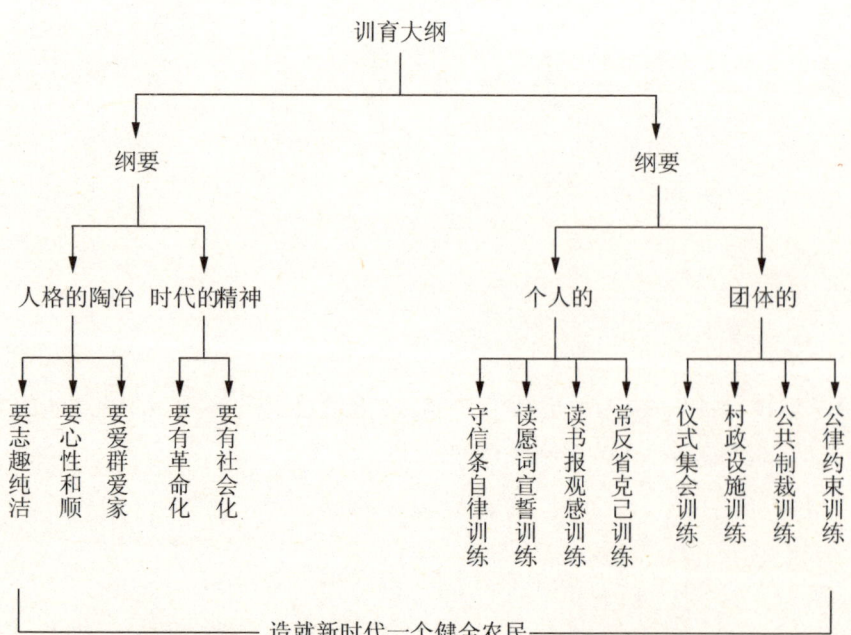

(3) 关于儿童方面应有具体的训育目标——训育儿童的标语。

我们对于儿童积极的指导,最好把下列的几十条信条提示于儿童,给他自己去努力做到,才是训育上最大的成功。现在把我们所订的儿童在六个学年中所要实行的事项,写在下面:

好村民第一步:
1. 每逢看见党国旗校旗要行最敬礼
2. 每逢看见熟人的时候要招呼
3. 每逢走路时不说话不吃食物
4. 每逢下课时不下位闲谈
5. 每逢唱总理纪念周歌要立正
6. 常记好衣服和鞋袜要整洁
7. 常记好排班队要快要整齐
8. 常记好不大声乱叫
9. 常记好上课时先举手后说话
10. 常记好我是中华民国的国民

好村民第二步:
1. 我有早起的习惯
2. 我和同学亲爱
3. 我听先生和父母的话
4. 我不说别人的坏话
5. 我不污损墙壁和器具
6. 我不乱抛纸屑,看见地上有碎纸就拾起
7. 我能知道孙中山先生的简短历史
8. 我能唱总理纪念歌
9. 我拾到别人的东西,我送给先生保存
10. 我小事情不报告,不哭

好村民第三步:
1. 我愿每天早上读"愿词"一遍
2. 我愿说话诚实
3. 我愿做事负责

4. 我愿今天的事今天做完

5. 我愿在公共场所能肃静

6. 我愿没有得到人家的允许不拿人家的东西

7. 我愿明白三民主义的大概

8. 我愿人家说话的时候不插嘴

9. 我愿课前就把课业准备好

10. 我愿注意公共卫生

好村民第四步：

1. 我能读总理遗嘱

2. 我能尊重领袖

3. 我能扶助他人

4. 我能明白中国在世界上所处的地位

5. 我能用公正的态度去调停人家的争执

6. 我能把自己应做的事情不依赖人家帮助

7. 我能自己遇到有不高兴的时候不拿别人出气

8. 我能不二过

9. 我能受人规劝

10. 我能自己保持好名誉

好村民第五步：

1. 努力研究五权宪法的大概

2. 努力研究建国大纲的要义

3. 努力明瞭国民政府的前身和组织

4. 努力节省零钱买有益的书籍

5. 努力把朋友间交际做到有美满的表示

6. 切记要进人的私室须得主人许可

7. 切记宽恕人家无心的错处

8. 切记做事之先要计划一下

9. 切记不为无益的争论

10. 切记人家不容易允许的事情不轻易向人家要求

好村民第六步：

1. 十分信仰中国国民党对内对外诸政策的大概

2. 十分信仰中国国民党的组织、任务和主张

3. 十分信仰公义公理的意见是应当服从的

4. 十分信仰自动学习是谋学业进步的秘诀

5. 十分信仰不耻下问的古训

6. 十分信仰公共服务是发达事业的要件

7. 十分信仰名誉二字是人生第二生命

8. 十分信仰社会服务是人生之乐事

9. 十分信仰志趣坚定、刻苦耐劳是吾人立身的根本

10. 十分信仰阅读有益书报一事可以明瞭国内外之新趋势

7. 农村小学的社会活动

农村小学是农村社会的中心,这一种地位在现在的确有此情势,不过一所农村小学是不是关于社会活动的全部,都由学校担负起来吗?这一点很值我们来谈谈。就是一个农村小学教师,他的时间,他的学问,他的精神,能不能把全村的事业都要担负起来,这却是很要明白的啊!

现在我们想,"社会活动"一件事决不是一个人两个人可以包办的,是要全社会的、全农村的人们都要来担负起来的,农村小学教师不过是乡村社会活动中的一分子,一个群众活动中的辅导者。

我又想到,农村教师要能把社会活动做得圆满,那先决问题还是要请你把自己的学校办好,自己学校的儿童个个是有能力的,那么可以得到许多有力的帮助,自己学校得到农民的信仰,那么农友可以帮助你成功不少的伟业,所以我们知道,要能把社会活动做得好,还得从你自己学校先做好,那纵有困难,也不难迎刃而解了。

倘使这么样向前做,儿童是我们的同志,农友是我们的助手,由少数渐渐做到多数,处处为农民着想,处处为农民帮助,处处为农民解决,那学校就可变为社会的中心,社会活动的事业,也就可从此开始活动起来了。但是,农村小学做些什么活动呢?我们想分成几个步骤去实现:

第一步,开放学校,和农民做朋友,联络农友施以家庭访问。

第二步,开辟民众茶园、问字处、代笔处。

第三步,办消费合作社、信用合作社、民众学校。

第四步,各种活动事业,如改良种子、破除迷信、改良耕种。

这以上几点,都是一个农村小学可以自己做到的,或是联合各机关合作的,只要本着"坚毅的精神""恳挚的心情",我看一定可以成功的啊!

8. 农村小学的校舍和设备

关于这一个问题,各县教育局定有具体的方案,现在我想到,这几年以来对于农村小学的校舍和设备上有几个心得,特为写出和诸位谈谈。

(1) 校舍方面

① 要适宜于本村儿童的就学便利;

② 要对于光线上有合理的窗户;

③ 要有通气窗设于窗的上部;

④ 要内壁涂以麦秆色或白垩色;

⑤ 单级小学至少有校舍五间;

⑥ 两级小学至少有校舍八间。

(2) 设备方面

① 一切设施要从朴而不陋、美而不费上作想;

② 窗宜开在左面;

③ 每坐须有二百立方尺的空气;

④ 坐次以长七座、阔六座为宜;

⑤ 桌与桌距离间的走道为一尺六寸;

⑥ 桌面离地面占儿童身高七分之三;

⑦ 桌面应倾斜成四十五度的角度;

⑧ 空气宜流通,温度常在六十五度至七十度之间;

⑨ 廉值可以办到的雨具应设备;

⑩ 每个儿童应供一分清洁用具(与家庭合办);

⑪ 适量的游戏用具和必备的图书。

丙、怎样推行农村青年教育

1. 农村青年教育的重要

(1) 补救义务教育,提示职业准备;

(2) 施行职业指导,明瞭就业途径;

(3) 提高农村青年智识技能;

(4) 充实国民道德方面应具的事项。

2. 农村青年教育的种类

(1) 农村职业补习学校；

(2) 农村青年协进会；

(3) 农村处女励志会；

(4) 联村青年会；

(5) 职业讲习会。

3. 农村青年教育的组织

(1) 农村职业补习学校

① 目的：增高青年知能，培养职业基础。

② 入学资格：初级小学毕业生或是高级小学毕业生。

③ 场所：特设的或附设的。所谓特设的，就是单独设置而言；附设的，就是附设于他种学校而言。

④ 毕业期间：我们要是依照欧美的办法，至少要订他有八年以上的补习学校，不过我国民生困顿，能在毕业后有二年或三年的补习，也可稍稍救济。

⑤ 程度：如果本村只有初级小学毕业生，那么补习学校的程度相当于高级小学；若是高级小学毕业生，那么补习学校的程度相当初级中学。

⑥ 教学时间：可分为全年教学制、季节制、昼夜制。

⑦ 教学科目：男子为算术、国语、党义、农业、簿记（或工业），女子添裁缝、家事，教材要加以选择。

⑧ 办理的注意：一切组织均和学校相类，惟对于学生自由，工作须令其笔记，每日出席缺席，须注意奖励和督责。

(2) 农村青年协进会

① 组织原因

a. 打破我们中国人的家庭观念。

b. 积极提倡群治的生活。

c. 直接参与社会工作。

d. 减少青年受不良习惯的影响。

② 组织方法

a. 组织：设置区域大概每一村组织一所。

b. 经费：大概以国家的奖励金、地方自治项下的补助费、会员捐纳金、募集款。

c. 人员：选正副会长各一人，干事若干人。

　　d. 分部：智育部、体育部、群育部、美育部、社会部、合作部。

　　e. 事业：关于智诵方面：补习班、阅书会、各种讲演会。关于体育方面：国术班、竞技会、业余运动会。关于群育方面：俭德会、恳亲会、模范青年表彰会。关于美育方面：演剧团、音乐会、村景设计会。关于社会方面：消防队、恤老会、育婴堂、社会童子军。关于合作方面：合作社、储蓄会、森林垦植会、畜牧园。

　　f. 指导：由地方人士或小学校长、教员等主持。

（3）农村处女励志会

① 组织原因

　　a. 处女是将来的国民之母。

　　b. 受了义务教育的女子，没有受补习教育的机会，可入该会。

　　c. 处女是将来的主妇，在未嫁以前，经他得到相当教育，那末良妻贤母，方有希望。

　　d. 处女有了特别技能，将来不致有依赖性。

　　e. 处女主持家庭，因为有了好的教育，那家庭教育不患不有进步。

② 组织方法

　　a. 目的：传授处女必须的知能和涵养妇德为目的。

　　b. 组织：凡终了义务教育的十三岁至二十岁未嫁女子均应入会，已出嫁的可做赞助会员。

　　c. 人员：同青年协进会（有时可合并组织，但我国各地风气未开，最近十年间或许还以分开为宜）。

　　d. 分部：补习教育部、俭德部、家事部、娱乐部、运动部。

　　e. 事业：关于补习教育方面：各种特殊班。关于俭德方面：储蓄会、俭德会。关于家事方面：幼儿保育班、缝纫练习班、炊事实习班。关于娱乐方面：音乐会、旅行会、庭球或台球会、茶话会、游艺会。关于运动方面：篮球会、竞走会、国术会。

　　f. 经费：由地方捐助，会员捐款。

　　g. 指导：由村长或小学校长、女教师等主持。

（4）联村青年会

这是要养成村民有交际的机会，把附近的乡村联合组织，可借乡村集场期中举行，一方可借此交换感情，一方可举各种比赛，那农民的兴趣，定然十分增高。

(5) 职业讲习会

这个会可由小学校主持,遇到适宜机会,就举办下列各种讲习,藉可救济勤于家事,困于农事一班青年,加以相当教育:害虫讲演会、益虫讲演会、种子选择讲习会、栽培方法改进会、就业指导会、日常工艺讲习会、化妆品研究会、国产品讲习会、其他。

丁、怎样推行农村成人教育——民众教育

1. 农村成人教育的重要

(1) 救济失学成人

(2) 普及国民常识

(3) 充实村政基础

(4) 发展农业经济

(5) 提倡正当娱乐

(6) 了解村民地位

(7) 戒除恶劣风俗

(8) 完成新村组成

2. 农村成人教育的分类

(1) 教育类:农村老人会、通俗讲演会、民众学校、民众周报、民众日报、村民识字处、村民代笔处、村民问字处、识字运动、家庭教学团、农民教育馆。

(2) 农业类:农具代办所、种苗交换所、农业指导所、农业堆栈所、农艺讲习会、农作展览会。

(3) 经济类:各种合作社、村民储蓄处、交易平市会、副业研究会、公共当典、公共市场、乡村公债。

(4) 公安类:农村消防队、农村保卫团、农村冬防队、禁绝烟赌队、联村保卫团。

(5) 卫生类:清洁运动、乡村医院、防疫运动、食品检查所、饮料检查、布种牛痘、公共浴室、公共厕所。

(6) 党政类:党义宣传日、国耻纪念会、集会训练部。

(7) 村制类:村政指导部、村制研究部、村政设计部、村有森林、村民公会堂、公共仓库。

(8) 宗教类：破除迷信运动、创立公墓场、取缔恶俗。

(9) 娱乐类：中心茶园、民众剧场、民众娱乐馆。

(10) 运动类：国技、竞走、游泳、赛骑马、竞舟、登山、各种比赛。

五、实施农村教育的态度

农村教育的计划和期望，我们是已经知道，现在我们要想到用什么样子的方式，才可实现，才可顺利。谈到这一点，我们就得要注意到这种下层工作，绝不是在那里弄聪明，掉掉花枪，骗骗从来足不出户的行政当局，欺欺麦菽不辨的城市呆子所能奏效的，必得要有许多忠实的下层工作者，确实勤勤恳恳、惨淡经营的人们，下一番功夫，做一做不可啊！假若不如此，那农民自农民，教育自教育，残破的农村，仍旧是一成不变。这种不幸的现象，我们要是追本穷源起来，当能知道，这是属于实施者没有相当态度的主因所造成的啊！

"到民间去""和农民做朋友""找朋友去"这几句话，几乎成为推行农村教育人们的口头禅，若是谈到实际，你虽欲和他——农民——做朋友，他却怀疑，不敢和你——推行农村教育者——做朋友，你是有心，他却无意，结果你说你的，他行他的，有了这种见解，还谈什么推行农村教育呢？所以我们要实施农村教育，必定要在有农夫身手，科学头脑，创造精神之外，拿出几种很有力量的态度来，帮助我们去建设新农村，那才达到我所计划的一种期望，才可打破纸上谈兵、空言塞责的大背谬。

（一）要有大无畏的精神

现在革命势力仅仅乎达到城市，乡村中到处还是为恶化者、腐化者所盘踞着，实施的力量发展到那里，恶势力的阻碍也就走到那里，造成你创行一事，恶势力的领导者，能公然违抗的，和你旗鼓相当对抗一下，不敢公然抵抗的，就唆使别人威吓陷害，造成恐怖，使你退却。在这当儿，我们要立定主意，本着大无畏的精神，一切不顾忌，向前猛进，假使畏怯软化，结果新思想者事业固不能成，而一己的身心又早为恶势力所征服了。乡村中恶势力较大的莫如僧尼，他们终日要造成许多迷信，领导人民向死路上跑，驱使民智朝原始时代去。本来他们做的死人享乐生活，和我们教育目的，绝对不能相容，他在乡村中潜势力很大。我们要推行农村教育，这一点颇觉到是我们心头之患，希望我们实施训政的同志们，联合起来铲除僧阀，庙产兴学，那我们的努力才可建筑到新农村上，否则十年的努力，敌不过几句南无阿弥陀佛。至于土豪劣绅、贪官污吏等，都是有法可使,不足为虑的啊!

(二)要有牧师传教的精神

农民对于知识的探求本来也很高兴,不过有时无暇及此,或是缺乏兴味,有时对于你行动揣测为别有作用,相率裹足,或抱着怀疑态度,好像我们对于一切设施,是属于我们的事业,对于他们竟不生关系一样,有时纵可参加,也不过有作为敷衍门面起见,这种意味,是我推行农教过程中常常发现的。但是,这种意味又不能因其难受,就中止了我[们]责任,必得要具有牧师传教的精神,去开导农民,教化农民。据说西洋牧师初到中国传教,被人用砖相投,他还是努力不懈的传教,结果信仰者日众,到了现在,牧师支配教徒的力量极大,在民间的领导者,无牧师传教的困难,有牧师传教的精神,必不至如现在的农民自农民,教育自教育的。

(三)要有愚公移山的精神

睁开眼一看,不开化的农村着实太多,社会黑暗情形着实也复杂,好一似茫茫大海,不知从何处下手,也不知何日才见功效。但是,若拿出愚公移山的精神,今日一努力,明日一努力,日复一日,年复一年,没有不收伟大的效果。

(四)要有和蔼可亲的态度

从前乡民见了城市的大人先生们,往往发生自卑的心理和敬畏的心理,再加上大人先生偶然发了霹雳之威,可怜农民吓得什么似的。现在乡民心理,也还是今犹昔也,在民间施教者,若不把先生牌子、知识阶级那种谬见,统统消除,结果还是尔为尔,我为我。所以,在民间施教育,最好要和民众如家人父子之亲,次则也须做到彼此毫不拘束。

(五)要有诚信无欺的态度

乡民因为风气闭塞、知识简陋的关系,对于领导者常常有极端的信仰心,可是一次失信,便会对你不信仰,所以在民间领导者,对于笃实可爱的乡民,绝不可言不顾行,也不可使用手段,要以诚信无欺的态度,推心置腹的相见。

(六)要有熟悉风俗人情的本领

在此一乡领导民众,第一,要调查地方风俗人情,并且要十二分熟悉,然后才能和他们接近,措施才能不背人情,不知不觉中可以领导他们向前进行,常想着:一个在民间的实施农教者,是一村一乡的先觉先知,要不把地方风俗人情调查得烂熟,访问详细,那施教时必然有所隔阂。所以,我们在空闲时候,今天到甲村,明天到乙村,田头山边,可以坐下谈谈,庄东庄西,不分老幼男女都认识了，不愁农民不信仰你，不愁民众不欣然来受教，这种下层功夫，是要十二分努力的啊！

　　总之，我国的农村，组织散漫，生活枯窘，要在农村改进上下功夫，一方面固然要在政治上用力量，一方面也得要在教育上谋建设。我们担当了这新农村的建设责任，尤当要常常想到总理说过的"知难行易"的一句话，的确是我们实行农村革命的名言，不患不能行，患其不能知，知之不深切，那行得就无力量，结果是"皮毛的""敷衍的""因循的""时间的"。果然知是真知，那行起来也没多大困难，我们在农村中革命，不啻是继续总理遗志，倘能注意这一点，我想农村教育的实施，定然有"悠远的建设""伟大的成功"，愿诸同志共同策励起来啊！

国立贵州师范学校概况[①]

共通校训　礼义廉耻
校　　训　诚勤公毅

《国立贵州师范学校概况》目录大纲

一、前　引
二、组　织
三、创办主旨
四、校址与校舍
五、图书仪器
六、经费及学生待遇
七、教导目标
八、生产劳动训练
九、推广事业
十、学　生
十一、五年制简易师范科实验班
十二、各项章则计划

---

① 本书系由黄质夫撰写,国立贵州师范学校1941年6月编印。

一、前 引

本校于民国二十八年十月奉教育部令就贵州省立贵阳乡村师范学校改组成立,设校于贵阳青岩,初定为国立贵阳师范学校;同年十二月九日,复奉令迁移黔南。是月中旬,现任校长黄质夫氏,亲赴龙里、贵定、都匀、八寨、三合、都江、榕江、黎平等县察勘,选择适当校址,往返四月,始告竣事。各县之中,除榕江、黎平外,或以土著同胞不多,或以无适当之校舍,或以交通梗阻,均不适合建校条件,唯黎平、榕江二县各具优点,一时不易抉择。黎平居苗岭之北,地广人稀,山土肥沃,城内有钟家祠、何家祠、阆中王庙、南书院、二高小、县立中学等,房屋极宽敞,可容学生千余人,城外复有荒山十余万亩,可为农林畜牧之地。榕江位居都、平、车三江汇流之处,土地肥美,有桂公祠、福建馆、四川馆、三义宫、龙王庙以及城内中山公园、校园等,屋宇宽敞,足容学生千人,加以修缮,即可使用,并经地方人士集议,拟划拨全城之大半,及毗连城厢之荒地,二十万亩,为本校校址及实施生产教育之用。当经将各县情形,备文呈报,嗣奉部令择定移设榕江,复准筹设分校于黎平,于是乃决即迁移,并奉令变更学校名称,为国立贵州师范学校。

二十九年元旦,本校即拟具迁移计划,着手迁移工作,当时因届寒假,留校学生仅及半数,教职员仅十余人,共分三批出发,翻山越岭,经十有八日,才全部到达。抵榕时,榕垣民众,结队郊迎,里巷为塞,欢歌之声,响彻云霄。

迁徙之初,设备毫无,接受房屋,咸皆蛛网尘封,污秽不堪,且大半行将倾圮,阶前衰草过膝,一切均待开辟,故各员生到校之日,皆担任劳工职务,或握锄以斩棘,或执斧以架屋,或调漆以髹壁,或提帚以粉垩,或荷泥以修路,或担粪以种植,夙夜无懈,历时三月,规模方告粗具,乃得弦歌有所,工读有堂。

先时由青岩迁移来榕之学生,计师范有师三、师二两级,简师科有简一一级;二九年三月,乃增招初一生一百五十四人,七月续招师一、简一各一班,分校初中一、二、三年级各一班;三十年春,又增招初一、简一各一班,并设立五年制简师科实验班,附属小学亦由三级增至八级。

今学校始基,业已树立,本校初步之垦荒工作,已告一段落,兹当从事第二阶段之开辟矣。

二、组　织

本校遵教部颁《中等学校组织规程》及参酌边疆地方需要，校本部设有教务、训导、体育、总务及推广五处。教务处内，分教学、注册、设备三组；训导处包含军事训练、童军训练，各级组训练分训育、管理两组，有军事教官、童军训练、女生指导员各一人，各级级组设导师二十三人；体育处分体育、卫生两组；总务处分文书、庶务、出纳、营业四组；推广处分边疆文化研究、地方教育辅导、社会服务三组；另设会计室，由国民政府主计处委派人员办理之。为实施生产教育便利起见，特设立农场管理处，内设指导主任一人；附属小学设管理、实习指导两组及工场管理处，下分场务、总务、实验研究及推广四组，各设干事若干人；分校设分校长一人，下设教导、总务两课，各课设主任一人。级组导师、各科导师、教练、女生指导、社教、庶务、出纳等干事及书记等人，均分别设置也。

本校于此编制外，又增设五年制简师科课程实验，班设主任一人，主持五年制简师科课程之实验，并设有经济审计委员会、社会教育推行委员会、边疆文化研究会、学生营养研究会，及各学科研究会（国文、教育、社会科学等）、清寒学生贷金委员会等，以与各部组织联系。

三、创办主旨

本校创办主旨，在造就：（一）边疆国民教育健全师资；（二）边疆建设基层干部人才。与一般师范学校异其旨趣，除遵照部颁《师范学校法》《修正师范学校规程》，并参照有关师资训练之法令办理外，并依照《边远区域师范学校暂行办法》办理之。为养成学生双手万能与生产智能，以适应边疆社会、改良边民生活起见，特呈请教育部准许本校专业训练与生产劳动训练同时并重，是以本校除注重师范生专业训练外，对于生产劳动训练有种种之设施（详见第八节）。

四、校址与校舍

本校校本部设于榕江城内、西山之麓，承榕江党政领袖及地方贤达热心赞助，拨赠房屋土地甚多，全校面积地六百二十五点八五亩，几占全城五分之四，更拨赠附郊荒山二十万亩之多，以为森林、畜牧之场。分校设于黎平，为黎平县立中学及南书院、二高小等旧址。附属小学设榕江民众教育馆旧址，各部占地亦均宽广，前途发展殊多。

（一）校本部

就城区小学、中山公园、三义宫、同善社、龙王庙加以修建而成，西山屏峙于后，三江会流于前，古木蓊翳，花荫匝地，红楼幢幢，罗布其中，景物清幽，尤为读书佳境。校长室、会议室、教导处、导师室设凹形楼之中部，楼上及两侧为师范部及初中部之课堂。总务处、会计室及消费合作社、童军团部办公室，设于南甬道之两侧。总务处南为礼堂、饭厅及音乐室，系三义宫旧址，礼堂后园有卫生室、疗养室各一幢，饭厅之南为厨房，原为龙王庙旧址。推广处、女生宿舍设在同善社旧址，并新建浴室、盥洗室各二座。校内各部朱髹白垩，窗明几净，纤尘不染，俨然一新兴学府也。

男生及教职员宿舍，则在中山公园旧址，计有寝室前后三进，可设床位五百余。室外古榕数株，盘根错节，干霄蔽日。图书馆在中山公园之南侧，系张公祠所改建，极为宏敞，室内藏书甚丰，旁有苍松一株，矗立云霄，蓊郁雄伟，即为本校之校树。馆旁有广场多方，花果杂植，彳亍其间，足以陶情。

（二）农场

办公室设于西山之天后宫，其上即为体育场，枫松环绕，风景宜人，外有牛栏、猪圈、鸡埘等若干间，下有水田一百五十六亩，旱地二百七十八亩，后有荒山二十万亩，播植米麦杂粮、油桐青松，并浚有鱼池，畜养鲭鲤万余。麦浪稻香，红枫青松，四时之景各有其胜，每至夕阳西下，牛羊来归，握卷游豫其间，尤足助人文思。

（三）工场

就四川会馆及其余房屋修建而成，内设木工、竹工、金工、纺织、造纸、裱褙、装订、缝纫等室，举凡校内所需，莫不由工场设法制造，以实现自给自足之目的。所有出产物品均以低廉价值，推销市场以调济市面物价，并参酌地方需要，改良小手工业制造方法，以便土著同胞之仿效。每闻场内机声轧轧，斧凿丁丁，如置身于大制造厂，不知其为学校工场也。

（四）附属小学

系榕江民教馆旧址改建，现有教室八间，办公室十余间，操场占地约十亩，礼堂一，系与党部合用。校内林木幽邃，花果繁植，洵为儿童乐园。

（五）黎平分校

系就前黎平县立中学、南书院、二高小改建而成，于二十九年八月筹设成立,现有初中科一、二、三年级学生各一班,开设农场一,计有水田二百亩,山地约一百余亩,前临北塔,后枕南泉,风景妍丽。现草创未久,已粗具规模。前途之发展,固方兴未艾也。

五、图书仪器

值此抗战时期,后方交通困难,购置图书仪器,至非易事,本校除继承贵阳师范学校、黎平初中中西图书外,并承战区教师第四服务团捐赠杂志图书多种,又借榕江教育会"二十四史",阮版《十三经注疏》各一部,总计共有图书一万一千余册。二十九年八月,复以学校积余经费二千七百余元,购《万有文库》一、二两集。物理仪器方面,凡所需简易器物,均由本校自制。三十年一月,又奉部发高中化学实验仪器、药品一套,因交通阻滞,尚未能运到。

六、经费及学生待遇

本校经费悉由国库拨发,二十九年全年预算数为八万七千五百九十元,内俸给费出三万五百零七点二四元,办公费支出六千五百六十六点二二元,购置费支出八百六十七点七三元,学生用费占二万三千五百四十六点五九元,附小全年支出为一千五百三十九点九四元,分校支出为五千六百六十九点八二元,共支出七万三千六百五十四点六四元,计结余一万三千九百三十五点三六元。三十年核定预算为十四万七千五百九十二元,内俸给费六万九千一百二十五元,学生用费三万五千七百四十元,分校经费二万一千六百七十四元,附小经费七千一百八十四元。学生在校待遇,初中科与一般中等学校相同(内有初三一班系公费),师范科及简师科学生则由校供给膳食、服装、书籍等。近以物价增涨无定,本校为确定预算起见,师范及简师科学生在校伙食月以八元为限,书籍服装费每学期各以八元为限,倘因物价超过限度,则由学生按数自行补足。截至目前止,本校以生产劳动训练之效果,伙食始终每月未超出八元,制服亦因由工场纺织缝制,较市售低廉三分之一。

七、教导目标

(一)教导目标

本校根据部颁《修正师范学校规程》《边疆师范学校暂行办法》《中等学校规

程《训育纲要》《青年训练大纲》,并参照边疆环境之实际需要,订定教导目标,以为一切计划设施及施教之根据,其内容如下:

1. 笃信三民主义,确立纯正思想;
2. 提倡固有道德,发扬民族精神;
3. 锻炼健全体魄,充实抗战力量;
4. 训练科学头脑,培养建国能力;
5. 阐发教育学术,提高边疆文化;
6. 养成劳动身手,灌输生产知能;
7. 树立朴茂校风,启发敬业旨趣;
8. 陶冶艺术态度,涵养丰富感情;
9. 整饬生活规律,坚定守法观念;
10. 启示教导技术,培养专业人才;
11. 鼓励服务兴趣,加强力行决心;
12. 注重文武合一,厉行童训军训。

(二) 实施方针

1. 教训军童合一;
2. 教育与自学合一;
3. 符号知识与实际生活合一;
4. 学术研究与生产训练合一;
5. 从建树上树立楷模;
6. 从服从上鼓励进取;
7. 从劳动上讲究锻炼;
8. 从群体制裁上整饬风纪;
9. 从经常中实行考核;
10. 从适应上贯彻教育。

(三) 实施要项

1. 编定各级课程　精神、体格、学科、生产劳动及战时后方服务五大训练并重,所有各科教程,除遵照部定师范学校、简易师范学校与初级中学教学科目及时数办理外,每日增加事业活动二小时,以为生产劳动及战时后方服务等活动,并缩短寒暑假,增加地方行政、地方自治、农村经济及合作、民众教育、民众组训等课程,以培植实行新县制下管教养卫合一之健全师资。

2. 实行半工半读　本校本"教育即生活""教学做合一""从做上学"以及"生产教育"诸理论,实行"半工半读""工读合一",务使"工者读,读者工""不工不读者工读""做什么,读什么；读什么,做什么""工以读为目的,读以工为目的","工"与"读"乃一而二,二而一也。全校师生均不折不扣的做到:"在工场内为工人,在农场里为农人,在图书馆内为学者。"此为本校教导实施最根本之精神所在。

3. 增加补充教材　边地环境特殊,内地都市所编之教科书,未尽实用,在此厉行推进边教之际,教科书之编辑,实为必要。本校预定计划于二十八年度,以用书本为主,而以选编教材为辅；二十九年度则以选编教材为主,而以书本为辅(用为参考书)；三○年度则纯粹自编教材,上课时教师讲授学生笔记；三一年度加以整理修改,则最适合边疆师范之教科书可成矣。现正按序实施中。

4. 厉行自修指导　各级学生除每晚自修外,每日下午均规定自修二小时,由值日导师不时抽查指导,自修与上课同样重要,学生务须严肃宁静预备课业,并规定每晚自修时,各级级导师一律在各级自修室内办公。

5. 注重练习实验　公民、农业、工艺、教育等科,多与学生练习实验之机会,注重参观、观察、实习、实验,使学生能从实际生活中,得真切实用之知能,其他各科均有笔记簿,记载课外之补充材料,另又指定学生在课外解答练习题若干,以养成其自学习惯与能力,各种练习或实验,限令按时做毕,送缴批改。

6. 自制标本仪器　本校鉴于直观教学,为有效之教学方法,标本仪器实不可或缺,惟是交通梗阻,运输维艰,物价昂贵,欲期最低限度之设备,实非易事,特就其简易者设法自制,由自然科导师设计,劳作科导师协助指导。关于动物之剥制标本、植物之压制标本、理化方面之简易仪器,制成者已有多种。

7. 组织地方方言研究会　开发边疆,团结民族,宜从语言着手,明瞭方言,始可深入边疆,着手改良。本校有鉴及此,遂组织方言研习会,选成绩优良之土著学生讲授之,全校员生均可参加,规定每星期日讲习一次。

8. 厉行军童训练管理　本校师范科及简师高年级学生,一律军事管理,初中班及简师科三年级以下学生,则一律童军管理,一切生活务求严格军事化。

9. 采用导师制度　本校对于导师制之推行,特别重视,经拟订导师制实施细则、级组导师服务细则等分别施行,举凡对于学生之思想、言行、学业及身心摄□,均体察个性,施以严密训导,使得正常之发展,以养成其健全之人格与专业之精神。

10. 采用导生制度　各级新生入学之时,将其分为若干组,每组指派学行优良之高年级生为导生,与之同寝共食,指导其一切生活习惯及应行注意各事,凡遇新生有过失之处,导生须受同样议处,以收互相砥砺之效。

11. 实行共同生活　举凡衣着饮食及各种活动,导师均一律参加,以期在学生各种活动与团体组织中,了解学生习性,而为训导之依据,且力为表率,随时指导督促,可以收潜移默化之效。

12. 实行联保连坐　往昔边地匪盗猖獗,民不聊生,后推行保甲制度,办理联保连坐后,奸人无从匿迹,社会得以安宁。本校为适应社会及便于管训计,亦厉行联保连坐,规定学生每四人担保一人,填具联保证书,互相监督,互相规勉,去恶就善,藉以养成己立立人、己达达人之精神。

八、生产劳动训练

(一) 目的

本校实施生产劳动训练之目的:

1. 使学生手脑并用;
2. 使学生劳心与劳力并重;
3. 培养学生生产之知能;
4. 使学生了解知难行易之精神;
5. 增进学生身体之健康;
6. 使教育适应边疆社会之需要;
7. 使教学渐次社会化、科学化、生产化;
8. 尽人力以济财力之穷,解决抗战期间本校物质建设之贫乏。

(二) 实施原则

1. 从生产上实施教育;
2. 从建设上树立楷模;
3. 从劳动上请求锻炼;
4. 从服务上指示学习。

(三) 实施办法

本校生产劳动训练办法,即秉以上之目的与原则实施之。就日常生活需要上,分组活动,每一学生规定每日至少须工作二小时;各级中心活动,规定一年级为杂务,二年级为农事工艺,三年级为教学助理及社会活动;将全校应办之事,分为校务助理、记录、缮写、教导助理、社教、图书管理、会计助理、营业、炊事、挑水、测候、用具管理、看护、理发、农业、工艺、杂务等组,每一学生得就其性之所近,担任一组,全校教职员则分任各组指导,并于每组中指定一人为组长,使事有所归,人有所责,纲举目张,无可诿卸。并利用导生制,选择旧生对于某项工作稍娴熟者为导生,指导新生工作,互相观摩,互相砥砺。

(四) 农场

现有水田一百五十六亩,旱地二百七十八亩,附郭荒山二十万亩,设主任一人,实习指导一人,助理一人,分别管理场务及农事实习事宜。以事业范围甚广,为管理便利起见,分为农艺、园艺、森林、畜牧、农产制造、桐林管理、樵采等组。本校学生加入农场工作者,约占五分之二,遇农忙时,并集中全力以赴之。

农场二十九年重要收获,计有稻谷五百四十四石,糯谷一百二十四石,玉蜀黍二十五点四石,棉花四百斤,蔬菜二百六十点三九担,又种桐三万五千株,育苗一万三千三百八十株,栽植乌桕旱莲五万余株。三十年春复种桐十二万株,栽植喜、梓等树苗五万余株。现畜有耕牛十三头,山羊二十八只,鸡鹅鸭等二百余只,猪八十余头,鲭鲤等万余尾,并购有果树六百四十株。二十九年一年中农场各组收获,市值计一万四千余元,此初创时期,初期作物,皆系粗放,今后农场收入,当可逐年增加,渐次达到自给自足之目的。

(五) 工场

设有主任一人,实习指导一人,助理一人,掌理一切行政及指导事宜,并雇有缝纫、纺织、金、竹、木等技工各一人,指导学生实习。场内设备虽云简单,距理想之境尚远,但以工作种类计之,已有十余种:

一曰纺织工,备有织布机六架,"七七纺纱机"六架,手纺机十二架,本校员生制服及蚊帐所需布匹,均由该组纺织之。

二曰缝纫工,备有新式缝纫机两架,除制造员生制服蚊帐外,并供给民众之需求。

三曰弹棉工,将农场出产之棉花,加以弹制,以为纺纱制絮之用。

四曰漂染工,将既成之棉纱布匹或衣服,加以漂白或染色。

五曰刺绣工,将既成之布帛加以花纱点缀。

六曰缝补工,整理员生破坏之衣服。

七曰木工,除制造一部分学桌凳外,所有校舍之修整,房屋之装饰,均由该组负责修建。

八曰木刻工,凡本校牌匾及标语,印刷木版及戳记等件,均由该组负责之。

九曰油漆工,凡学校庭柱、桌凳等用具,均由该组油漆之。

十曰砖瓦石灰窑工,由校在对门河口帝庙附近,建筑砖瓦窑及石灰窑各一座,以供本校建筑时所需石灰及砖瓦之用。

十一曰泥水工，此项工作卓著成效，凡校内墙壁、碎石路以及墙壁之粉刷，均由该组担任。

十二曰印刷工，十三曰裱褙，十四曰装订，举凡校内簿籍、表册以及信封信纸等件，均由该组联合办理，不用外求。

十五曰造纸工，刻正在筹备中，实现以后，不但供应本校之需求，榕江附近各县用纸之恐慌，亦可就此解决。

十六曰竹工，十七曰铁工，本校农场所用之竹箕、稻箩、菜篮及农具应用之锄头、大锹、耕犁，均系由该两组负责制成。

十八曰棕工，十九曰麻工，本校所购原料，加以搓拧，以成绳线。

各部门之工作，皆系就本校目前之需要，从事制造之。各级学生均得就学习兴趣，自由选择参加。二十九年八月至十二月五个月中，计购进原料值六千三百三十八点零五元，制成产品七千四百六十七点零九元，共盈余一千一百二十九点零四元。今后生产技术可逐渐纯熟，生产方法已逐渐改进，工场生产量当可大量增加也。

九、推广事业

本校为推进边教起见，特遵照《边疆师范学校暂行办法草案》第七条"边疆师范，为边疆教育之中心机关"原则下，设立推广部，办理本师范区内各种推广工作，暂行分下列三组：

（一）地方教育辅导组

该组工作系遵照教育部颁《各省市师范学校辅导地方教育办法》，设置教育指导员二人，办理本校附近各县（榕江、下江、永从、黎平、丹江、都江等六县）教育辅导事宜，其重要工作有：

1. 指导监督各县中心小学、国民学校及社会教育机关；
2. 召开辅导会议，协助本区地方教育行政机关设计推进边疆教育；
3. 编辑刊物，办理本区教育辅导通讯，解决各种关于边疆教育上之问题；
4. 举办国民教育教师讲习会，以研究新县制下国民学校师资应注意之切实问题。

（二）边疆文化研究组

本组系研究黔、桂、湘边疆地方土著同胞文化生活状况及习俗之改进，以供本校施教之参考，工作要项有：

1. 调查研究本区内社会及自然情况；

2. 搜集编订边疆教材。

(三) 社会服务组

本组系与榕江县立民众教育馆合作办理,以推行社会教育及宣传中华民族整个性,并传达"中央德意"为最高原则。就经常之工作言之,有:

1. 抗敌宣传;

2. 民众识字教育;

3. 通俗讲演;

4. 歌咏戏剧队;

5. 壁报;

6. 提倡合作及组织合作社。

十、学　生

本校学生现计有师范科三年级一班,一年级一班;简易师范三年级一班,二年级二班,一年级春秋季各一班;初中科三年级一班,一年级一班;五简实验级一班,共十班。黎平分校部分有初中科一、二、三年级各一班,附属小学部分有一至六各年级,单式编制各一班,一、二合级各一班,连同本校及分校共二十一班,计有学生一千零四十二人①。列表如下:

部分	科别		男	女	共计	
校本部	师范科	三年级	27	2	29	男:465 女:50 共:515
		一年级	38	1	39	
	简师科	三年级	34	2	36	
		(春)二年级	44	8	52	
		(秋)二年级	55	6	61	
		(春)一年级	62	5	67	
	五简	一上	52	0	52	
	初中科	三年级	42	9	51	
		二年级	50	6	56	
		一年级	61	11	72	

---

① 根据表格统计,在校学生总数应为 1 046 人。

续表

部分	科别		男	女	共计	
分黎校平	初中科	三年级	36	0	36	男：131 女：4 共：136
		二年级	39	0	39	
		一年级	56	4	60	
附属小学		六年级	25	1	26	男：359 女：37 共：396
		五年级	34	1	35	
		四年级	54	2	56	
		三年级	60	2	62	
		二年级	57	5	62	
		二合级	47	8	55	
		一年级	56	12	68	
		单年级	26	6	32	
合计			955	91	1 046	

十一、五年制简易师范科实验班

　　边疆各县教育落后，甚少有完全小学之设立，初级中学更为凤毛麟角，不易多见，故各边疆中等学校招收新生，咸感困难。本校为救济失学青年，罗致真才，实验新的教育理论起见，特设立五年制简易师范科实验班，招收初级小学或具有初级小学同等学力，年龄在十四岁以上之青年，施以五年一贯之训练，俾其程度与高小二年简师四年所受之训练相等。自编教材，废除高小简师二重圆周制，缩短寒暑假期，增加有关生产教育、民众教育、民众组训、地方自治、地方行政及经济合作，以培养管、教、养、卫合一之健全师资，同时又负实验生产自给的教育，实行半工半读，使学生解决自身衣食住行，逐渐废除公费待遇，以减轻国家负担，消除依赖习性，培植己立立人之精神。所有学生在校制服、书籍、膳食、杂费，皆由学校贷与之，将来附在各生生产收入项目下扣除。若学生在校生产不及偿还其在校消费额时，得延长其毕业年限，留校服务，直至偿还其消费时为止。现已招足学生五十二名（二十九年三月）从事实验。

十二、各项章则计划

本校迁徙校甫定,一切皆乏成规可循,经由有关各部订定各项章则计划办法,分别实施。该项章则现已付印中,其比较重要者:行政方面则有学校组织大纲、学则、行事历、各处组办事细则、级组导师服务细则、朝会夕会施行办法、各级级会通则、各级学生奖惩办法、各种生活公约、教导实施计划、学科训练实施方案、各科中心活动办法、成绩考查办法、阅读能力测验实施办法、请假规则、卫生计划大纲、军训及童训实施计划等;生他训练方面则有生产劳动训练实施办法、工场及农场工作实施计划、工艺及农场实习指导计划等;其他尚有推广工作计划、教育辅导实施计划、兼办社会教育实施计划、边疆文化研究会简则及其工作计划、社会教育推行委员会章程及工作计划、基础教育研究室简则及工作计划、各科教学研究会总则及计划、各项成绩考查办法等。

国立贵州师范学校生产劳动训练[1]

《国立贵州师范学校生产劳动训练》目录大纲

一、前言

二、实施根据

三、实施目标

四、实施方法（附 作息时间表）

  （一）生活服务

      附 （甲）每周各项服务生支配一览表式

          （乙）各级已派服务生检查表式

          （丙）各级服务生报告表式

          （丁）各级服务生轮值表（一）式

          （戊）各级服务生轮值表（二）式

  甲、洁除

      附 （甲）全校洁除分配表

          （乙）各区负责洁除人员表

          （丙）整理检查报告表式

  乙、风纪

      附 （甲）风纪值日学生服务须知

---

[1] 本书原名《生产劳动训练》，扉页为黄质夫"国立贵州师范学校生产劳动训练"的题签，目录页为"国立贵州师范学校之生产劳动训练目次"，由书林书局1943年印行。

　　　　（乙）风纪值日报告表式

　　　　（丙）风纪日志式

　　丙、炊事

　　　附　（甲）炊事值日学生服务须知

　　　　（乙）炊事工作状况报告表式

　　丁、留守

　　　附　（甲）宿舍留守值日学生服务须知

　　　　（乙）留守日志式

　　戊、巡夜

　　　附　（甲）值宿巡视学生服务须知

　　　　（乙）巡夜日志式表

（二）事业活动

　　甲、校务助理部门

　　乙、社会服务门

　　丙、工艺建设门

　　丁、农艺蓄养门

　　　附　事业活动考勤簿式

　　　　（甲）工场经营述要

　　　　（乙）农场经营述要

绪　言

　　过去吾国教育之实施，未能适合国民实际之需要，事实彰明，无可讳言。中国今后教育趋向，无论如何，均无再行制造大量"四体不勤、五谷不分"的士的必要。师范学校为国民教育之母，其设施当否，影响于整个国家民族前途者至大。质夫承之斯间，瞬及四年，绠短汲深，时懔冰渊，平日训导学生，特别注重刻苦耐劳习惯之养成，与严格规律生活之培养，并训练一般的生产知能，闭门造车，自惭无补，历时既久，其间不无足述，爰将数年来关于本校生产劳动训练实施经过，商诸训导主任李录奇先生，撮要编撰成一小册，以就正于海内贤达及教育同仁。回思肇始时期，学校员生、地方人士，不无狃于旧习，昧于时势，惮于操作，耻于流汗，诽议滋多，怨言丛生，几令人绕屋徬徨，搔首踟蹰，心灰意冷，废然而返矣！顾一念及教育之革新，边教之拓展，端赖此举，又不得不咬紧牙关，硬着头皮干下去，个人成败，一时毁誉，均付之度外，愈做愈坚，再接再厉，今也弦歌有堂，锻炼有场，牛羊成群，稻谷盈仓，交通有道，自卫有枪，以及员生生活之改善，图书仪器之增购，社会教育之推行，救灾恤邻之举办，各项费用，无一不取给于生产劳动之所得，节省公帑，岁逾百万，而予百员生亦由勉而行之，而跻于安而行之、乐而行之之地步，此尤令人欣慰者也。倘能循斯弗懈，锲而不舍，今日之树木，即可为他年树人之准备。缅怀往事，撷拾一二以示同好，于此亦可觇事业之难成，诲人之不易也！

大中华民国卅二年十一月　黄质夫

一、前言

本校创办主旨，在造就边疆国民教育健全师资及边疆建设基层干部人才，然如何提高边疆文化？如何促进边疆建设？是不特需要学识丰富之人才，尤需兼备能力优厚经验充实之人才，以此本校实施"工读合一""教育与生活合一"之生产劳动训练，期使"工者读、读者工""不工不读者工读"。经年以来，全校师生均能充分表现其"在工场内为工人，在农场内为农夫，在军事操练下为军人，在图书馆内为学者"。同时，实验"教育即生活""生活即教育"理论，使学生在厨房内如厨夫，处理日常操作时如工友，如机关职员，如家庭子女，务使其明瞭如何求学，如何做人，如何治事，以养成管教养卫兼备之干部人才。故本校之训练凡三：一曰学术研究；二曰生活服务；三曰事业活动。前者即课业活动，后二者合言之即本编所述之生产劳动训练是也。第思边疆环境特殊，本校使命重大，究竟如何实施，始云适合，固应撮辑概要公诸研究。况现值抗战建国双管齐下之际，应如何加强学生从事劳动训练，俾获生产知能，节省公帑充实设备，锻炼体魄勤劳，藉以矫正以往学校养成士大夫之风习，似亦为当前教育之问题，用述实施经过，以就正于有道焉！

二、实施根据

本校实施生产劳动训练之根据，约分下列数方面述之：

昔六艺教育所谓"射"，固是"尚武"，亦系"劳动训练"；所谓"御"不仅[是]"生产劳动训练"，更是"日常操作"，亦即所谓"生活服务"；再孔门设教，有所谓"小子当洒扫应对进退""有事弟子服其劳"及"弟子入则孝，出则弟……行有余力，则以行文"，可见我国古代教育，首在训练学生做人、做事，而知识之传授，学艺之所研求，乃其次焉者，师范学校之必实施生产劳动训练，此其一。

总理谓："建设之首要在民生"；又谓："我是为实现民生主义而革命""人人变为生产之分子，社会上才可丰衣足食"；更在地方自治开始实行法上明白的指示说："学校之目的于读书、识字、学问、知识之外，当注意于双手万能，力求实用。"良以国民教师是国民的师保，训练国民教师的场所，是师范学校要有劳动生产的国民，必先有劳动生产的师保，故师范学校必实施生产劳动训练，此其二。

总裁说："教育和劳动是不可分离的，如果只学而不劳动，坐言而不起行，任你学问和理想如何好,也不相干,这种学问就不是真学问,所以'教''学'和'做'应该要合一;而'劳动''生产''教育'实为不解之连环,而其最基本的一点,就是要使一般学生养成劳动的习惯,发扬服务的精神。"又说:"教授国民重劳动,能生产,尤其鼓励创造的能力,一切教育计划要与经济计划相配合,而后我们的教育,饶能成为现代国家生命力所造成的一个因素。"其对于国民教育的主张,不特把教育与生产打成一片,且认为教育必须于劳动的方式下实施,饶有效果之可言,才有真正的价值,所以师范学校之必须实施生产劳动训练,此其三。

根据中华民国教育宗旨及其实施方针之规定:"我国教育,应根据三民主义以充实人民生活,扶植社会生存,发展国民生计,延续民族生命为目的""各级学校应以各种之生产劳动的实习,培养实行民生主义之基础""普通教育之实施方针,在养成国民之生产技能,增进国民生产能力为主要目的"。又本党五届十中全会所通过之今后教育设施上应行改进各点中,亦指示两点:(一)训练手脑并用,以使各级学校依其所在之环境,充其所有之设备,使学生于日常生活必须之中,有一寻求人生之真义与真本领,引起学生对于近代科学与机械技术研究之兴趣,尤注意于战争工具之要求真知力行,且学且做,而使所学所做不致远离生活之需要,陷于空谈无实之弊端。(二)提倡劳动服务,对于学生课程须因应现实,善为活用,支配课外时间,使之从事于课外劳动,或开地种植,或开发清渠,修筑道路,俾增加实习,而校内一切实际生活,务使尽量操作,不假手技工与工役。

由上可知我国教育上对生产劳动训练的重视,至各级学校应如何实施生产劳动训练,法令均有明文规定,兹单将师范学校及边远区域师范学校所规定有关生产劳动训练的条文录如下:

修正师范学校规程:
  第二条 第二项:一、锻炼强健身体……五、养成劳动习惯。
  第四十条 根据实施方针所规定之劳动实习,师范学校学生除劳作科作业外,凡校内整理、清洁、消防及学校附近之修路、造林、水利、卫生、识字运动等项,皆须分配担任,学校工人须减至最低限度。

边远区域师范学校暂行办法:
  第二条 边师学生之训练目标,除照修正师范学校规程第二条之规定外,更受左列各项之训练:

（二）陶冶刻苦耐劳之精神，启发服务边地之志趣。

（三）养成边地生产建设之技术与实际工作之能力。

（六）增进边地田野工作之智能。

第六条 边师为推广边教之中心机关，其中心工作：

（八）提倡合作事业。

（九）协助地方改良农业，兴修水利，提倡造林垦荒……

（十）指导农林产品加工制造及副产品之利用。

第八条 边师为加强学生生产劳动训练，其教学训练得依下列规定办理：

（一）增加农牧工之教学实习时数。

（二）得分组轮流半日上课，半日工作，或间日上课，间日工作。

（三）每学生须就农牧工各科内选择一科尽量学习实际工作，务祈精确烂熟。

（四）学生除参加生产劳动外，举凡学校内教务、事务上各事，可以不假手于人者，均由教师领导高年级学生工作，雇用工友，以最必要者为限，一切日常操作及农工场各项工作，均由学生担任之。

由上更可见师范学校及边地师范学校应加强实施生产劳动训练，以期造就地方实施生产劳动训练之教育人才，实属天经地义，此其四。

三、实施目标

本校实施生产劳动训练的目标，约可概括为下列十项：

（一）培养边地国民学校教师必要的生产劳动之知识与技能。

（二）使学生明瞭生产劳动与人生的关系，养成"职业平等"与"有教无类"的正确观念。

（三）使学生实地操作与锻炼，养成劳动的身手，进取的精神，强健的体魄，创造的能力，与夫边地生产建设之技术与实际工作之能力。

（四）使学生了解双手万能、知难行易的道理，并养成劳动、刻苦、忍耐、精密、确实、迅速等德性与习惯及服务边地之志趣。

（五）使学生研究边地国民学校生产劳动训练之取材及方法，充实推行边地国民教育的力量。

（六）使学生了解边地国民学校生产劳动训练中的校务、家事、农业与工艺等科目相互之关系。

（七）使学生直接参与生产劳动工作，务期教育社会化、生产化、平民化，以期自养养人改进社会。

（八）利用剩余精力时间及技能从事生产事业，求学校经济基础之稳定，而实现教育界自力更生、独立发展之理想。

（九）使学生能认识宇宙，宰制自然，利用物质，明瞭并应用经济原则于实际生活上。

（十）使学生于实际之生产劳动操作中养成专门技能，以便终身利用，满足其个人生活需要。

四、实施方法

分"生活服务"与"事业活动"两部分。生活服务，系由训导处支配；而事业活动，则认为一种课业，列入日课表内，每日占八十分时，属于教务范围。兹分别述其概要于后。

附：

作息时间表

时间	项别	信号	附注
5:00	起身	双铃	
5:30	升旗（晨会）精神讲话	号声	
5:40	早操（同时洁除）	同上	
6:00—6:25	早读	同上	
6:30—7:20	第一节课	同上	
7:25	早膳	同上	
8:00	预备上课	同上	
8:10—9:00	第二节课	同上	
9:10—10:00	第三节课	同上	
10:20—11:10	第四节课	同上	
11:20—12:10	第五节课	同上	
12:20	午膳	同上	

续表

时间	项别	信号	附注
1:40	预备上课	同上	
1:50—2:40	自修或上课	同上	
2:50—3:40	自修或上课	同上	
3:50—5:10	事业活动	同上	
5:15—5:40	康乐活动	同上	纪念周在星期日上午九时举行
5:45	降旗	同上	
5:50	晚膳	同上	
6:50	预备自修	同上	
7:00—8:00	自修	同上	
8:05	人各就寝	哨子 长三声	
8:30	熄灯	哨子 长三声	

(一) 生活服务

本校不僱用工役，所有晨间洁除及日常生活上一切工作，概由学生担任，计分洁除、风纪、炊事（包括烧饮料开水）、留守、巡夜等事项。除洁除外，概无特定时间，故发生补课问题；除洁除、风纪外，因无固定人选，故发生支配问题。此两问题中，尤以支配问题较为复杂。

支配原则首贵公平，次在恰当。公平则不独应依学级轮流，一级之中，也得分配均匀，方可使大众心服。学生之年龄、个性、身体之发育状况以及在校年级之高低、处理事务能力之大小等，各有不同，支配服务时，应得同时顾及。大概巡夜及宿舍留守，必支配寄宿生担任。每项事务，不只一人时，至少应支配年级高低、年龄大小及能力强弱的两种人才，而以年级高、年龄大、能力强者负领导之责，年龄小而能力弱者，则一面协助，一面学习。新生学级，最初入学两周间，不支配服务，名曰"见习期"，除于入学训练科目中，详细讲述劳动服务要旨，以增强其劳动服务认识，更令其于见习期内，随时随地观察旧同学服务情形，务使其彻底明白内容及方法，并坚定其对于劳动服务信念。

服务生所缺课程，统限于服务当日之自修时间，自动向同学或教师请益，补习完成，遇有确非教师讲述不能了解者，得于下周星期日纪念周后，集合大会商请教师讲述,课程方面,决不使稍有间断或欠解。一学期中,每人轮值服务次数,以本校现有六百余人计(内除去洁除、风纪),每人至多五次,固不成问题也。其有某科临时试验,恰值生活服务缺考者,则依平时成绩计算,至学期考试时之各项服务,则完全支配毕业班学生担任,因毕业班之学科毕业考试,向例较他级提前,藉此机会以之为生活服务毕业考试,亦甚相宜也。

  支配手续,颇称麻烦,下周何级担任何项服务生,上周星期四,即由训导处计划派定,填明于每周各项服务生支配一览表(附表(甲))内,另于各级已派服务生检查表(附表(乙))某项服务生栏画一划;如附表(甲)第一周巡夜服务,经派定简三下、师二上、五简三级,应即于附表(乙)各该级巡夜栏内记明一划,以后每派一次加一划,五划成正字。附表(乙)内载明在籍、风纪、洁除人数,可由在籍数内减去风纪、洁除(风纪、洁除二种服务生不在轮值服务之内,详细说明见下)人数,即得各该级应得轮值巡夜、留守、炊事、烧开水服务人数,再检算某级巡夜、留守、炊事、烧开水等栏已画划数,以七倍之,即得已派服务生总人数,再与该级服务生人数相较,即知某级已派服务生达几次几人,下周计划派服务生时,得此对各级之应否加派、减派、停派、续派、改派等情形,一目瞭然,自可随时派定,不至漫无标准。惟每级所担任之服务生,一日至多二人,每项服务并不得同时派二人,因恐人情相习则玩生,初见之人相与共事,人各求其表现,不肯示弱,因得相观而善,易睹其服务功效也。

  训导处支配既定,当即用各级服务生报告表(附表(丙))填明部级、周次、起讫月日及应派服务生项目等,由各级中队长填报应服务学生姓名,并限于星期五日缴齐。该表同时发二张,一令填齐呈报,一令揭示于本级公告栏,以便按期督促被派者届期服务而备查考。

  训导处根据各级填报之服务生表,更调制成各项服务生轮值表(附表(丁))以一份公布,俾众周知,一份存处备查,并将炊事、烧开水服务生轮值表,多缮一份,送交炊事管理先生,备查考而资督导。

  如此,一周服务生支配手续,始算完毕,以后便进入督导考核阶段。至各项工作内容如何?如何督导考核?当于下分别说明。

附表：
(甲)每周各项服务生支配一览表式

	巡夜			留守			炊事							烧水	
1	简三下	师二上	五简	简三上	简一下	师三下	师三下	师二上	简三上	简二上	简一下	初一甲	初一乙	简四	五简
2															
3															
4															
5															
6															
7															
8															
9															
10															
11															
12															
13															
14															
15															
16															
17															
18															
19															
20															
21															
22															

（乙）各级已派服务生检查表式

项目＼级别＼人数	师三下	师二上	简四上	简三下	简三上	简二上	简一下	简一上	五简	初三上	初一甲	初一乙
在籍数	42	39	17	36	53	53	57	65	37	39	53	54
风纪	3	8	2	5	7	9	8	2	6	3	3	7
洁除							15	30			20	30
公差人数	39	31	15	31	46	44	34	33	31	36	30	17
巡夜	—				—		—			—		
留守	—				—		—					
炊事												
烧水			—						—			

（丙）各级服务生报告表式

简三下级第　　周服务生报告表　　自　月　日　起
　　　　　　　　　　　　　　　　　至　　　　　　　止

项别＼星期＼姓名	日	一	二	三	四	五	六	预备
巡夜								

（丁）各级服务生轮值表（一）式

第　　周自　月　日至　月　日　　风纪巡夜留守服务生轮值表（训导处）

项目＼星期＼姓名及年级		日	一	二	三	四	五	六
风纪								
巡夜	简三下							
留守								

(戊) 各级服务生轮值表(二)式

第　　周自　月　日至　月　日　　炊事、烧开水服务生轮值表

星期	部级别	日	一	二	三	四	五	六
炊事								
烧开水								

甲、洁除

洁除分室内、室外两项。室内洁除，除洒扫地面尘芥外，所有抹桌凳、拂壁尘、整理门窗及布置陈设等，均属其范围，工作者必使室内一尘不染，秩然有序，才算合格。室外洁除，除清除地面路面之垃圾外，所有附近区域之杂草，必芟除罄尽；石子瓦砾，必拣弃无遗，才算尽职。

洁除学生系由低年级的男生及全校女生担任，每晨工作，此外则不服其他生活服务事项。室内洁除，以支配女生为原则，室外则大多数由男生任之，以其性较适宜也。其支配方法，于每学期开学前，预先将全校室内外地面及通道，应于每日洁除者，划分若干区，更斟酌区域大小、工作繁简及学生能力以规定人数，每区由二人至十余人，学生入学注册后，即由训导处分别指定其服务地区，每区并指定组长一人(分配表中注有"○"者)负领导及监察之责。

作息时间表内，定期每日升旗后二十分时为洁除时间(表见前)，每星期日大扫除一次，时间延长至一时二十分时。

工具计有扫帚(分竹扫帚、草扫帚二种，室内用草扫帚，室外用竹扫帚)、水盆、抹布、尘帚、畚箕及镰刀、锄头、铁铲等，于开学时量其场所需用情形，分别发

给(如扫帚每人必备一具,水盆、抹布、尘帚为室内所必备,镰刀、锄头、铁铲则由室外者必要时取用),并于每一用具上,系小木牌,书明用者学号,俾资识别而负保管责任,每次用毕,必依序存于清洁用具室内,不许零乱,或随便放置。

每晨洁除时,由童军教练及卫生人员分别巡视督导,并于每区揭示负责洁除人姓名表,总办公室则揭示洁除分配总表。无论何人,发现某处不整洁,随时可查明负责人,予以训责或令其重行处理,如此,责偷惰及投机不负责任之弊自少。星期日大扫除,另请人员评判其结果,并于纪念周时公开报告期成绩,以示奖惩。

各级作业室之洁除、书橱之整理等,则由各学级轮派服务生担任,逐日由值日导师童军教练或风纪值日生检查评定,除按期揭示"检查报告"外,另于各教室入口处悬整洁次序牌(木质,上书整洁第几),逐日更易,以资惩劝。

至寒暑假内之洁除,除分配留校生担任外,凡家住本城之学生,一律令其每晨来校升旗并洁除,此不独训练其爱国思想养成劳动习惯,更以示吾人立身行事,应如日月经天,江河行地,自强不息,不得因寒暑假期而有所更易,用意固深且远也。

附表:

(甲)全校洁除分配表(原著作空缺,编者)

(乙)各区负责洁除人员表

本区洁除人	
地区	姓名
女生宿舍	陈学芬

（丙）整理检查报告表式

团别	中队年级	成绩项别	作业室	书柜	寝室	平均分数	等第
军训团		师三下/第一中队					
		师二上/第二中队					
		简四下/第三中队					
		简四上/第四中队					
童训团	第二大队	简一下/第四中队					
		简一上/第五中队					
		简三上/第六中队					
		第七中队					
		初三上/第二中队					
		初一甲/第二中队					
		初一乙/第三中队					

乙、风纪

风纪值日每日一人，掌全校风纪之整饬，整洁之检查，同学工作勤惰之考核等事项。每学期开始时，由训导处就上学期各级操行甲等学生中遴选，送请校长公布，依序轮派。至新生学级，则由中队长附充任，普通事件，得随时处理纠正，但仍应填具报告，晚间工作完毕，更应填风纪日志备查。其工作事项等，详细规定于"风纪值日学生服务须知"。

附表：

（甲）风纪值日学生服务须知

一、本校为整饬风纪、检查整洁及考核工作起见，除由导师负责管理监察督导外，并指派各级学行优良学生充当风纪值日，每日一人，巡视全校，协助导师办理各项事务。

二、风纪值日学生工作之事项如次：

（一）担任集会（包括升旗、纪念周及其他集会）及进膳（早、中、晚三次）时间总办公室之留守。

（二）检查全校各处整洁，遇有不整洁处，随时处理之。

（三）稽查集会、上课、自修等时间，有无未经准假而缺席之同学。

（四）考查早间洁除各项服务值日及事业活动各组同学工作之勤惰。

（五）监察并纠正同学有无违反主义、不守纪律之言行。

（六）办理校长室、教务处、训导处之各种通知通报等事项。

（七）其他由校长室或教务处、训导处临时指定办理事项。

三、当值学生须佩带本校制定之徽章，其徽章于当值前一日晚间下自修前连同风纪值日报告表向训导处领取，当日晚自修时送还。

四、当值学生得停止上课及其他一切工作。

五、当值学生遇有关风纪事项，除随时处理纠正外，应按照事实填具报告表报告训导处，每日工作完毕后并应填记风纪日志。

六、当值学生应依照服务须知切实执行任务，倘有玩忽情事，由学校予以相当处分。

七、当值学生遇有特别事故，不能按照排定日期执行其任务时，得事前与其他预定值日生对调工作，并报告训导处备查。

（乙）风纪值日报告表式

关于风纪者			关于整洁者	
破坏风纪人姓名	所犯事由	备注	特殊整洁处所	特殊不整洁处所
其他				

（丙）风纪日志式

国立贵州师范学校 风 纪 日 志	第　　周	月　　日		天气	
		星期		温度	
破坏风纪人 姓　名	部级别	所犯项目	备注	关于整洁者	
				特殊整洁者	特殊不整洁者
记　事					
风纪值日生			核阅导师		

丙、炊事

本校只雇用极少数厨工,所有煮饭、烧水、烹调菜蔬及有关膳食上一切杂务,概由学生任之,其人数连厨工合计,约为每五十人摊一人,本校上学期共十二个级,膳食师生六百人,除雇用厨工三人外,每日派炊事值日学生九人,其中特别指定烧饮料开水人员(夏季二人,冬季一人)。诚以本地习俗,无论冬夏均饮凉水(生水),本校为纠正不良习俗,养成学生良好卫生习惯起见,特别注意于饮料开水之烧煮、挑送,指定专人负责供给,勿使稍缺。至炊事学生如何服务,详细规定于"炊事值日学生服务须知"中,制有炊事工作报告表,每日由组长填报,而须经由炊事管理先生审核,然后呈送训导处备查。

附表：

（甲）炊事值日学生服务须知

一、本校只雇用极少数厨工,所有膳食之炊事,饮料水之烧煮及膳食上一切杂务,每日轮派学生九人处理之。

二、炊事值日工作约可分炊饭、煮菜、烧水及杂务等项,当值学生应分工合作,努力从事以达到不衍时、不废事之目的。

三、当值学生应于起身后即下厨房工作,非至晚膳后锅盆洗清、桌凳抹净及其他一切杂务处理完毕后,不得擅离。

四、当值学生中应由最高年级一人为组长,负领导之责,其余各人悉受其指挥,但全体工作时,必须听从炊事管理先生之指挥监督。工作完毕,并由组长填具"炊事工作状况报告表",经炊事管理先生审阅后,再送呈训导处备查。

五、当值学生办理膳食必本诸清洁卫生、省费、营养原则,而尤须注意膳食材料之善用,勿使有丝毫耗费。

六、当值学生须佩带本校制定之徽章,其徽章应于当值前一日晚间领取,翌晚事毕送还。

七、当值学生得停止上课及其他一切工作。

八、当值学生应努力执行任务,如有玩忽职守及违抗管理先生之指导者,由校予以处分。

九、当值学生遇有特别事故不能按照排定日期执行其任务时,得于事前与其他预定值日学生对调,并报告训导处备查。

(乙)炊事工作状况报告表式

第 周		月 日		星期		天气	
工 作 状 况						特别记事	
全体姓名	勤勉者	迟到者	早退者	无故外出者	怠工者		
炊事管理先生				核阅导师			

丁、留守

本校学生宿舍,共分三部:男生第一宿舍,系就旧榕江中山公园改置,计平屋三进,外有储藏室三间,约容学生四百人;男二宿舍,设于天后宫,就大殿改造,楼上下约可容学生三百余人,另设女生宿舍约可容数十人。关于宿舍内门户之照料,杂务之处理,灯火之管制等,每日派留守值日学生处理之。依事务之繁简,男一宿舍每日派二人,男二宿舍及女生宿舍各一人,各宿舍每日状况,可由留守日志考查之,订有"宿舍留守值日学生服务须知",对于工作事项亦规定甚详,兹附录以供参考。

附表:

(甲)宿舍留守值日学生服务须知

一、本校为照应宿舍门户,处理宿舍杂务,每日视宿舍事务之繁简,分别派留守值日学生一人或二人。

二、当值学生工作之事项如次:

(一)看守门户,严禁外人擅入宿舍。

(二)洁除宿舍内外及大门通道。

(三)按时启闭各室窗户。

(四)登记日间入舍及早晨迟出舍同学姓名报告训导处。

(五)同学曝晒之衣物如遇阴雨,由值日生负责收管。

(六)管理宿舍灯火。

(七)打扫厕所及收放便桶。

(八)铲除各处杂草。

(九)供给盥洗用水。

(十)处理其他临时发生事项。

三、当值学生得停止上课并得在宿舍内进膳。

四、当值学生须全日负责,不得擅离职守,事毕应填记留守日志。

五、当值学生对于职守倘有玩忽情事,由学校予以相当处分,并赔偿应有损失。

六、当值学生遇有特别事故不能按照派定日期执行其任务时,须于事前与其他预定值日学生对调工作,并报告训导处备查。

(乙)留守日志式(原著空缺,编者)

戊、巡夜

本校地址广阔,拥有榕江全城(西南部)三分之二以上地区,内包各方面至西城通道多起,以故门户洞开,平时管理已感困难;加之校舍各部,均有相当距离,晚间尤恐有宵小藏匿乘机窃发,爰有指派学生值宿巡视全校各部之必要,所幸迁榕三年以来,未有事端发生,不得不归功于此。巡视学生三人中,以一人轮流留守总办公室,其他二人相伴出外巡察,举凡农工场、猪牛羊舍以及宿舍、图书馆、礼堂、厨房、园圃等,每一角落,均须巡遍,遇有特殊事件或形迹可疑之人,则加以处理,盘问扣留,或迳报学校。订有"值宿巡视学生服务须知"及巡夜日志。

附表:

(甲)值宿巡视学生服务须知

一、本校为防患未然起见,每夜派定值宿学生三人轮流巡视学校全部,以防宵小乘机窃发。

二、值宿巡视学生工作之事项如次：

（一）燃点路灯。

（二）留守牛羊舍。

以上系晚膳后至下自修前之工作。

（三）启闭校门——自修后关锁校门，打起身铃后开启校门。

（四）巡视全校——自下自修课起，至打起身铃止。

（五）依时打起身铃——依照规定时间打起身铃。

三、当值学生须佩值宿巡视徽章，其徽章及各种巡视用具须事前领用，翌晨归还。

四、值宿巡视学生于夜间执行巡视任务，得停止翌日之课业及工作。

五、值宿巡视学生遇必要时，得发出各种警号，但须十分慎重。

六、凡户内火种及妨碍秩序安全事件，得加以取缔，并应予翌晨将巡视情形填记巡视日志。

七、巡视人如有玩忽职务及越轨行为，由学校加以处理。

八、轮值巡视学生如遇有特殊事故不能按照派定日期工作时，须于事前与其他巡视人对调，并报告训导处备查。

（乙）巡夜日志式表

国立贵州师范学校 巡夜日志		第　周		月　日		天气	
				星期		温度	
工作情形	次第	第 次	第 次	第 次	第 次	第 次	打起身铃者
	时间						
	留守办公室						
	外出巡视						时间
特别见闻				普通记事			经过路线
巡夜学生				核阅导师			

（二）事业活动

所谓事业活动，实即劳作实习，每日下午工作八十分时，内容分校内助理、社会服务、工艺建设、农艺畜养四大部门，其下复分若干组。四门中以农艺畜养人数为最多，约占全体人数三分之二。

各组的事业范围，大小不同，根据事实需要，分配适当人数，少者一二人，最多为农场之耕种组，有多至三百余人者，组下更依年级分小组，每组或小组指定组长一人，负率领监督之责，组长组员统受有关事业部门之导师及级导师指导与考核，而各组导师以能"以身作则参加操作"为原则。兹将各部门所分组别及内容分述如次：

甲、校务助理部门

本部门工作，在昔各校，均雇用职员工友处理之，今分别令学生担任，不独可节省学校经常开支，作充实设备之用，亦且使学生由做上学，获取切实合用之生活知能，诚属一举两得。本部门工作，概适于较高年级，更有适于女生者，如卫生、图书等组是；其工作时间，有须移至自修或特定时间者，如记录组、营业组、卫生组、图书组是。兹分述其工作概要如下：

1. 记录组——司纪念周、晨夕会及各种集会记录等事项。
2. 缮写组——司布告文件表册等缮写等事项。
3. 营业组——协助营业部职员贩销货品、登记账册等事项。
4. 图书组——司图书之登记、收发、整理及报纸张贴等事项。
5. 卫生组——司协助医师诊察疾病、调制药品、看护病人及关于卫生等事项。
6. 教导组——司协助教务、训导两处办理统计、缮写等事项。
7. 保管出纳组——司协助保管室、出纳室收发物品、缮写表册等事项。
8. 党团组——协助学校党部、分团部办理表册文件之缮写等事项。
9. 杂务组——司各种器物之搬运，各场所之布置整理，及不属其他各组等事项。

乙、社会服务门

本部门工作，完全属于推广教育范围，实即教育课程之实习，概由高年级学生任之。其工作时间亦宜为适当之调动，如民教组、补习教育组是。兹分述其大概如下：

1. 社教组——司壁画之制作，标语之缮贴及其他有关社教等事项。

2. 民教组——办理民众学校等事项。

3. 补习教育组——本校为齐一学生程度起见，集合低年级国、算或其他科目成绩低劣之学生于一室，选择高年级各该科擅长学生为之个别补习，直至其能随班学习为止。

丙、工艺建设门

本校为锻炼学生劳动身手，实现自给自足愿望，并为培养边地生产建设技术与实际工作能力之人才起见，特开有工场，办理简单工业之生产，设有工场主任、干事各一员，技师数人，负计划管理及监督指导学生工作之责。其工作分组，有宜于女生者，如麻工、棕工、纺纱、织布、缝纫等组是；有适于低级或年龄幼小之男生或女生者，如装订、裱褙等组是；有宜于有特殊技能或体力，方能应付裕如者，如铁工、木工、雕刻、泥水、建筑、油漆等组是；更有非高级优秀学生具有研究兴趣不能工作者，如小学教具组。其工作时间，均在规定之事业活动时间，不需移动。兹将其分组及内容情形述于下：

1. 铁工组——农具如锄头、大锹、镰刀、耕犁等，以及各部门需用之铁刀、铁钉及一切零星铁器，概由本组制作供给。

2. 木工组——凡本校零星木器之制作，校舍之修整，房屋地板、隔间、门窗之设置整理、修缮等，概由本组任之。

3. 竹工组——本校农场所用之竹箕、稻箩、菜篮以及晨间洁除用之竹扫帚等，均由本组供给。

4. 棕工组——就本地所产棕皮绞成棕绳，制成棕帚、棕刷等用具，供本校及社会应用。

5. 麻工组——就本校农场出产之苎麻，制成麻绳麻线，并织成渔网、排篮球网等，最近更拟织成粗细麻布，正在计划进行中。

6. 纺织组——本地产棉量颇丰，世称古州棉，居民用土机纺纱，劳力费时而出品粗劣，本校特仿制"湖南省建设厅所制之改良纺纱机"多具用以纺纱，效能远非土机所及。

7. 织布组——备有织布机六架，毛巾机二架，用以纺织全校师生制服布或毛巾，最初所用者系洋纱，自滇缅路断绝后，改用土纱织制。

8. 缝纫组——备有缝纫机二架，专门缝制全校师生被服。

9. 雕刻组——凡本校牌匾楹联及印刷木板戳记等件，均由本组雕刻之。

10. 印刷组 ⎫
11. 裱褙组 ⎬ 举凡校内公私应用之一切簿籍、表册,以及信封信纸等件均由三组联合。办理供应,无待外求。
12. 装订组 ⎭

13. 理发组——备有理发器具全套,取极廉之价,为师生整容剪发。

14. 油漆组——凡学校房产、庭柱、桌凳等用具之油漆,均由本组工作之。

15. 筑路组——本校校内现有之通道,计有明德路、至善路、修齐路、治平路、新生路、童军路、青年路等,路基高燥宽阔,路面平坦整洁,均本组流汗所获之成果。

16. 泥水组——凡校内房产之修缮,墙壁之粉刷,以及三合土路路面之修补等工作,皆由本组担任。

17. 造纸组——利用榕江所产构皮,作造纸材料,所出货品,质美价廉。

18. 粉笔制造组——备有造粉笔铜模数套,创办半年来,不独本校教学用粉笔供应无缺,且有剩余供他校应用。

19. 小学教具组——专门研究制作各科小学校具,一学期来,制成小学国语、算术、社会、自然等科教具数十种,成效极著。

20. 导水组——本校饮料用水,最初每日派学生十人挑运供给,尚时感不足,困难丛生。三十年夏,经设法架通竹管,将距本校约二里许之山坡水源,引导来校,自此,不独本校数百师生日常饮料及洗濯用水,供应无缺,且有余水供给附近居民,是本组以往建立之殊勋。目下经常水管之修缮更换,各部用水之分配调节等工作,仍由导水组任之。

丁、农艺蓄养门

本校农场,在城垣以内者,计有水田一百五十六亩,旱地二百七十八亩,可应农艺种植之需;城外有荒山荒地二十万亩,足供发展蓄养及造林之用。建筑物有农场办公室,为农场主任、干事及农业导师办公之所;有仓库,供积贮农产品之用;有猪圈,豢有猪仔百余头;有牛栏,蓄有水牛十一头,黄牛三十二头;有羊舍,畜有山羊五十余只。更有农具室,所有铁锄、镰刀、犁耙、扁担、稻箩、竹箕一切农具,不用时,概放置其中,派有学生管理、修缮,在事业活动前十分时,由各组组长预计本组需用农具种类及数量,向管理者领出分发,用毕仍由组长收集归还,不独免散失毁损,亦且保秩序而省时。

本部门工作,除农具管理组外,大都分散室外,每届活动时,漫山遍野,凡属农场范围,所见工作者,到处皆本校学生也。在未工作前,集合于操场,首由各级任导师点名,次由农场主任、农业导师、农场干事等分别为工作之分配,并引至工作地点为技术上之指导并伴同操作,级导师同负监察督导责任。如此,管理督导周详,故学生工作兴趣颇佳,成果极大。兹将分组内容分述于后:

1. 造林组——负种植油桐、果木及行道树,以及林区内播种、育苗、耕锄、整枝、除草、施肥等事项之责。

2. 樵采组——司刈割田埂、山坡、林地各处杂草,一方裨益农林作物,他方使环境优美,同时更解决炊事燃料问题,诚一举而数得也。

3. 花卉组——司庭园花木之种植培育、杂草之芟除、环境之整理等事项。

4. 种菜组——更番种植瓜、豆、白菜,以及番茄、莱菔、菠菱、葱韭等菜蔬,以供应全校师生膳食所需,已达自给自足愿望。

5. 采菜组——采摘农场出产之瓜果蔬菜,以供全校六七百人佐膳之用。

6. 畜养组——饲猪牛羊之放牧、饲养及畜舍之扫除等事项。

7. 农具管理组——司农具之收发、修缮、整理、保管等事项。

8. 农场耕种组——凡本校水旱田地之耕耘种植,农作物之培育、灌溉、收获、保存及其病虫害之防治等事,举凡不属于他组者,概为本组工作范围,以故工作人数最多,常依级别分成小组以利督导。

上列四大部门,共分四十组,此仅就经常大概言之,得因事实需要,临时或增或减或合并。学生的分组,应适当其学习兴趣与能力,故任其自由选择参加。然以大概言,中低年级学生,多参加农艺畜养与工艺建设;高年级则从事校务助理及社会服务;至年龄幼小之男女学生,则先指定其参加性情相近、体力能胜任之轻微工作。学生从事事业活动兴趣与能力之调查工作,在招收新生时办理,旧生如要转组或已修得某项技术后,需要另行选修时,须于上学期终了前申请,以便事前即予决定,学期一经开始,训练即可与各种学科之教学同时进行。

至工作成绩考核,除由各组导师、级导师随同督导,值日导师、风纪值日生随时予以抽查、点名、检视工作效果外,并令各组(或小组)组长逐日填写工作考勤簿,送呈导师核阅,按日统计,公布其结果,校长室并不时调阅,分别予以奖惩。

下学期为求减轻各级导师负担,并增进工作效能起见,拟遴选最高年级、平时训练有素、能力充裕、工作勤勉学生为导生,每组(或小组)二人或一人(室内人数较少之组,得合并数组派导生一人)负领导同学工作,协助导师监察考核之

责,于开学后即予指定。想实施后,督导力量既较前加强,成效自更可观。兹将各组组长所填报之工作考勤簿样式录后:

附:事业活动考勤簿式

国立贵州师范学校事业活动考勤簿　　组长

组别		组		第　周		自　月　日起至　月　日止		
本组总数			本周工作最努力者		本周工作较差者		缺席者	
星期	工作项目	人数	地点	成绩	评语	备注	导师签名	
日								
一								
二								
三								
四								
五								
六								

再,上述工农艺两部门工作,均待于有工农场之设备,始克进行。而工农场之经营,尤有待于事前计划,平时管理考核以及随时改进。最初举办,以经济关系,规模尽可缩小(农场地面最初却不可过小,过小则无法扩充),以后视事实需要,并以生产所得,购买用具原料或种子,逐渐扩充。本校迁榕三年余,农工场自开办以来,不独经营范围日见扩大,其历年生产数字,亦足惊人,而其对于建校上实际之补助,尤属巨大,盖以本校创建历史之短促,榕江地域之交通阻隔,风气闭塞,而目前物质上设备差堪应付者,不得不归功于实施生产劳动训练及农工场经营之得法。固是,农工场之经营经验,不无有足资参考者,爰将本校"农工场经营述要"录于后:

附录:

(甲)工场经营述要

普通工场经营之先决条件:第一,是原料采办容易;第二,是成品销售无困难。学校工场之举办，除上述二条件不能例外外，尤应注意切合学校实际需要，及养成学生有实用技艺能力，并负有提倡改良当地生产方法使命。最要者，务令学生实地工作，切忌好高骛远，粉饰虚张。本校工场之经营，完全本诸此旨。忆自初迁榕时，除破屋数幢外，一无凭藉，所有一切校具教具之设置，房屋之修缮，均属迫不及待，而榕江地处边疆，纵将全县瓦、木、漆、竹等工人完全征用，犹恐缓不济急，何况事实上亦属难能。本校爰于其时创兴木、竹、水泥、油漆等组工作，命学生协助工人办理各事，不独解决问题，亦使学生学习实用技能，且即以所节省之资，用以充实其他设备，嗣后渐谋扩充，以翼建设改良当地生产方法目的，而工场亦即成为一实际生产部门。综言之，工场生产范围，不外生活所需；工作支配，则依能力分组，其各组人数，固视实际需要，而技师之延用与否，尤以工作难易为准绳，并厘订进度以考核工作效率，计算原料与成品比率，俾使物无废弃。如斯，人尽其才，物尽其用，事尽其宜，工场成效，于焉大著。至重要各组之经营缘起及考核方法，亦有足述者，兹分别略述如下：

纺织组——榕江所产之棉，纤维颇长，惜居民用土车纺织（一支），品质粗劣，实有提倡改良之必要。本校工场因仿制湘省建设厅手工业改进会所制之摩擦式纺纱机（十五支）六架，训练学生学习，最初所纺之纱用以织粗布或毛巾，工作效能如以整日计算，每机可出纱十二两至一斤，并且两机之纱，足供一架布机之用。

织布组——本地乡民织布，概用手推梭织，效率低劣，且布幅狭窄（宽仅一尺二寸左右），不便裁制。本校特制塞丹织布机八架，用作提倡改良之原动力。以六架织布，二架织毛巾。所织之布，有纱布，可缝蚊帐、绷窗格；有黑布，缝制服；有白布，缝内衣。毛巾分平格与花格两种。学生训练一年而技巧纯熟者，每日每机可织布五丈，织毛巾两打。以此，所出成品，除供应全校师生购买外，且有剩余向市场销售。最初经营系购买洋纱及外国颜料染织，价廉物美，极受欢迎，自滇缅交通断绝后，改用木机纱及土锭或稻子染织，品质较前稍次。

织袜组——备有织袜机三架，学生训练一学期后，每月每机可织成粗细纱袜子两打，师生及市民争相购用。最近情形，同织布组。

缝纫组——备有善加缝纫机两架，缝制师生制服，每套工料价值，最初仅十一元，实属便宜。即以目前每套价四百余元计，仍较市价可省百余元。他如学校公用之党国旗、各项符号、臂章等之缝制，尤属便利。

麻棕工组——本校农场所产苎麻，质良量丰，利用之绞成麻绳、麻线，结成麻鞋、鱼网、球网，至为实用。最近由女生纺成麻纱，拟织成夏布，缝制蚊帐及内衣。又用麻或棕丝穿成衣刷及黑板刷，目前每把成本仅一元五角，售与批发贩价二元五角，较其卖价，犹低一元五角。

　　导水组——系将山坡水源引导来校，供饮食洗濯等用。目下全校师生近千人，每日用水，至少须两百担以上，若照市价每担一元计，则日省二百余元，以之补充膳食，获益匪浅，以故本组工作，贡献极大。

　　铁工组——凡锄头、镰刀、铁钉等简单铁器，均由学生自造，其他较为精细工具或铁器，则由技工监制。工作效率以日计，每人可制锄头七把或镰刀十把，以此本组所生产者，除供给本校所需外，尚有余品，向外销售。

　　木工组——内分锯板、制造、修缮三小组，善于校具、教具之新制，制造组司之；校具教具之整理，房屋之修缮，修缮组司之；制造修缮两组所用之木板，则由锯板组供应，备有木工器具二十余套，所有工具使用法、保护法，概于工艺实习课内讲述。本组每月为学校所节省之修缮等工资颇巨，如每日有锯木工三组，即可锯板一方丈，则省工资八十元，其他零碎工作，以每人工资三元计，二十人则又可省工资六十元，两者每日共省一百四十元，全年即共省四万余元矣。

　　竹工组——本地所产之白壳竹，干修长而绵韧，极适编制各项篾器。而本校农场需用大量之竹箕、箩筐、菜篮以及洁除用之竹扫帚，均由本组供给。学生每日八十分时，平均可制竹箕一对，每八小时可制箩筐一对。其他零星用具，则在工艺课内制作。最近为供给竹料计，农场种有竹林，数年后即可大量采伐，原料无待外求。

　　造纸组——县属产楮皮颇丰，可制成都匀白纸。本校工场，设槽制造，每日可出纸十二刀至十五刀，产品质美价廉，足供本校及全县应用。惜限于财力，否则二十架槽之所需楮皮，都可采办经营。本学期利用稻草造纸，已开始实验并训练学生制作。上年更计划大量种毛竹、南竹，准备三年后，制造毛边纸，以济榕江纸荒。

　　粉笔制造组——自制有铜模四套，每日事业活动八十分时，可生产粉笔五百支。

　　小学教具组——抗战期间，小学教具，异常缺乏，而以边疆交通不便为尤甚。本校鼓励学生设法自制，以冀出校后可自力更生。计制有国语、社会、自然、算术等科教具数十种。更于工艺课内，训练学生制作儿童玩具，如积木、方木拼图及各种军用武器模型等，一方面训练学生手脑并用，同时并增加学生常识。

　　装订、印刷、裱褙组——本校学生每人一学期所用之练习簿，将近二十本，以目前七百余人计,共需一万五千余本,即系由装订、印刷、裱褙三组学生联合制备。他如公用图表纸、厚纸、信封、信纸之制作,各项簿册字画之装潢等,亦皆由三组供应。

以上各组工作,对于初加入之新生,简易者如装订、印刷、裱褙、棕麻工等,训练两周,即能自发自动;繁杂者如缝纫、纺织、竹木工等,非一学期甚至一学年,不能单独制作。当最初开办时,训练学生技能,殊觉费力,今各组已获得相当基础,则实行旧生领导新生,大徒教小徒办法,颇形容易。唯是工场无固定资本,仅恃拨借学校少数经费作流通金,周转颇感困难,有时有钱无料可买,或有料无钱可买,因之各组均无法扩大经营。又各项产品如何可求其精益求精?学生技术如何使其娴熟精进?工作效率如何使其增加?均尚有待于继续之努力。

(乙)农场经营述要

农场经营之最要条件,第一是土地,第二是劳力。本校农场,除所有水旱田地四百三十四亩外,尚有荒山二十万亩,足供造林、放牧及开垦种植之需。至劳力方面,除雇用最少数农夫以从事于最必要之工作(非雇专人不能解决之工作),余均利用事业活动参加农艺部门之学生,每日工作八十分时。本校初迁榕时,因百端待理,而学级仅四,学生百余人,以故先尽水田熟地种植,并为粗放的经营。嗣学级与年俱增,劳力亦日形充足,遂渐次开辟荒地,开始造林畜养,最近不但荒地尽辟,并且大量造林及扩充畜养。此后更拟为集约经营,注重改良种植及从事推广示范,以达改良当地生产方法愿望。至种植作物种类,学校农场除要注意土壤、气候、水利等一般的条件外,尤应注意本地需要,俾产品易于销售;更宜注意与学校事务及工场等方面配合,以应学校需求,以图全体福利,实为要中之最要。本校即依此设施,虽未敢谓已地尽其利,然已做到地无废弃地步。兹更分场地、设备、施业等项,略述其概要如次:

一、场地——本校农场场地,依位置、地势天然形成三部。(一)低下平坦水田区,连同水沟、池潭、井、桥等废地在内,约共一百五十六亩。(二)平整高爽菜圃区,约七十八亩。(三)旱地杂粮区,约二百亩。土壤之种类,亦依位置地势,分布各异。稻田上层为略肥之灰黑色黏质壤土,下层为不易渗透水分肥料之黄色黏土;菜地位全校水田之中央,成一长站脊椎形,平整高爽,为黑色肥沃之黏质壤土,实全校最肥沃之土地;旱地位农场西陲,接近山麓,为黄色黏土,缺乏腐殖质,惟年来经耕耘施肥等管理,土壤性质,渐臻改良,且最近牛栏羊舍移于西门城外,毗连旱地,将来肥料充足,土壤性质,更易良好。

二、设备——分述如下：

（一）役用牛——本地壮牛，向不去势，以故挽力不足，且喜触斗。种植面积，平均每二十亩须饲牛一头，如以本校田地计算，备役用水黄牛二十二头，已足敷用，而本校现有水牛十一头，黄牛二十二头，实包一部分繁殖种牛在内。

（二）农具

子、耕锄用具——本地犁耙构造，为小型样式，适于山地或梯形田地犁耙之用，与长江下游一带平坦田地使用者不同，且材料粗劣，效力不大，以现有面积计，常年备有犁耙各十架，足够应用。锄头，效用颇大，凡从事农艺学生，每人须备一把，常年备有五百把，遇学级人数增加时，则须递增。

丑、种植用具——备有二齿、四齿铁耙、铁锹、耘耙等各五十把。

寅、管理用具——农作物成长时之必须管理，为中耕、除草、灌溉等事。中耕、除草用具，可以锄头兼用，无须另置；灌溉用具，备有粪桶、粪杓一百副；至其他除虫防病等用具，视事实之需要，临时增置或借用他项用具替代。

卯、收获用具，除采挖器[具]，即以锄头兼用外，刈收器备有镰刀二百把，抬箩五十副，竹箕一百副，扁担、抬杠二百根，棕绳、麻绳共一百五十根。

辰、调制用具——各种孔眼竹筛共二十只，链枷五十把，晒垫二十张，木杈、木杓、大小竹草扫帚各二十只，另建筑有三合土晒场一方，面积二亩余，对于产品收获及曝晒，极称便利。

巳、其他杂用具——备有砍刀十把，斧头五把，风车五具，移植用具十套（包括移植镘雁爪等），其他锯、刨、钩鉴、铁锥、大小秤、斗、升、种子箱、撮瓢等，莫不应需用情形，适宜设置。

三、施业

（一）夏季作物

子、稻田 120 亩（稻种采本地麻谷、白谷两种）

丑、茭白（或莲）20 亩

寅、玉蜀黍 100 亩

卯、甘薯 100 亩

（二）冬季作物

子、小麦 200 亩（玉蜀黍、甘薯之后作）

丑、蚕豆 40 亩（稻的后作）

寅、豌豆 40 亩（同前）

卯、油菜 40 亩（同前）

（三）蔬菜

子、春播——马铃薯、大葱、韭菜、芥菜、洋葱、青菜（以上一二月下种），苋菜、黄瓜、冬瓜、丝瓜、苦瓜、南瓜、茄子、番茄、辣椒、豇豆、菜豆、扁豆、茭白、姜等（以上三四月下种或分生繁殖）

丑、夏播——花椰菜、甘蓝、早萝卜等（以上五六月下种）

寅、秋播——萝卜、胡萝卜、黄菁、大蒜、黄芽菜（以上七八月下种），青菜、白菜、冬葵、芫荽、香芹、秋葵、洋葱、甘蓝、菠菜、茼蒿、肉豌豆、豌豆、芥、芥蓝、玻璃生菜、莴苣等（以上九十月下种）

蔬菜为人生主要佐餐之副食品，设校于交通阻塞、物资缺乏之榕江，无论任何购置，都感困难。即以千百员生所需之蔬菜论，若每日整担挑进以供消耗，即有不济之虞，设遇连阴，更觉困难。故本校初迁榕时，即抱定非达到自给自足目的不可，因就蔬菜区全部轮流种植之，并极力利用花坛、路边、场隙地、教室檐外等废地，以求种植面积之扩大。就作业技术言，可分为供用区、留种区两部，对种类更竭力收集本地所缺之品种以试验栽种。

（四）果树——榕江以产水果著名，举凡桃、李、枣、柿、柑橘、梨、柚、葡萄、石榴、花红等果树，本校莫不应有尽有，而品质故属优良，株数亦不在少。惜以树龄过老，病虫与寄生植物之害，颇形严重，以故果实产量，逐年减少。拟大量用接木法繁殖，另觅适地，从新辟园经营之。

（五）家畜家禽——本校对于家畜家禽之饲养，拟于五年内扩充达下[列]之标准：

水牛：100头	猪：200头	黄牛：100头	鸡：1 000只
山羊：500头	鹅：1 500只	兔：1 000头	鸭：1 000只

其他如鲤鱼、蜜蜂等饲养动物，均拟视情形逐渐饲养之。

（六）造林——本校拥有二十万亩荒山，年来已植有松、栎、油桐、银杏、梓、竹等林，拟于十年内将全部建造完成。其计划拟于土层深厚之山，造麻栎林；土层浅薄之山，造松树林；倾斜较缓而土壤肥美之地，造油桐林；增益风景之处，造广叶杉林或竹林。

（七）特用作物——宿根性之苎麻，栽培管理极易，一年又有四次收获，利益至厚，所有农场邻近隙地，或管理难周之处，均宜种植。本校原种有苎麻数区，拟大量扩充栽培之，其他如棉花、蓖麻、甘蔗等特用作物，均拟尽量种植，并与工场配合制成成品出售，不独利益可期丰厚，亦以使学生体认农工业之互相依赖，凡事须为有计划之设施。

中等学校劳动生产训练[1]

《中等学校劳动生产训练》目录大纲

第一章　概况

第二章　劳动生产训练的目标和原则

第三章　劳动生产训练实施的步骤

第四章　农业实施

第五章　工业实施

第六章　家事练习

第七章　我国劳动生产训练概况

附录　国立贵州师范学校实施劳动生产训练概况

---

[1] 本书系应国民政府教育部训育委员会之请,与国立贵州师范学校王治范先生合著,作为教育部训育委员会主编的训导丛刊之六,于1941年由正中书局印行,教育部长陈立夫题写书名。王治范,早年毕业于南京栖霞乡村师范,抗战期间任国立贵州师范学校校长室文书,1949年后任职河南大学。

第一章　概况

什么是劳动生产训练？我们知道,所谓"训练",是教育施行的方法或手段的一种,就是"诉诸被教育者实践以求达到教育的某种目的的方法",其注重点,在于实践各种生活中必要技能的锻炼。"生产"是经济学上的名词,有广狭两种意义。广泛的说,一切事物的产生是属于有用而且必要的,这种行为都是生产行为,由这种行为而得的结果,皆为生产：这是包括"事"和"物"两方面生产而言。狭义的说,生产仅指直接获得自然物与加工于自然物及既制物而已。至于"劳动",普通解释,是"以体力从事工作"之谓。由此可知劳动生产训练,就是教育被教育者用体力劳动去践行各种生活上必需的直接或间接的生产方法。然而劳动生产训练的意义,在各家学说里研究起来,却很不一致。如凯兴斯太那[①]认为劳动可以达到公民训练的目的,可以养成青年诚实勤劳忍耐克己的美德,为培养职业技术的基础；高第希以为他是人格活动,是自由行为的活动,他着重在劳动精神作用；雪瑞尔以为国家发展,全靠劳动,因为劳动一方面可以征服自然,发展社会经济,一方面可以吸收前人文化,予以发挥应用；密勒氏在《原始社会的儿童》里说："一面要对物质环境求适应,以获取生活资料,一面要对先辈经过无数次的努力所积成的经验,当作遗传来的,也求能适用,以保持人群文化,于是有种种活动。"这种活动,便是劳动生产的训练。

归结各家的意见,劳动生产训练,实在就是把自然、劳动、社会融成一片,并且是以劳动为联系的总枢纽,用人的劳动来征服自然,以为人类的应用；用人的劳动来组织社会,以达到自由平等的合理的社会。所以,劳动生产训练,是动的教育,行的教育,生活教育,将学校教育社会化,学校内容生活化。因此,他绝不是狭义的职业教育、劳作教育、民主教育的意思。康德说："人生自有其特殊之目的。"兹特将类似的劳动生产训练的区别,条举于次,以便区别。

一、劳动生产训练,求养成生产的劳动习惯知识技能的方法,采用道德观念,以提高教育效果,满足生活的需用。

二、职业教育,求学生对于各种职业,具有特殊的知识技能,可以为尽某一

[①] 通译为凯兴斯泰纳(Kerschensteiner, Georg, 1854—1932),德国教育家,其所倡导的劳作学校及劳作学校精神,为德国的职业教育奠定了基础。劳作学校精神体现在：劳作课作为必修课程,实践兴趣的教学原则,以及性格教育为教育目标。著作有《德意志青少年的公民教育》《学校组织的根本问题》《国家公民教育的概念》《劳作学校要义》《性格与性格教育》等。

种职务。

三、劳作教育，求利用校内各项设备，做工艺、农艺等劳动训练，养成劳动的身手，打破文雅主义的教育思想。

四、民生教育，求学生对于平均地权、节制资本等民生问题的要策，有相当的认识和信仰。

至于劳动生产训练的价值，可以分为两大类：一是经济的价值；一是教育的价值。兹分别说明如次：

一、**经济的价值**

我们知道，人类因为要求生存，所以有各种自然的活动，吸取自然界各种物质，供营其生长。例如空气和水，对于人类生活，一时也不能脱离，假若人类一旦脱离了自然界物质的供给，那么生活便即刻不能维持。因此，人类生活，一定要依赖物质的营养。国父孙中山先生曾这样说："学校之目的，于读书识字学问知识之外，当注重于双手万能，力求实用。凡能助双手生产之机械，我当仿造，精益求精，务使能自造，而不依靠于人。必期制造精良，实业发达……"这是国父的特具见地，早就注意到教育的经济价值。劳动生产训练，便是打倒以往消费教育，创造新的勤劳作风的教育而产生的，他要使教育者及被教育者，都能知能行，自给自立，凭着自己的手脑，获得生活上必需的物质营养，得经济的效果，培养有能有力有用的人才。

二、**教育的价值**

为了易于明瞭起见，分为道德的、智力的、艺术的、身体的四方面来说。

（一）道德的：劳动生产训练，在工作进行中，可以养成学生勤劳、热心、至诚、努力、判断、克己、自制、持久，及对团体社会有正确的态度和积极前进的精神，这种美德，必须在青年期中，将根基稳固，将来一入社会，才能敬业乐群。

（二）智力的：肌肉运动对于青年的脑部发育，有密切的关系。因之劳动生产训练，对于学生的智力生活，非常有益。因为在实践的生活建设的过程里求得的认识，可以使学生的认识，更为深刻，更为正确。

（三）艺术的：在劳动生产的过程中，可以使学生有尽量发展创造本能及艺术冲动的机会，以建筑其乐观的美的人生观，达到克服自然、利用自然的人类的欲望。

（四）身体的：华虚朋氏曾说："农业为诸种职业中最尊贵最能强身的事。"在中国，这话更觉适用。不过事实和经验告诉我们，不但农业如此，凡是劳动生产工作，都是具有强健身体的价值。

我们国家的大患，在贫，在愚。因贫而生活支持不易，营养不足，乃身体衰弱；因愚而"各人自扫门前雪，不管他人瓦上霜"，缺乏团结力，演成"一盘散沙"的现象，以致沦为次殖民地的地位，故日本帝国主义者，敢于一再侵凌。挽救之道，固有多端，但在教育方面，实施劳动生产训练，也确有其不可磨灭的价值。当此抗建期内，除了上述两种价值以外，对于培植人才上，充实物资上，军事进行上，都有极大的贡献！

至于劳动生产训练在学校教育的地位，我们看了美国大哲学家杜威博士的话，就可以明白。杜威在他的《学校与社会》一书中，曾这样写道："关于采用活动事业的各种样式于学校中，须要留心的大事，是学校的全体精神，将为之焕然一新。学校有机会与生活结合，成为儿童的住所，使他在被指导的生活中学习，而不仅是一个学习功课的地方，况且那些功课还是对于未来所做的某些可能的生活予以抽象的迂远的说明呢。它得有机会做一个雏形的社会，即一种胚胎的社会……学校中的这些事业，将不是仅仅通常职业上实用的手段或方法，如厨子、裁缝，或木匠之增进较好的专门技术一样，而是就自然的材料和过程，加以科学的考察之积极的活动中心，是儿童所由认识人类历史的发展之出发点。"这种见解，正是说明了劳动生产训练在学校教育中占着如何重要的地位。

因此，我们可以知道劳动生产训练，在学校教育中，不仅是肤浅的训练而已，且是真正的实践，在实践中训练。

其次，我们再谈谈劳动生产训练的起源发展。在有史以前，人类便是群居、互助、劳动的。例如原始时代，人类为了生活的满足，整个精力都在劳动着抵抗毒蛇猛兽，终于克服它们而食其肉，衣其皮。以后人类生活，日渐复杂，因为以劳动所得，分配或有不均的现象，于是人与人之间，又互助争斗，但争斗结果，却减少了劳动力量，并且收获也少了，于是聪明的人，但联合多数人来维持公平，订立契约，大家互助合作，增加劳动的效力。此后，才发生了道德法律等等。这些经济生活行为的演进，无时不在劳动中萌发，也无时不在劳动中得到宝贵的经验和创造的进步。所以劳动生产训练，实起源于人类生活之始，并且是人类文明的源泉。

据历史的传说，神农氏是一个提倡农业而亲自耕种的君主——当时叫做"酋长"。伏羲氏是教民斫木为耜、揉木为耒的。尧敬授民时，舜躬耕于历山，大禹治水，三过其门而不入，伊尹耕于有莘，后稷教民稼穑，树艺五谷……他们都是劳动生产者,因为工作的特别努力能干,或所得的知能经验胜过他人,深为群众所敬仰,所以被推举出来,领导群众,从事劳动生产的工作。

到了后来,聪明能干的人,由实践领导的松懈而离开了实际的工作,只剩下了空洞的做人的道理了,甚至渐渐的放弃了教民稼穑的责任了。随后,商业渐兴,人事更繁,所谓"两肩荷一喙"的"士""说客""门下客""食客",以及"鸡鸣狗盗之徒"和"堂而皇之"的"治国平天下"的君子,像雨后春笋般的多了起来,于是"万般皆下品,惟有读书高"了,于是"书中自有黄金屋,书中自有颜如玉"了,于是读书且成为一种"伴君王"的手段,是升官发财的阶梯,教育变成了有闲阶级的装饰品和专利品,与大众实际生活根本脱辐,而使从事实际工作的农人工人,永远没有受教育的机缘。这种传统的恶劣的印象,在一般人的思想里生下根,他们只知守成,不求改进,真是一笔极大的损失呀!直到清末,有心挽救颓风的人们,感于教育的失败,文化的落后,便想改革以往的错误,提倡"政学为主义,艺学为附属""中学为体,西学为用"等教育主旨,这所谓"艺",所谓"用",实际上都已含有"劳动"与"生产"的意味。

到民国成立以后,劳动生产思想才渐被吸收入正式教育系统中,如倡"实利教育",办理各种实业学堂及职业学校,同时,在教育法令上也有了明文规定。如教育宗旨之实施方针中的:(一)三民主义教育,"……以各种生产劳动的习惯,培养实行三民主义之基础……";(二)普通教育,"……具备近代都市及农村生活之常识,家庭经济改善之技能……";(三)农业教育,"……凡农业生产方法之改进,农民技能之增高,农村组织与农民生产之改善,农业知识之普及,以及农民生产消费合作之促进,须全力推行……"。这都是有力的实施劳动生产训练的先声。不过,当时没有普遍彻底的实行。至抗战发生以后,我们贤明的教育当轴,更于颁布国立中学课程纲要中,列劳动生产训练为第四项,通令全国中学彻底遵行,是为劳动生产教育一重要的设施。近几年来,各地各校举行的结果,成绩不无可观,最大之收获,是纠正了以往错误的观念,提高了劳动生产训练的地位。

至于欧美方面,劳动生产训练的教育思想,起源虽迟,而发展至为迅速,尤其是苏联。

欧美往昔也是注重文艺教育、贵族教育,而蔑视劳动工业,与我国中古时代相仿佛。像古希腊的大哲人亚里斯多德,也以为劳动工作是奴隶之事,上等人不屑为之。至十世纪中叶,洛克、郭美纽斯等,才提倡觉官的训练。到卢梭时,他便公然的讲身体的活动，不但是强身，并且使感觉灵敏，手脑联运。裴斯泰洛齐受了他的影响，便坚决的实行起来，于是实用的艺术学校，一时盛行于欧洲。裴氏以后，又有裴楞堡、福禄培尔等继续倡导实行，到十九世纪，已为普遍的重要教育思潮了。

在苏联，十九世纪以前，劳动工业训练，并没有人去重视。自十九世纪以后，因为工业进步与教育有直接关系，于是才知道提倡劳动生产教育为不可缓。一八六五年，乃有第一所工艺学校，成立于莫斯科。一九一七年，革命发生后，各种劳动生产学校，普及于全国。一九二一年，教育思想，更受马克思主义之影响，组织一种工业艺徒学校，由共产党联合会办理，将学校与生产事业混合。至一九二四年，这种学校扩充增加至七百一十九所之多！俄国因为政府、工会、共产党都很重视劳动生产，所以能有如此迅速的发展，是与其他各国略有不同。

世界第二次大战的烟雾，弥漫着全世界的今日，无论哪一个国家，哪一种主义，都因时代文明进步的实际的需要，使其教育思想，倾向于劳动生产训练的重视。

我国近年来，在抗建并进的国策下，各省中等学校，质量均有惊人的发展和进步，而劳动生产训练，也在各中等学校逐渐见诸实施，这是教育上的一大成就。我们知道，中学青年，为国家柱石，为社会中坚，为人群主力，其人格、身体、思想的训练，非常重要，所以劳动生产训练，应由中等学校开始实行，使每个中学青年，都能成为国家的建设者，社会的生产者，成为健全完善的国民，担当大时代赋予的伟大的使命！

第二章　劳动生产训练的目标和原则

前面已经说过，劳动生产训练，是适应人类生活行为需要而产生的现代教育思潮。在错综复杂的政治、经济、社会的结构中，教育实握其总机，有潜伏的操纵力量存在，而劳动生产训练，就是这种力量的合理运用。我国教育界人士，如今已深切明瞭其责任的重大，所以大多竭力推行着这个新的设施。不过劳动生产训练，并不是狭义的一种劳作生产学科的学习，而是整个教育的内涵，所以应该融合于全部教学课程里，举凡一切设备教学，都要含有劳动生产训练的意味。根据这个理论来讨论实施的目标和原则，才可正确无误。

一、目标

在劳动生产训练中，至少要达到：

（一）健康的体魄："健全的事业，寓于健全的身体。"没有健全的身体，任何事业，都不能得到成就。过去的教育，所以失败，所以致国家民族于危亡的境地，就是太偏重死的书本知识，弄得受了教育的人，都是"肩不能挑，手不能提"的"弱不禁风"的少爷书生。所以第一个目标，就要矫正以往的流弊，即是必须要在劳动生产训练中，锻炼受教育者的身体—炼成像钢铁一般坚强结实的体格。

（二）劳动的身手：在"劳心上劳力"，在"做上学""做上教"，培养成"力行"的精神，应付生活中一切纷繁复杂的事业，解决各种生活上的问题，彻底革除以行为表现"能说不能行"，或"只说不做"的坏习惯！劳动的身手，是"行"与"知"的前提，在劳动生产训练中，必须切实养成。

（三）科学的头脑：劳动生产训练，不仅是切实的"做"，而且要在做的过程中，研究、分析、思考，使做的方法、技术，日有改善，做的效率，渐渐进步，这样才合乎科学的原则，有了科学的头脑，便不致盲从和妄为。

（四）生产的兴趣：没有收获的工作，是最苦痛枯燥的。实施劳动生产训练，可以将劳动的收益，满足生产上的欲望，发生兴趣。有了兴趣，工作的效果，越发可以增大，工作的力量，越发可以增强。中国是生产落后的国家，经济窘困，农村破产，工业不振，已成为普遍的现象，严重的问题，在抗战以后，肥沃丰饶之区，大半被敌人践踏破坏。因此，要复兴中国，在生产方面，更须迎头赶上，加紧努力，所以关于青年对于生产的兴趣，必须养成。

（五）处理家务的能力：中等学校里的学生，大多还是处于子女地位的青年，受了中等教育以后，回到家庭，应能参加家庭活动，增进家庭幸福。可是目前一般中学生，一进学校，便与家庭生活，脱离了关系；毕业之后，更不屑做那些家庭琐事了。其实，社会是由多数家庭组成，学校是社会的雏形，中学生既是社会的中坚，也是家庭的重要分子，所以他在受教育时期，不但要晓得怎样做子女，并且还须明瞭怎样做父母，至夫妇关系，男女责任等，更应认识透彻，这样的中学生，才能参加家庭活动，才有处理家庭事务的能力。学校实施劳动生产训练，也就是为了要养成这种有用的人才。

（六）能执行公民义务：我国国民，最缺乏良好的公民行为，在实施劳动生产训练时，正可在各种生活活动中，养成居群处世的良好公民。所谓良好公民，就是要能够"互助团结，爱国爱群""信仰三民主义"，排除自私自利的劣根性，而谋全民的衣、食、住、行、育、乐的生活臻于理想的境地。且能奉行法令，克尽一切对于国家社会的义务。劳动生产训练,是一种含有集团性、社会性的事业活动,实负有训练学生执行公民义务的力量。

(七)服务职业的能力:职业是人类生活方式中的重要问题,经过劳动生产训练的中学生,对于职业观念,已有基础意识;服务能力,已有相当练习,一旦就业,稍经专门技术练习,便有发展表现的希望,而工作效率,亦自然可以增大,故劳动生产训练对于职业方面,不仅可以帮助青年获得人类生存的物质,解决生活问题而已,且可以促进文明的进步,使每个青年,皆能就各人的聪明能力志趣,努力其正当的职业生活,发展社会经济,从根本上铲除以往读书人的错误思想。

(八)创造的能力:创造是人类的生活的钥匙。我国历代祖先,因为要获得较好的享受,合理的生活,曾经不断的和自然环境奋斗,和野蛮战争,在坚苦的劳动中,发明了火药、弓箭、枪炮、炸弹,制作了舟车、文物制度及一切生活资料,但直至今日,世界物质并没有完全满足人类的欲望,而有待我们青年继续努力创造。陶行知先生曾说,中国教育的出路,就是创造:创造富的社会,创造合理的工业文明,创造驾驭自然的科学,应用到农业生产上来。因此,劳动生产训练,是要青年富于创造的经验和理想。

(九)合群的志趣:英国人的伟大处,就在于能合群。我国民族耻辱,是"一盘散沙"。"取人之长补己之短",在劳动生产训练时,须急切提倡积极的集体合群工作,以养成合群的意志和志趣,同时可使青年体认群力之伟大与重要,以洗雪往昔的民族耻辱!

二、原则

达到上列目标,应遵守下列原则:

(一)要通盘筹划:劳动生产训练,是全部教育实施过程中的技能的与观念的陶冶,内容既不能偏于农业,也不能偏于工业,而要农工家事等,都为主要的内容。在方法上或进行程序上,或有先后缓急的区别,但在各科课程及各种设备上,则须通盘筹划。着手处虽小,着眼点却要远大,这样才能希望事业的开展。

以往谈生产教育的人,或主张农业生产为主,或主张工业生产为主,其实,二者在劳动生产训练中,都须兼筹并顾的。中国从事农业的较多,固然要讲求农业生产的科学化,但现在立国,不只是靠农业,同时还需要枪炮、飞机、轮船、火车及钢铁、烟囱、三酸、纺锤啊!

实施劳动生产训练,固然要注意自然科学的实践知能,但是社会科学的组织联系技能,也不可或缺。所以,一方面要讲究自然科学和应用科学,以解决生产技术问题;另一方面还得研究社会科学,使劳动生产的组织改善,生产关系改造,平均生产分配。

因此,通盘筹划,是实施劳动生产训练的第一要则。

(二)要切合实际需要:一件新兴事业,能否发展,恒视该事项是否合乎实际需要为断。施行劳动生产训练,所有拟进行的业务,千头万绪,至多且繁,总宜在进行之先,审慎考虑,该项业务,在社会应用上,是否适宜?在学生技能知识上,是否必要?在学校教学行政上,是否有益?以及业务本身的价值如何等问题,都要求得相当答案。

在没有经验过劳动生产训练的学校里,往往将师生精力耗在一种毫无代价的努力上,譬如在陆地而经营海产、水产,训练学生行船捕鱼知能;在高原山地学习平地作物的栽培管理;在边远区域,训练学生烹调西餐,都是不合实际需用。

所以劳动生产训练,最好以学校及师生日常需用物件或知能为对象,开始工作,才不致白费工夫。

(三)要因地制宜:实施劳动生产训练,固不妨参照他人实施原则原理,作为借镜,但决不能生吞活剥地把德国阿斯托莱希和俄国的布朗斯期的生产学校搬运过来,就算成功,必审察各地情形,因地制宜,才不致"削足适履",弄得"扞格不入"。劳动生产训练,如与地方适合,便可收事半功倍之效。如生产事业的选择,应着重当地固有的事业,采用当地所有的原料,因为无论何种事业,如已有相当基础,进行自较新创容易。故办理劳动生产训练的人,切不可舍近求远,离开目前的环境,而谋迂远难期实效的事业。譬如温州的蜜柑、杭州的纺织、宁波的织席、吴兴的蚕丝等,在各该地的学校,实施劳动生产训练,就可采用为教学的材料,劳动的对象,获得生产的实际效果。

(四)要师生共同生活彻底合作:"尊师重道",原是美德,但因"有酒食先生馔,有事弟子服其劳"的结果,养成一般士人"好吃懒做",只知"坐而言",不知"起而行",也是一大弊端。"师"为人表,不但要和学生共同生活,并且须以身作则的与学生彻底合作。有些学校的"师",仍死守以往的旧习惯,一味板着面孔,只叫学生们做这样做那样,自己却袖手旁观,尽管打着劳动生产训练的招牌,而实际上决无成效可言,因为要训练学生如何做,必须先生先做给学生看,或者领导着学生一同去做,然后才能达到原来的期望,然后才可以在"做中学",在"做上教"。

(五)要与各科教学取得密切联络:劳动生产训练,须融化于各科教程里,在学习某种课程时,就要将某科课程中与劳动生产有关系的部分,付诸实施,并图收效。但是在我国各中学里的国文老先生、英文洋博士以及教学理化教师,仍多固执成见,不肯迁就,致主持劳动生产训练的人,无法实现计划,甚至遭受到无谓的打击和失败,实在可叹!

(六)要讲求效果,严密其管理与考核:所谓效果,是指教育和经济两方面的收获而言。我们要谋一件事业有效进展,管理与考核,最为重要。劳动生产训练,创始时,困难必多,同时限于经费设备及师生知能精力等等,若急进便欲速不达,缓进又易于懈怠。因此,主持人一方面要鼓起精神,提高师生勇气;一方面有困难时,要随时解决,并且在进行中,须严密全部实施的成绩考核和人与事的管理。

(七)要合经济原则——少用金钱,多用废物:在教育立场上看,实施劳动生产训练,乃是实践教育理论,使教育实施以后,获得经济收益,终臻于自立自给的地位。因此,实施劳动生产训练,必须适合经济原则,就是要凭着手脑的劳动,少用金钱,多用废物。

(八)要合教育原理——注重创造,鼓励兴趣:劳动生产训练,乃是一种实践教育,在原则上,固然须合经济,要增加生产,但是往往会被人弄错,只偏重在劳动生产,而忘却教育本旨,以致实施以后,有害青年身心的发展。所以要切实注意,实施劳动生产训练,务必合于教育原理,换句话说,就是要运用教育方法,师生共同在实践中创造,引起工作兴趣,使青年生理心理,得到良好健全的发展。

以上八项原则,是实施劳动生产训练者最重要的准绳,如果忘却或不合上述原则,成功固然不易,即便勉强达到所要求的目标,也是失败的,因为不择手段的蛮干的侥幸成功,在教育场合里,是不允许的,并且在实际上是不可能的!

第三章　劳动生产训练实施的步骤

无论办理一件什么事体,或经营一种事业,在事前都应仔细的考虑一番,按照拟定的步骤去实行,才不会有始无终,中途失败,何况劳动生产训练,乃是关系整个教育的前途,牵涉的范围很广呢!兹照实际上的需要,分计划、设备、组织、管理、考查五步骤,分别说明于后:

一、计划

实施劳动生产训练的第一步，就是要按照各校的经济、人力和环境需要及可能而拟订完善缜密的计划，并且在拟订计划之前，须将学校环境状况，加以调查和研究。有了相当的认识，再确定工作的种类和事业的范围，然后才能付诸实行而无阻。同时还要注意下列几点：

（一）计划不可单讲原理原则，须有具体的实施办法。

（二）计划要分配与校内有关人员分别拟订（如农业设施计划应请农场负责人，工业设施计划应请工场负责人，分头写来，较切实际）。

（三）计划不可太简单，也不宜把事业弄得太繁复夸大，以致心有余力不足，终成空头支票，不能兑现。

（四）计划切忌抄袭他人的。因为劳动生产训练，是有时间性、空间性的，须随人事和环境而变更设施的。

（五）计划所列事项，其先后程度及工作进度或预定成效，应详细写出，以便考查与察知成败情形。

（六）计划中的临时事项和固定事项，应分别指明。

（七）计划要顾到全部教育的联系。

（八）计划要能从大处着眼，小处着手。

二、设备

在战时的大后方，因为交通的阻滞、人力的缺乏，宝藏虽多，无法开发，以至物价高涨，十百倍于往昔。若是实施劳动生产训练时，还要事事假手于他人，物物购买自外方，那真是谈何容易，又是多么不经济！这样而言生产训练，不但是劳民伤财，抑且无益于青年的学习，更有害于国家民族的元气。然而设备是实施劳动生产训练的一个重要步骤，"工欲善其事，必先利其器""巧妇难为无米之炊"，所以器具与原料、人力与物力终是劳动生产训练设备的基本要素，兹分别列述要点于次：

（一）设备要则

1. 尽量利用旧有器具，加以修整改善。俟初步的生产充实后，再逐渐添设。
2. 少用金钱购买，多用废物制造。
3. 先设备简易必需的粗放器具。
4. 视学校环境的可能，利用天然产物，加工制造。
5. 利用双手万能，讲求经济效率。

6. 师生共同设计制造,富有教育意义。

（二）设备程序　劳动生产训练涉及范围很广,其各种必需设备,要一时俱办,真是千头万绪,应从何处着手,确实不易择定,不但要顾到人力财力及需要情形,且须顾虑社会状况,自然环境的可能,万一措置失当,会弄得全部事业,无法进展,惨遭失败！兹根据一般情形与实际办理的经验,叙述其较合理的程序于后。

1. 校址的抉择　我国素称地广、人多、物博的农业国家,抗战以来,虽然战区日扩,人口西移,然大后方的土地面积,仍旧是广阔的,一般中等学校,如有心实施劳动生产训练,而欲选择适于发展的校址,我想不是困难的事。怎样的校址,才适宜发展呢？即：

甲、要有公共的庙宇祠堂等空间房屋。

乙、要有广大的荒山荒地,足够开发种植。

丙、有价值低廉的天然物产,如森林竹木。

丁、接近公路、铁道或河流的原野,交通比较方便,原料及成品集散容易。

具有上项条件的地方,除了少数城市外,大后方到处皆有,任人选择。不过一般办理学校教育的人们,老是喜欢集中在城市附近,不愿下乡,这是一个很大的错误。要实施劳动生产训练,学校搬下乡,是一件非常重要的前提,换句话说,学校下了乡,有了广大的校址,便是完成了第一个基本设备了。

2. 农场的开辟　第二步的设备,便是利用全体师生的手脑,和原始器具来开荒。我们祖先流传下来的数千年的祖业——种菜、挖地,实在是最简易的工作,谁都能做得好,只要能吃苦实干。开荒地,种五谷,既不需大资本,也无需大机械。在这种简易的工作里,我们可得到很多劳动的经验和教训,得到土地给予我们的伟大的报酬。这些报酬,很可以作为各种工具扩充的设备费用。因此,在设备方面,我们主张以农为本——开荒地,办农场。

3. 衣、食、卫生的设备　每个人都要穿衣吃饭,讲究清洁卫生。在实施劳动生产训练的场合下,决不应假手于他人（雇用工役）,而且炊煮、洗涤、洁除等工作,用具简单,设备容易,任何学校,皆须具备,在劳动生产训练时,便可利用原有设备,即从工役手中拿过来,交给全体师生,使自己煮饭自己吃,自己缝衣自己穿,有事大家做,疾病相扶持。

4. 小工业设备　就农场出产的原料,予以初步加工。所需用具,宜逐渐添设。工业制造种类,也要依次扩充。如造纸,要先利用废纸、树皮、烂棉絮等做原料,利用竹材自编工具,开始沥制,俟制有成就,再添置刻刀,开始雕刻,并制版自行印刷。印刷完成,接着便可实施裱褙装订工作了。又如以农场所产生之棉,先弹花,再纺纱,而后实施纺织训练。这样由简而繁,由小而大,一步步的增设扩充,花钱少,收效多,是最适宜最妥当的方法。因为原料一经加工,价值自然提高,我们便可利用因加工而获得的盈余,充实用具的添置,这更富有创造教育的意味!

照上面的程序,来实施劳动生产训练的设备,经验告诉我们,实在不是一件难事。不过各学校的性质和规模不同,如初中、高中、师范、职业学校等,各有特殊使命,不可一概而论,而各校班次多少,范围大小,环境与经济能力,也不一样,所以程序尽可相同,而实施内容,则凭各自妥善设计。

三、组织

一桩事业的推行,必须建筑在健全的组织上,才有成功的希望,大而至于政党,小而至于家庭,都是如此。所以社会上任何事业,都有其合理的组织。有组织才有力量,有组织才能行动一致,指挥如意。劳动生产训练,除了周详的计划、妥善的设备以外,还要有严密合理的组织,不过这种组织,和政党组织、家庭组织的性质不同,应该注意下列各点:

(一)要师生全体加入　因为劳动生产训练,是一种教育实施,不单是工作,在工作里,还要学习,还要创造。必须师生全体参加组织,才能增进效力;必须有先以身作则的领导,才能达到做学教的本义,才能使工作富有深长意味,使学生发生兴趣。

(二)要以能力分组　学生的兴趣、体力、智力、个性、志向、能力,各不相同,所以在分组以前,应举行特种技能与志趣的调查,根据调查的结果,分别组织起来。兹将分组大要,略述于后:

1. 农事类　可分园艺组、农艺组、森林组、畜牧组、樵采组、垦殖组、农场管理组、水利组、筑路组、测量组等。但农事范围广大,且有季节性,不可一成不变,须因时因事而相机支配。如收谷时,不妨集中全力收谷,遇雨雪天气,不妨全在室内打绳子、编草鞋或剥豆、切菜等等。这样才不致劳逸不均。

2. 工业组　可分造纸组、印刷组、装订组、裱褙组、弹棉组、纺纱组、织布组、缝纫组、织麻组、编织组、竹工组、棕工组、藤工组、木工组、金工组、雕刻组、制革组、制皂组,以及其他农产制造组等,皆须依照预定计划,逐步实施与学习。

3. 家事类　可分烹调组、挑水组、洗涤组、看护组、洁除组、会计组、营业组、缮写组、记录组、理发组、社会服务组等。这一类的工作，因为时间不能固定，以各班学生轮流摊派，比较适宜。

兹举国立贵州师范学校师生劳动生产事业活动分组情形为例，以供参考：

甲、二十九年度之分组情形（见该校教育通讯创刊号）

（一）校务助理组：司打铃、油印、茶水、灯火、收发文件及其他不属各组之事项。

（二）缮写组：司布告、文件、表册等缮写事项。

（三）记录组：司纪念周、晨会、夕会及其他集会记录事项。

（四）教导助理：司登记、统计及其他有关教导事宜。

（五）社教组：司壁报、壁画、抗建书报室、康乐活动室及其他社会教育事业。

（六）图书馆管理组：司图书收发、购置、登记及报章杂志布置展览事项。

（七）会计助理组：司有关会计账簿事项。

（八）营业组：司销售本校农工场产品，并贩卖文具及日用品等事宜。

（九）炊事组：司采购炊事材料、调制膳食、供给茶水、清洁饭厅等事宜，每日各班轮派一人负责。

（十）挑水组：司井水、河水之汲取，亦系每日轮[派]一人负责。

（十一）测候组：司气温、雨量、风向等记载，逐日公布，并于月终报告贵州建设厅气象所。

（十二）看护组：协助医师诊疗、看护有病同学，并处理卫生室、疗养室应佃事项。

（十三）用具管理组：司用具收发、整理、登记等事宜。

（十四）理发组：司理发事宜。

（十五）农事组：分农艺、园艺、森林、畜牧、农产、樵采等股。

（十六）工艺组：已成立木刻、纺纱、棉织、麻织、裱褙、竹工、木工、铁工、造纸、缝纫、印刷、装订、刺绣、油漆、陶工、泥水、草织等股。

（十七）杂务组：司运输、布置及其他临时发生事项。

乙、三十年度之分组情形，因事实需要，略有变更，计分：

（一）校务助理方面：分总务组、记录组、缮写组、会计组、营业组、保管组、图书组、看护组、党务组、环境清洁组、杂务组。

（二）社会服务方面：分推广组、标语组、民众教育组、小学教育组。

（三）工艺建设方面：分铁工组、木工组、竹工组、棕工组、麻工组、纺织组、缝纫组、雕刻组、切纸组、印刷组、裱褙组、装订组、理发组、油漆组、筑路组、濬池组、泥水组、检瓦组。

（四）农林畜牧方面：分造林组、采樵组、轧棉组、花卉组、种菜组、腌菜组、畜养组、农具修理组、农场管理组等。

四、管理

为了要使劳动生产训练进行顺利，维持恒久，并可发生训导上的功效起见，管理确是重要的问题。

管理不但为生产训练所必需的手段，具为做学教上的必要条件，其影响于学生将来之生活，至深且巨。兹分人、事、物、地、时五方面，述其要点和方法如下：

（一）人的管理　所谓人的管理，是指指导和调度而言，因为学校中的劳动生产训练，一旦开展，各种事业活动，至为纷繁，参加人数，应增应减，时有变更，若调度支配，稍有失当，即可能发生很多的不景气现象，不是劳动不均，便是无可做之事，或事情太多，痛苦不堪！指导若不得法，便显现出紊乱纷歧的现象。管理方法，约有二种：

1. 集团管理

第一，每逢公开集团谈话时，相机讲释劳动生产训练之意义与价值，及其与个人、社会、国家之关系，务使每一工作单位之全体人员，明瞭其所负的使命与责任，努力以赴事功。同时，授予各工作单位之领队的权柄，酌情指挥，使尽量发挥自动能力及自治精神。

第二，举行各种劳动生产工作竞赛，备置团体优胜锦标，奖励劳动精神振奋的工作单位。

第三，在每次集合工作时，均须点名，并请参加工作的导师，随时查察，作团体的工作成绩报告。

2. 个别管理

第一，举凡每人工作完竣，临时须有变更，参加他种活动时，得向负责指导的导师说明，并指派新的工作。若系工作者自己感到工作无兴趣而请调动，则须先填写请调单，送请导师核准调派。

第二，举行个别谈话，鼓励创造兴趣，指示努力方针，启发研究精神，务使在谈话中感发学生,使能一面做一面想,并将工作经验和心得忠实的报告出来。

第三,填写工作记录簿,将工作时间、地点、成绩等项,详细按日记载,送交负责导师核阅,至学期终了时,加以总评,择其优者,予以精神的或物质的奖励。

(二)事的管理　所谓"事",是人生一切的活动,而这里则仅指关于劳动生产的各种活动而言。因为我们训练的方法,是"由做而学,由学而教",这所做所学所教的,都是要加以管理支配,使其合理,经济而有效,能满足我们的欲望,合乎预期的要求。换句话说,就是要达到"事事尽其功"。

事的管理,须注意下列六个要则:

1. 观察实际的需要;
2. 辨别事理的真义;
3. 分别缓急的性质;
4. 权衡轻重的关系;
5. 确定先后的次序;
6. 始终一贯的努力。

(三)物的管理

1. 用具管理　管人固难,管物也不易。管理方法若不周密,最易损坏和遗失,日积月累,所受无谓损失,计算起来,便觉惊人,实施劳动生产训练,尤应随时注意。兹分农具、工具、家具管理,述其要点于次:

甲、农具管理。农事范围广,分布区域大,应用的器具多,所以管理比较麻烦。而且农具使用的对象,是土地、草、木,一不当心,即致损坏。最常见的事实,就是在工作开始时,每人都愿意选择好的工具,纷纷竞取,秩序大乱,但在使用时,若稍随便,或缺乏经验,很容易遇到障碍物,以致损失。及至工作完毕,大家感到疲倦,亟须休息,于是农具抛在田头山边,无人收拾,即便勉强带回,亦是任意放置,颠倒横陈,狼藉不堪。这仅是一个小小例子,但要完全避免,也非容易,补救办法,只有:① 在公共集会时,阐述爱惜物力的要义;② 请负责指导之导师,随时监督;③ 排队依次领用器具;④ 将用具编号放置;⑤ 每组指定负责人收集用具;⑥ 每逢工作以后,农场负责人,必须加以详细检查,如有遗失或损坏,应即添置或修理;⑦ 发现不守规则,任意损毁器具者,予以惩戒;⑧ 奖励随时整理及爱惜用具;⑨ 易失之小工具,如镰刀、锄头,最好由各人自行保管,至学期终了时,如有损失,由保管者照价赔偿;⑩ 农场须设置专人负责保管工具。

乙、工具管理。小工业应用工具,虽属简单,然较农具,仍精细多多。且每种用具,均有技艺性质,没有了解各种工具使用法,又未经技术练习者,运用时确有相当危机,极易弄坏工具,减低工作兴趣。所以工具管理,除防范遗失及凌乱外,尤须注意技术练习和指导。技术一纯熟,便知修整与爱惜了。

丙、家具管理。家具是指清洁用具、炊事用具、卫生及洗涤用具等而言。这些用具,价值较廉,亦不易损坏,惟须放置有所,以免遗失凌乱即可。

2. 原料管理 农事方面的种子肥料,工业方面的竹木材料,家事方面的柴米油盐和药品等,都要好好的管理,其应注意之点:

甲、调查原料供给量,酌予收储,以免社会上价值波动的影响。

乙、储藏要注意地势的高下,气候的寒热,空气的干湿。

丙、储入取去,都要随时以科学方法,登记账簿,以备查考。

丁、遇有意外损耗,须随时检查损耗数量及原因,以便设法弥补。

戊、取用原料,应讲究用途,力求经济,切不可任意糟蹋。

3. 产品管理 劳动生产的收获和产品,如稻、麦、豆、棉、菜蔬、衣服、木器、玩具以及农事成绩等等,都是含有教育意义和社会生产价值的,其管理要点:

甲、农产品和工产品的储存与出售,须视季节和社会需要情形,而研求经济合法的处理。

乙、产品应以新式簿记记载。

丙、农事成绩,也应计值,列入账目,或记分列入考成。

丁、产品管理,要与教学、公民、社会等学科取得密切联系。

戊、产品管理,最好组织生产合作社,或营业部,专责办理,使其顾到教育与生产两重意义。

(四)地的管理 地是一切生产的基础,无论是动物、植物和矿物,都要从他的管理上来求得,换句话说,便是要增进动植矿物对于我们的利益,必须要适当的利用土地,其要点有四:

1. 辨知地质的特性和适于生长的植物,因为土地的素质,各地不同,其影响生长物的产量,当然也不一致。我们要土地利用得当,自应先知其特性,才可妥善支配。

2. 工作勤勉,增加生产的效果,须勤加工作,以尽量发挥地力。

3. 利用科学方法,改良土地,如客土法、烧土法等。

4. 明分疆界,因为各地土质性能的不同,对于各种生物的生长,不能一致。疆界分明,一则可以区分土地的优劣,一则避免产权的纠纷。

（五）时的管理　时间是从事一切事业的必备条件，尤其在劳动生产训练中，要善于利用、节约时间，因为节约时间，就是增加劳动，增加劳动，便可使学习机会、生产效率加大。简单的说，合理而经济的支配和利用时间，也是生产的一种方法。所以时的管理，应注意下列各点：

1. 定下起点。就是某一种工作，应从某时做起，先须预定。例如农场工作的要则，是"不违农时"；工商贸易，也须适时赶上市场，若失时机，则损失甚大。

2. 排列顺序。工作的程序，要按照时间，顺序排列。无论是种植农作，或制作工艺品及贩卖货物等，都不能例外，所谓"数罟不入洿池，鱼鳖不可胜食也；斧斤依时入山林，材木不可胜用也"，就是指此而言。

3. 遵守时间。无论在农场、工场或室内室外工作，均须遵守时间。一般学校实施生产训练，一到工作时间，学生则姗姗来迟，将到休息时，则风驰电掣，一哄而去。这种迟到早退现象，影响工作效能极大，应加严密管理。

4. 迅速确实。这也是讲求工作效能，争取时间。如工场中印刷、纺织、装订等工作，农场上挖土、耕田、插秧、收获，在室内缮写、记账等等，都可于事前调制量表，用来做考核的准备和根据。

五、考查

劳动生产训练的考查，应和普通学科成绩考查不同，因为一般学科，只是偏重知的方面了解及思想、记忆的能力而已，而劳动生产训练，却兼重行的程度与效果。所以考查方法和记分标准，应注意下列四种方法的应用：

（一）平日考查：如要成绩考查精密，无论农事、工业、家事、各工作单位或个人，均应详细记载平日工作情形。不过记载方法有多种：① 印就各组的工作考勤簿，发给学生自己踏实的逐日填写；② 由各组组长记载各人工作努力的等第；③ 由领导的导师，抽查记载；④ 就工作场所，制成各项工作进度表，逐日以线段表示工作情形；⑤ 其他登记成绩方法。这许多方法的运用，得酌量采用一二种，至一学期或学年终了时，予以整理统计，便可知其大概情形。

（二）举行展览：将各种学科与劳动生产训练有关的成绩及成品，在一个适当时机，全盘陈列展览，使全体师生，共同批评比较，再分别优劣，记载入簿，作为总成绩的参考。

（三）举行劳动生产训练的技术与知能的比赛。

（四）在单位时间内，规定各组工作考成标准，举行测验，以测度各人的技术、思想、观念、心得及成品数量，参照前三项考查结果，评订总成绩的等第或分数,并择优嘉奖。

以上所述五大步骤,为实施劳动生产训练必经的过程,惟进行方式,当视环境而定,并非一成不变,主持训练者,须随时考虑,务求能收实效,且能达到训练的主要目的为本旨。

第四章 农业实施

农业生产工作,在劳动生产训练中,是最富有兴趣的事业。譬如,开一花坛,种植各种花卉,色泽调和,新鲜美丽,使天然的景物,变幻无穷。置一园圃,五谷蔬菜,依时收获,使自然界的产物,供人食用。他如养蜂、饲鱼、喂马、放羊,都能令人寄性养神,怡然自乐。而且农业实施,不仅是模仿自然,并且随时随地都在运用劳动力量,去驾驭自然,利用自然,这才是真正的自然教育,是劳动生产训练的本质。

中国自古以来,便是农业国家,国计民生,向来是靠着农业的。可是中国的农业,一向是拘守着传统旧习,不求改良。讲到改良或运用新法,对于农民,不是惊骇,便是奇异!我们劳动生产的最大意义,最后的责任,还在改进农业社会,使它科学化、工业化、商业化起来。因此,农业实施的目的是:

一、在实践农业劳动工作中,获得切要的科学知识和正确的农业观念。

二、在工作经验中,使学生深知农业对于国家社会的关系,并乐于工作。

三、训练学生能做农业社会中的实际领导人。

四、使学生在工作中,研究农业改进方法,以推广及至社会。

五、接济战时食粮,增强经济国防。

六、使学生研究农业生产达于最高度,并知合理分配与运销的重要。

农业实施,是劳动生产训练的骨干;劳动生产训练的基础,就建筑在农业实施上。是以农业实施与劳动生产训练的关系至为密切,成败的影响也最大。兹分述应该注意的事项:

第一,农地的选择。农地是农业生产的主要因素,所以初步的工作,就是取得农地。取得方式,不外三种:① 购买;② 依法征收;③ 租借或捐募。不过学校为了种种便利起见,对于应取得的农地,不可不加以选择。如地势、土质、水利、位置、环境、交通等等,都应该详密考察,以求妥善。兹将评点条举于后,备作参考的标准:

甲、位置		二五
	距离市镇不远	一五
	交通便利	一〇
乙、地势		一五
	适宜多角性农事经营	七
	便利农事工作	三
	无淹没干枯之虞	五
丙、土质		二〇
	表土厚	一〇
	适宜应用	一〇
丁、水利		二〇
	有水源	一〇
	排水佳良	五
	灌溉方便	五
戊、环境		一〇
	乡村环境	五
	治安良好	五
己、面积		一〇
	大小够用	五
	旱地水田皆有	五
总计		一〇〇

中国的大后方，虽在山岭之区，也不乏山地平原，适合上表条件的农地，实际上似乎不成多大的问题。

第二，农地的布置。实施农业生产训练，对于农地的区划布置，非常重要！但亦须视各校的需要与师生人力多少而定。普遍言之，似应分为四区，即：① 农艺区；② 园艺区；③ 森林区；④ 畜牧区。各区仍可划分为若干小区，如农艺区可分为稻作区、棉作区、麦作区、豆作区；园艺区可分为花卉区、果树区、蔬菜区等等。另外为了向社会推广起见，尚可设示范栽培区及表证区等，也是重要的布置。

第三，经营。一般人现在都高唱"农业经营合理化"的口号，目的就在把几千年来的农业经营的旧法,变成现代式的科学农业。学校农业经营,自然是要本着这个方针去做。兹将农业经营应注意之点,条述于后:

一、学校农业经营的组织,要注重集团经营,以训练学生适应集体生活。

二、学校农业经营,应该采用分工生产,合作推销。因为分工生产,可使生产方法集约;合作推销,可使物价不致吃亏,并可养成学生合作习惯和能力。

三、农业生产收入,除生产费用外,所得盈余,应作事业发展设备资金,或作清寒学生贷金,或作师生膳食的补助费。

四、农业经营,应由师生共同负责。

五、农地面积,每一中等学校,至少须有三百市亩以上,若一时不易取得这些土地,可以分期增置。

农业经营,非常繁杂,举凡资本、土地、人力、农具、肥料、种子及农产品的储藏销售、农业账目等,都包括在内,且在施行时,应随时注意,不能稍有疏忽。上列五点,当然难免挂漏,不过是聊供参考罢了。

第四,事业设计。农业生产事业,种类极多,一个中等学校的农事设施,应该更求合理,凭着许多青年的手脑,达成各项业务。兹分述各项事业设计于后:

一、固定事业的设计

(一)开辟农场:在学校附近,开辟一个比较科学的模范农场,一则供学生的试验实习,一则做当地农业改良的表证。所以在经济可能范围内,应尽量推行以下各种事业:

甲、农艺方面,示范或指导稻、麦、棉、豆等种子之改良及各种作物栽培方法。

乙、园艺方面,示范或指导果木、蔬菜及花卉的种植与管理。

丙、畜牧方面,示范或指导猪羊鸡牛马等畜种之改良与繁殖。

丁、森林方面,示范或指导森林苗圃之管理及保护栽培工作。

戊、其他有关于农田水利、农具制造、改良及土壤改善、肥料施用事宜。

(二)倡导副业:复兴农村,增加生产,当先建设农村经济,充裕农民生活,增加农产收入,于是提倡副业,为必要之图。兹将普通副业种类,分述于次:

甲、养蚕。蚕丝业为我国重要出口货品,可以换取外汇,增加农家经济收入。但近百年来,丝业不振,渐渐失却往日的优越地位,至为可惜!我国大后方,很少注意养蚕治丝,所以应普遍提倡。然而养蚕系专门知识技能,必须先予训练,使参加实际工作,具有经验后,才能指导推广。例如蚕种选择、保护、洗涤，蚕室的布置清洁，空气温湿度的调节，饲养的方法，以及上簇、收茧等，都是必须有基本技术和经验，故应使学生切实认真练习，以备指导他人与向社会推广。

乙、养鱼。养鱼的利益很大，任何人都知道。唯养鱼繁殖的方法，约有两种：一是人工繁殖法，一是天然繁殖法，都可在学校中先做试验经营。

丙、养鸡。养鸡为最简易最普遍的农家副业，且利益亦丰，不过要有合理的进步，应该注意两点：

A．品种改良：我国鸡蛋，大多是很小而生蛋很少，殊不合算。我们应采用科学的遗传选种方法，将鸡群中最优良的选出另行饲养，使良牝良牡交配，再以其卵孵化新鸡，如是辗转选优繁殖，便可得到良好鸡种。

B．饲养方法之改善：鸡性喜干燥，爱清洁，所以应选择适当处所建鸡舍，四壁宜坚固，以防野兽为害，但上面和两侧，仍须开洞，最好用铁丝网做成，使空气流动。至于饲养物与喂饲时间，也应注意合理，这样才能养出肥大的鸡，才能生出多数的蛋来。

丁、养猪。近来猪肉的价格高涨，假如喂养得法，利益丰厚，为一种很适宜的副业。其优点：① 饲料易得；② 容易饲养；③ 繁殖率大；④ 猪肉易于加工制造和贮藏。最近国内已有美利坚猪种，脂肪丰富，每头重至四五百斤，若能把它推广开来，对于农业经济，不无帮助。学校农业实施，应负起这种责任。

戊、养羊。这是北方各省的特产，位于北方的学校，应利用原有基础，实施这种生产训练。羊是反刍类的家畜，世界各国都很注意饲养，我国以牧羊为业的，亦复不少。羊有刚毛柔毛两种，柔毛质软细密，可织上等呢绒；刚毛质粗而硬，可以做中下等呢绒。羊皮做工业原料，肉味也很可口。

己、其他养牛、养鸭及简易的农产制造，都是重要的农家副业，学校劳动生产训练，应该站在教育和经济立场，尽力提倡和指导学生经营，并向社会推广。

（三）造林：我国大后方，童山满目，到处荒芜，亟待开发利用，种植森林。森林不但供给木材的应用，而且可以调节气候，点缀风景，禆益甚多。造林方法，可分天然林和人工林两种：天然造林，即利用原有林地树根或种子，保护培养，使成为新森林；人工造林，便是靠着人力播种移植，极有规则的造成森林，普通分播种法、植苗法、插木法、分根法四种，但须视各种林木的繁殖性而适当采用。

二、活动事业设计

（一）生计调查。要想农业事业进行顺利，而且适合时代和社会环境的需要,对于所在环境里农民生活情状,应详加调查,藉作实施的根据。调查时,可作一混合单元设计,动员全体师生,深入农村访问,确实记载。兹拟调查表如下:

姓名	住址	家庭人口	耕种田地(亩)			所种作物			副业		盈亏	备考
			自耕	佃耕	发佃	最多	次多	最少	每年收入	每年支出		

(二)农业调查。这也是重要的活动,可与生计调查同时举行。调查项目,可分作物种类、播种时期、耕作方法及耕作制度、农田水利灌溉情形、肥料、土质、农作习惯等项。但结果应加以科学的整理与研究,求得当地最良好的农业经营方法。

(三)举行农产品展览会。农产品展览会的目的,在集中各农家及数品种,与自己生产改良之品种,互相比较优劣,扩大师生及民众的农业见闻,增加其常识,使其对于农事改良,有比较真切的认识,激发其对于农业改进的兴趣,同时给自己检讨工作的得失成败的参考。其办法可分为:① 筹备;② 征集产品;③ 整理与装置;④ 展览;⑤ 评判结果等五个步骤进行。

(四)修筑道路。交通是左右地方文野贫富的总枢纽,世界最文明的国家,就是交通最便利的国家,最繁荣的区域,大都在交通要道。所以修筑道路,是劳动生产训练事业中的重要活动。

(五)其他如耕田竞赛、砍柴比赛、推广宣传、组织合作社、开垦荒地,都是可以应社会需要而随时就便举行设计活动的事业。

第五章 工业实施

这里所说的工业,并不是指一般重工业,如钢铁制造厂、水泥厂、机械厂、面粉厂等,而是指学校劳动工艺,如小手工业类的制造。因为劳动生产训练,一方面是生产教学的实践,也是技术的练习;一方面是知能教育的实施,也是观念的训练。虽然工业实施的范围很小,如果施行不得当,却也是不易收到良好的效果。我国自新教育思潮输入后,即提倡劳动教育、工艺教育等等,但几十年来,仍旧毫无成就，原因固然很多，可是最大的不外两点：① 学非所用，用非所学；② 对工艺或劳作教育的本质，没有认识清楚，换句话说，就是没有体会到"文实合一""手脑并用"的真谛！因此，我们实施劳动生产训练，关于工业部分，得先针对这个症结所在，定下两个原则：

一、要注重实际作用，不做装饰，不做门面，不是游戏，不是表演，每一工作设计，每一产品，均须求其适合实际需用。

二、做什么就学什么，学什么就教什么。"文实合一""手脑并用"，在"做上学"，在"做上教"。

同时，我们还要注意：中国的工业生产，一向是落后的，为了迎头赶上去，我们应以农业为基本，来发展工业，所以农与工，不可分开来单独进行，尤其在实施劳动生产训练中，要使得每一个学生，都具有这个正确的观念。要用科学的头脑，创造工业的光明前途。

在广大的后方，天然物产，极其丰富，各种原料，不怕没有，利用学校师生的双手，实施小工业制造，根本不需要大的资本。特将实施方法，就经验所得，写在下面：

第一，准备。学校小工业的实施前，必须有相当的准备，切不可冒昧从事，以致一败涂地，不可收拾！这就是说，实施小工业生产，要先具备下列条件：

一、农业生产，已有相当成就，可以供给简易小工业的生产原料。

二、学生原有技能和工业志趣，已调查清楚，而对于小工业实施，有深切的认识。

三、拟办之小工业工具，已购备齐全。

四、训练和组织，已有把握。

五、指导设计和管理人才，已选聘妥当。

有了以上的准备，然后才可以着手进行。但是开始的时候，范围要小，事业要简单，指导要周详，管理要严密。等到一件事业进行得有相当成果时，再添设第二件事业，慢慢扩充，稳扎稳打。目今一般学校实施劳动生产，往往毫无成就，其原因就是犯了好高骛远、好大喜功的毛病。

第二，进行。如果准备工夫，已有基础，便可"做来毫不费工夫"，轻而易举了。兹举例说明如下：

一、基本事业。这指的是材料能取之于大自然，如泥土、竹木；或取之于农场产品，如棉、麻、豆、麦等，加以简易手工制造的事业。且其工具，除必须购置的一部分外，大都也仰赖手工自制。这种基本事业，生产的产品，皆以供给自己食用为原则，譬如制酱、做豆腐、造纸、绩麻、打草鞋、纺织及建筑工程——如修路、建屋等是。

二、扩充事业。基本事业，进行既有成效，那么生产品的利得及节省的经费，便可以拿来扩充鞣革、制皂、制教具以及学业日用文具等。

三、完成事业。前两项，进行顺利，而有相当收获，则可更进一步，完成学校工业设施，并且可以力求与各科学习取得联络，打成一片，创造进步的现代工业理想，同时使学生理解较高深的工业实际知识，完成劳动生产训练的使命，建设科学化的中国。

第三，一个实例。学校工业实施的根据，首先要筹设一个小规模的工场，作为实施的中心，聘请有志于工业生产教育的人才，负责主持学生劳动生产的实习及研究，同时雇用技术优良的工人，一方面制造急切需要的设备工具，一方面使学生实际工作时，有所仿效。然而这个工场，应如何办理？分下列几方面来说明：

一、经费来源：任何一个学校，开始筹办工场时，每年应于编造预算时，将工场经费，详细列入。一至开学，学生到达后，即须完成准备事项。

二、组织：工场要设主任一人，不妨由劳作或工艺教员兼任。下分两股：一是事务股，设股长或股员一人，管理工具材料及经济出纳等；一是技术股，也设股长或技术员一人，管理工人工作及指导学生技术实习等。

三、设备：视工业设施的种类而定所需的工具，不过研究试验仪器，也不可少，俾免偏于做，忽于学和教的弊病。

四、章则与表册："不以规矩，不能成方圆。"工业设施的管理，必须事先详细订立章程细则，按部就班的去做，否则，不但紊乱无绪，没有成效，且容易遭受失败的打击。至于所需的表册，如分组表、成绩考查表、材料统计表、出品统计表、工具配置表等，也须按日记载统计，以精确数字，使学校当局，随时可以考查，藉作兴革的参考。

五、布置：工场内的布置，自然要具有科学化、艺术化的条件，并且要合乎工作的便利。可分为各组工作室、研究室、材料储藏室、产品陈列室、办公室等。总之，视事业繁简，房屋大小，予以适当的利用。

六、事业活动：工场事业，前面已经述及，要先利用农场生产品，加工制造，再逐渐扩充范围，但事实如可能时，也不妨相机变更。兹参照前说的分组方法，订定事业活动事项于次：

木工组——家具、工具、农具、玩具及其他木器的制造；

纺织组——弹棉、纺纱、织布、织袜、织毛巾；

金工组——铁工、锡工、铅工及器具的修理；

土工组——泥水、砖瓦、塑像及各种模型；

编织组——草织、丝织、绳织等；

缝纫组——裁衣、缝衣、做鞋、刺绣；

竹工组——剖竹、编制等；

雕刻组——竹刻、木刻、石刻；

藤工组——藤织、藤扎；

印刷组——木印、铅印、石印及油印；

化学组——制墨水、粉笔、雪花膏、肥皂、洋烛；

漂染组——麻漂、染布、鞣革；

纸工组——摺纸、剪纸、裱褙等；

油漆组——粉刷、上色、油漆等；

装订组——装订簿本书册；

农产制造组——制酱、豆腐、造纸、炼油、做酒、面及罐头等；

陶工组——烧砖、瓦、缸、罐、钵等；

标本组——动物、植物、矿物、土壤等搜集制作。

第六章 家事练习

在过去，家事教育，大都是狭义的专指女子家庭操作而言，普通学校，除女子学校或有缝纫刺绣科外，差不多没有家事教育的设施。学生入校，是以读书为做官的敲门砖，发财的捷径，这些家庭琐事，更不屑为！自抗战以还，我国教育思潮，起了划时代的变迁，已经向着劳动生产的途径迈进，于是家事练习，普遍的被重视了。我们觉得家事练习的意义，随着时代的演进，似乎有重新阐明的必要：

一、家事练习，应是平等的。教育界经"五四"运动一番革新后，随着欧风美雨，带来了两件文明：一是浪漫的自由；一是男女的平等。前者，极具伤风败德之能事，后者也被一般人误解成平头的"假平等"，以致数十年来，这种欧美文明，对于我们，毫无裨益，因为我们尽是学人家的短处，没有学到半点长处。学校中实施家事练习,应纠正这种绝大的错误,举凡洒扫、应对、进退、炊事、洗涤等事,不分男女,一致学习,养成"有饭大家吃,有事大家做"的真正平等的精神。

二、家事练习,应是互助合作的。"人人为我,我为人人",是人类生活的原则。实施家事练习,男女长幼,悉如家人兄弟姊妹,互助合作,时久便可养成良好的国民,健全的社会生产分子。服务精神道德,都可以在家事练习中,尽量表现。

三、齐家为治国之本。家庭是社会组织的基本,社会的良否,大半以家庭健全与否为转移,所以要改革社会,应先从改革家庭、注重家事练习做起,这就是说:"欲治其国者,必先齐其家""家齐而后国治,国治而后天下平"。但是齐家,应从何处着手呢?当然,衣、食、住、行,要适合新生活条件——整齐、清洁、简单、朴素。换句话说,就是从"洒扫、应对、进退"做起。

四、学校要家庭化,这是家事练习的最高理想。一般学校教育,最坏的现象,关起门来办学,蓄意与社会脱辐,与家庭绝缘。学生一旦出了学校,便不能适应社会环境的需要,不能再做家庭中的事体。同时,因为学校机关化的缘故,师生之间,缺乏情感的交流作用,以致学生毕业后,就与母校脱离了关系,学生视先生如路人。要纠正这种怪现象,无疑的,必须使学校渐趋于家庭化,校中一切生活事项的处理,都交给师生全体合作,如处理家务一样。因此,学校教育中的家事练习,为必不可少的一种重要实施。

照上面的解释看来,家事练习的范围已扩大,内容也充实许多了。在表面上,似乎觉得"行之不易",但实际上,并不见得太难。兹将实施大要,分述于后:

一、家事练习实施的原则。家事练习,非常琐屑,倒是事实,然而其重要性,也不可否认,举凡青年做人做事的态度、习惯、道德、心理等,都要在这些琐屑的小事上去训练陶冶,修习涵养。如能"小事不马虎",将来"大事也不会糊涂"。当学校实施家事练习时,应该注意这一点,根据下列的原则去做,才是正道:

1. 依据平日生活情形,训练学生处理个人及团体的一切事务。

2. 从食、衣、住、行、语言、习惯各方面,随时给予训练的机会,虽极小事项,也不轻易放松。

3. 学校中一切内务外勤工作,皆须师生合作办理。

4. 不必装潢表面,应就日常生活中的必需设备事项,实际参加练习。

5. 尽量发挥自动的治事能力,处处为社会、为学校、为他人、为自己着想,面面顾到,使学校真正"家庭化"。

6. 要能养成克己待人的态度及先人后己的精神。

二、家事练习的范围。前面已略提及了家事练习意义,乃是指广义而言,所以范围也较大,大约可包括三方面的事项:① 个人方面的食、衣、住、行;② 学校里的事务处理;③ 社会服务事宜。

三、实施方法。家事练习,是就个人、学校、社会各方面所发生的琐碎有关系的生活问题,随实际情形,分工合作,谋求适当的解决。因此,实施方法,便不能死守着一定的法则,但大体上,可酌采用下列方法:

1. 在个人生活方面:因为每个人,无论男女,都要具有处理本身生活问题的能力,所以在青年求学时期,应该多予机会,使其注意训练自己。譬如私人经济计划、零用出纳账目,应规定方式,按时切实记载;服装内务的整理,注意简洁雅观;饮食起居,交友态度,都能照妥适的方式去做。学校里的生活指导人员,应随时随地,负责予以指导与纠正,最好能拟定生活指数表,以数字表示各个人的生活状况,每周公布成绩,使学生间相互比较,启发其竞争的兴趣。一方面采取导师制,导师与学生共同生活,导师的一举一动、一言一行,皆要足为学生的典范,使其仿效,久而久之,习惯自然养成,将来踏入社会,庶不致散漫、颓废、落伍!

2. 学校事务方面:学校是缩型的社会,社会是由许多家庭组成的集团,所以各项事务的处理,犹之乎处理家务。因此家事练习,在学校里,要从处理学校事务着手。如办理膳食,布置环境,打扫洁除,办理消费合作,买卖货物用品,缮写章则计划,协助教务进行,联络师生间的情感,招待来宾参观考察,管理学校校具等,都可以使学生实地负责参加学习,领略处理之困难与解决问题之方法。但是有些不健全的学校,却不敢令学生参加校务,原因是怕学生揭发了学校不良的设施,打破饭碗。这是最可笑又可鄙的现象!要知道青年学生,大多是纯洁热情的,若实施家事练习,得到他们的帮助,学校绝不会发生风潮,假如学校要真是以教育者的坦白清高的态度去办理。

3. 社会服务方面:学生学习家事,在学校圈子以内,实在还感不够。因此不得不到社会上去学习,参加社会服务:一方面调查社会上家事生活情形,一方面参考合理的标准,设法指导改良社会生活。如办理民众教育,举行家庭访问、健康检查、婴儿比赛,协助征属生产,劝导储蓄建国……无一不是家事练习的重要工作。

以上三个方法,办学校的人,如能妥善运用,相机设计指导,一方面可以减少不必要的职员,省却无谓的消耗;一方面训练学生的办事能力,将来或入社会,或回家庭,都不致成为只知消费不能生产的废人。

第七章　我国劳动生产训练概况

劳动生产训练,是我国抗战以后新兴的教育事业,是一种顺应时代潮流所需而创立的名词,无先例可援,亦尚无确实可靠的调查统计资料可供参考。本文奉命撰写之初,曾分函各省教育机关,调查实施状况,时在民国三十年秋,迄至三十一年夏,承惠复者,寥寥无几,且实况不详,无从依据,谅系倡行伊始,各校或方奉令举办,或尚在筹备中,无具体办法与成效可言之故。

兹以劳动生产训练,实脱胎于十余年前风行一时之生产教育思想,特根据生产教育问题研究委员的调查,略述战前各省中等学校实施生产训练概况于次:

一、中等教育机关:关于农业生产训练的学校,如立达学园十八年设立农村教育科,以试验"集团的工学农庄生活"与"养成指导农民及农村儿童工学生活人才";湖北省立实验学校,以"灌输生产知识,引起生产兴趣,练习生产技能,研究生产方法,改良生产工具,增进生产效力"为目的;湖南滨湖农校、修业商农、船山高农、岳云高农及省立高农等,皆以培养农业干部人才为宗旨。注重工业生产的[学校],如江苏宿迁玻璃工业学校、苏州工校、宜兴陶器工校、苏州中学化工科、扬州中学土木工科、湖南楚怡中学工科、省立高工等,浙江省立处州初级中学、严州初中、嘉兴县立女子初级中学、上海市立敬业中学、私立上海中学、南京金陵大学附中、南京中学、镇江中学等,都是有生产训练的设施,造就工业生产人才。

二、师范教育机关:著名的有江苏省立栖霞乡师、晓庄师范、黄渡乡师、界首乡师等;浙江有湘湖乡师。这都是对于生产训练实施,具有成效的。栖霞乡师,且试行以劳动代替运动,利用废物,建校建国,以少数金钱,做多种事业,蜚声全国,可谓为劳动生产训练实施的成功者。

三、职业教育机关:战前职业教育,已很发达,或为生产教育实施的中心机关,如南京市政府筹办的职业学校,招收初中毕业生,训练三年,内分机械、电机、丝织、土木等科。江苏省民国二十三年就有职业学校九所,中学职业科三所,县立职业学校二十五所。上海市有国立职校二所,私立的八所,未立案的七所。安徽省有职校九所,女子职校二所。浙江原有职校四十四所,后增设实验农校一所。福建也有职校十五所。湖南有高级初级农工学校八所及简易职校,县私立职校等百余所。四川、北平等地亦均有所设立,都是很注重劳动生产训练的机关。

二十六年以后,因为战争影响,战区扩大,沦陷区学校一部分西迁,一部分停办,教育阵容,大形变更,教育思潮,也随着战潮前进,迥非昔比,而劳动生产训练,为了环境的需要,也正式列入中等学校教育事业中,无论中学、师范、职业学校,都以劳动生产训练为重要事业了。而且大都设有负专责实施的人员,埋头苦干,努力创造,前途希望,真是无限!加以近来政府当局,竭力奖励倡导,成功可期。兹将各类中等学校劳动生产训练大概趋势,分述如下:

一、国立中等学校:国立中学近年来逐渐增设,已有数十校。所招收学生大都系沦陷区或战区青年,经济来源断绝,全靠政府贷金,在物价高涨之境况下,衣食文具所需,实难维持,故各校师生,不得不顺从生活需要,注重劳动生产训练,藉资弥补,故成绩较著。

二、省立中等学校:后方各省中等学校,战时质量均有增进,惟劳动生产训练实施,因各省教育当局之主见不同,颇有差异,其先觉之士,不乏独到见地,独立推行,成绩斐然;其守旧名流,仍沿习以往学风,不事改进者,亦所在皆有。

三、私立中等学校:近年各省富户良绅,思想受抗战洗礼以后,颇多热心教育,注重实业建国者,乃相继创办私立中等学校,或重工或重农,冀造就实业生产人才,实堪令人钦敬。此类学校,且多不愿声扬,埋头苦干,故非熟悉教育情形的不知其内容究竟。

总之,全国中等学校,在今日已大部深知劳动生产训练的重要,逐步推广,只须再加充实,使臻完善。本文因调查资料不全,不克详列各校实施情形,深引为憾!尚祈我教育界同仁,不吝指教,容后补充。

附录:

国立贵州师范学校实施劳动生产训练概况

国立贵州师范学校,是抗战三年后才诞生的,现在还不到一周年,但它已成为湘、黔、桂边区苗岭中的动力,教育的主流,尤其对于劳动生产训练的实施,有着惊人的成绩。兹分设备、组织与管理、训练、成绩考查、效果五点,叙述于后:

一、设备

在抗战进入第二阶段的现在,人力、物力都十分缺乏的边疆,物价高涨,十倍于往昔。若要事事假手于他人,物物购买自外方,是谈何容易!是多么不经济!像这样,那岂不是还没有生产,就见消费国家的财力,减损了国家的力量吗?该校劳动生产训练设备的作风,决不是这样!它是仰体中央苦衷,不愿增加政府负担,全凭他们全体师生的万能双手,"苦干""穷干""实干"的抱穷主义,想穷办法,力求自力更生!

当他们选择校址的时候,第一个条件,就是要有广大的荒山荒地。因为"有土自有财""土能生金",这是他们深信不疑的。在边疆,到处都有旷土荒山,所以他们基本的劳动生产训练的设备——农场,很容易的完成了。

简易粗笨的原始农具,当然不合科学,也不适用。可是在开荒时期,实在讲究不了许多,甚至连这粗笨的农具设备,如牛、犁、钉耙、锄头、水桶、粪桶、镰刀等,也是不易得的呢!

由少数的粗笨农具和他们的双手合作,仅在十个多月中,垦辟六百余亩荒田荒地,这些田地里,生长出来的东西,又换得了较多的农具、工具。现在他们农场里,有耕牛二十头,犁二十余架,锄头四百多,镰刀三百多把……及其他种种都勉强够用了。全体师生,如果来个总动员,不致赤手空拳了。另外还有猪、羊、鸭、鹅、鸡等畜产很多。

由农场设备,而扩至工场。现在的工场规模,确是相当大。工作的种类,也很多。但在最初只是利用学生写过字的废纸,裱褙成有用的图画纸、表格纸、信封纸;利用改良的红土,印刷信封、信纸、表册、簿籍;利用师生原有各种技能,及泥水、木材、砖瓦、泥土等,来修屋、造路及制作各项用具等。再借用地方士绅的纺纱机、织布机,加以改良。把农场所收的棉,拿来弹成花,纺成纱,织成布。进而买缝纫机三部,于是全体师生的衣服,不求人了。目前又增设了打铁厂、造纸厂以及理发间等。

像这样农场供给工场,工场供给农场,辗转扩充,辗转设备,用钱不多,收效极大,可是他们并不以此原始农具为满足,他们还要以生产的盈余,充实设备,改良设备。然而他们完全是在"自力更生"的原则下,创造出这样大规模的农工场,在穷的境遇里完成了简陋的初步的设备。

二、组织与管理

该校生产教育实施所以有显著的成效,或许是因为组织与管理严密周到的缘故吧!他们工作的性质分做两种:一是固定的,一是临时的。固定的:在农场方面,有农业组、园艺组、森林组、水利组、交通组、畜牧组、垦荒组;在工场方面,有裱褙组、印刷组、雕刻组、装订组、纺纱组、弹棉组、织布组、织麻组、缝纫组、竹工组、棕工组、木工组、打铁组、理发组、瓦工组、泥水组、油漆组;另有看护组、缮写组等。这些工作都由学生自由选定参加,并公推组长一人。临时性的,便没有限制。譬如天将落雨了,便拨一部分人上山砍柴;要收成了,也可以拨一部分人去收割。其他临时须多数人做的工作，都可临时支配。没有支配到的，仍到原有工作场所去工作。每天工作的时间，当然遵照教育部的规定，在下午。可是这短短的一百分钟，却一秒钟也不给放松过去。同时全体导师，也都分别来参加领导着工作。师生"共同生活""师生合作"，该校是行得最彻底。

生产的种类很广，生产教育的组织，也就不能死板板的一成不变。尤其在农场方面，必须随机应变，因时制宜。所以每个导师，除参加工作外，还负有"相机指导"的任务。

三、训练

生产教育有两种意义：一是经济的，一是教育的。在经济的意义上说，教育要生产化；在教育的意义上说，生产要有教育的意味。该校的生产教育实施，是在"做"中学，"做"中教，教学做完全合一的。所以除了做以外，还要学，还要教。

在学科方面，如国文、数学、理化、教育、史地等等，都要使与各人所从事的工作，取得联络发生关系。如作文，各写工作报告一篇，就有很多优美的作品。其他各科，也都有可能联系起来的办法。

在技术方面，农工场，除农工场主任外，还设有实习指导主任，都是对于农工艺极有研究兴趣的专家，他也是在教上学，在教上创造，以实际的工作经验与理论，指导学生的工作技术。

在精神方面，除多方解释生产教育的价值和"自力更生""自给自足"在人生哲学上的意义，在阐述总理及总裁的"民生教育""生计教育"的各种主张，以加强学生的信心外，并常常的把握时机变换方式，举行比赛，报告各人生产成绩，开展览会等以鼓励学生工作兴趣。边疆是穷的，边疆是苦的，要有苦干穷干的精神，方能"开发边疆，复兴中华民族"！该校学生是深知这一点，所以学生们对于生产教育工作的精神，非常振作！这是不用怀疑的。

四、成绩考查

实施生产教育的结果如何，端赖成绩考查。否则全部工作，便没有意义，没有表现出他的价值了。"只问耕耘，不顾收获"，那是资本主义时代有闲阶级的烂调，不适于困苦艰难的抗战。现时代的中国，现在我们必须要"种瓜得瓜，种豆得豆"，出一分力，流一滴汗，都有相当的代价。

该校生产教育成绩的考查，是很严密的，而且在品行方面、学业方面，也占有很重要的地位。他们每个同学，都由学校发给一本工作考勤簿，簿中列有组别、姓名、周次、日期、工作项目、工作地点、工作成绩等栏，由学生按日填写，"评语"栏,由领导工作的导师填写;"导师签名"栏,是每晚送给各该级组导师审核的。除此之外,每组的组长,每日也要填一张报告表,送交教导处,以便核对,是否与各生自己所填的符合。如果发现成绩特别优良,或特别恶劣的,次日清晨,便给以精神上的惩奖,这是经常考查。

临时考查,是由校长室或教导处派人实地去抽查,及举行各种生产成绩比赛,记录其结果。

根据上项成绩,在学期终了时,作一总评,以为品行学业的参考。因此该校学生对于生产教育的成绩,是十二分关怀的。

五、效果

国立贵州师范学校生产教育实施情形,已略如前述,但他的效果究竟怎样呢?我想这是大家所急于要知道的问题。现在且把这笔流水账算给大家看看:

(一)农场的收获 开辟水田二百余亩,旱地三百余亩,荒山一百余亩,除全校师生所吃蔬菜,完全取之于农场不计外,计收稻谷一千余石,黄豆二十余石,包谷四十余石,棉花五百余斤,筑三合土路两条,土路六七条,植桐万株,栽花满园,现已下种的冬季作物,又在五百亩以上。畜产有牛二十头,猪九十余,羊二百余,鸡五百余,鸭二百余,鹅七十余,兔三十余,价值总数,约在数万金以上!

(二)工场方面 除自制及购买之工具外,自九月份开始工作起,迄至十一月份止,时仅三月,其成品数量,表列于后:

品名	数量	品名	数量
白纸本	5 050 本	农具	750 件
作文本	3 947 本	小学教具	50 件
周记本	391 本	板刷	48 个
音乐本	410 本	麻线	15 斤
小学课本	3 434 本	粪箕	100 个
信封	4 353 个	校具	300 件
信纸	9 500 张	修屋	270 间
蚊帐	300 顶	标语	240 块
制服	350 件	章戳	15 个
染衣	500 件	表格纸	540 张
造纸	50 000 张	竹篮	40 个

以上成品，以时值估价，约在五千元以上。这都是很精确的事实，表现在我们的面前。

前面已经把诞生在黔南边疆国立贵州师范学校实施生产教育实况，介绍完毕。后面作者还有几点感想，愿就教于研究生产教育的专家之前。

生产教育，在现时代的中国，的确感着非常迫切需要。但各级各种学校，都不能切实推行，仅仅是挂着某某职业学校的招牌，或是增加几门劳作、工艺与生产训练，形成"生产教育八股"，毫无实效。而学生一旦毕业出校，就变成"人上人""食人的士"了。若说生产教育，必须像有人主张的："必须要在社会式的教育上，才能实行吧！"现在政府明文规定，各级学校，都须兼办社会教育，为什么还不能表现出具体的成绩来呢？国立贵州师范学校也并不是专办生产教育的，而是将生产教育，融合于师范专业训练里实施的。在这短短的十个月里，居然得到初步的成功了，这是很值得大家注意的一点。

有一班专门崇拜舶来品的人们，都喜欢搬出外国货来给中国人看，其不知各国的环境、文化及民族等，都各不相同，适于彼，不尽适于此。什么苏联的"生产教育"，美国的"工读教育"等，如整个的搬过来，终有"行不得""走不得"之感，仅能作为我们的参考，或作为鼓励我们注意生产教育的兴趣，坚定我们的信心而已。若真的要生产教育，普遍推行到教育的圈子里去，成为教育的主干，唯有实行。总裁所训示我们的"行的哲学"，他说："一般人都是最多只能'坐而言'，不能'起而行'，驯至习于幻想、空谈、苟安、偷懒、自暴、自弃、浮伪、虚妄，这种种腐败的习气，演成大家都是空想靠天，不知道自己有脑筋，有聪明，更有一双手，两只脚。一面要想，一面要做，而且一面做，也可以一面想。我们中国人忘掉了这些道理，因此没有几个人能实实在在的做事，也没有什么事能实实在在的做好，整个的国家社会，就一天天衰败堕落下来。到现在，事事落伍，快要被人家灭亡了。"又说："古今来宇宙之间，只有一个'行'字，才能创造一切。"这真是一针见血，千古的名言。从事生产教育的同志，应该本着这个方针，去"实践"生产教育的理论，克服当前的一切困难，建设光明灿烂的中华民国。

集外文汇

《栖霞新村》半月刊发刊词①

现在谈教育的人们,没有不承认教育是要民众化的,学校应该做改良社会的中心。谈到中国的民众,当然是以乡村人民为最多数,而不识字的人,也是以乡村人民为最众。这班无知无识的乡民,因为没有受过相当的教育,浑浑噩噩,还在那里过那太古时代的生活,也可说是非人类的生活。任凭那军阀如何暴敛、盗匪如何蹂躏,和土豪劣绅如何宰割,他们只有忍泣吞声、含辛茹苦、自怨自艾而已,从不敢有一毫正义的表示和有理的反抗,终日在求生不能、求死不得的景况中讨生活。唉!在民众解放的声浪中,有这样的惨状,是何等痛心的事啊!

我们乡村教育界的同志,既然负有指导乡民的责任,那么,对于改良乡村组织,改善农民生活,增进农民知识等问题,都应该仔细去研究,切实去努力,毋徒谈学理,毋徒托空言,实事求是,实现我们"到民间去"的怀抱,实现我们"以学校做改革社会的中心"的理想。

可是这样任重道远的事业,不是一蹴即成,也不是少数人定了一个计划,做了两篇文章,就可以成功的。行远自迩,登高自卑,欲达到我们改造乡村社会的目的,不得不有赖于一种相当的组织。本着我们尝试的精神,鼓舞着我们的勇气,筹划了几个月,组织了一个"栖霞新村",目的在造成正当生活的环境,使村民的生活更形美满。我们深信,人类的生活是互助的生活,应当各有所劳,各取所需,使人人得到相当的、丰富的生活,一面使各人能尽量发展自己的个性,一面使新村的民众明了为公共服务的利益而共同作业。我们否认任何人有权力可以使用他人去获得自己利益,应该大家出入相友,守望相助,忧乐与共,携着手儿齐向那光明的路上走,实现新中国的乡村,跻中国于自由平等的地位。可是事属创举,像我们这样知识幼稚、能力薄弱的人,都不能不需乎各方的助力。大着胆儿将我们平日研究的所得和试行的结果,一齐发表出来,一以交换知识,一以表明我们责任的所在。倘能因此引起各方的注意,给我们相当的指导和赞助,俾于乡村教育前途稍于裨益,那更是同人等所极端希望和感谢的了!

---

① 本文原载于栖霞乡村师范编《栖霞新村》半月刊1928年4月1日第1期。

在栖霞新村职员就职典礼上的讲话[1]

（1928年3月21日）

我们常觉得乡村生活非常简陋，非要改革他不可，而我们学校里的信条上说："乡村师范学校是乡村文化的中心。"所以负这种改革乡村的责任的人，就是我们。但改革乡村这句话，谈何容易，我国地方这样大，四万万人口之中有三万万是农民，从何处着手呢？登高自卑，行远自迩，我们当从我们所在的地方——栖霞山——着手改革起，所以自本学期开始，就有这栖霞新村的组织，经这边诸位先生和同学六七个星期的努力，居然组织就绪，这是很值得纪念的一件事。我现在把组织这新村的原因说一下：第一点，训练我们有适应乡村生活的能力。乡村生活是非常简陋的，我们新村内有各种的事业，很可以教我们得许多经验，添许多日常生活的技能和知识。第二点，改良村民的生活。我们组这新村，有种种设施，可以把乡村的生活改善了，那么乡村自然会发达了。第三点，养成做领袖的能力。我们将来都是在乡村做领袖的，领袖须具有做领袖的才能，方能胜任，现在这新村内规模粗具，各种事业都有一点，正是我们练习做领袖的机会。至于这事业筹备的经过，因为诸位都是参与人，大概情形总晓得一点，所以无庸我多说了。

余以至诚，遵守本村村律来发展本村各种事业，此心此志，永矢弗渝。谨誓！村长黄同义。

---

[1] 本文摘自张芝宇《栖霞新村职员就职典礼纪略》，题目为编者所加，原载于栖霞乡村师范编《栖霞新村》半月刊1928年4月1日第1期。

中国乡村的现状和乡村师范生的责任[①]

近几年来的中国,兵连祸结,弄得民不聊生,尤其是乡下人所感到的痛苦为最多。我们终日在乡间,耳所闻目所见的,什么拉夫啦,亩捐啦,验契啦,赋税啦,五花八门,没有一件事不是剥肤敲髓、竭泽而渔的举动。然而,这些事是在破坏的过程中应有的现象,不算稀罕,也不致令我们十分的失望。最使我们痛心的,就是乡村的现状,倘若我们仔细去考察一下,真令人不寒而栗!

第一件是乡村人民生计的困苦。

中国的农民,一向以勤苦著名,恶衣恶食,甘受不辞,似不应再有冻馁的忧虑。可是,实际上,他们因为耕地狭小,收入不多,加之苛捐杂税,重重剥削的缘故,平日除供给生活上必需的费用外,余钱的竟不多见,那里还有余力去购买适当的肥料、新式的农具以及讲求灾害防免的方法呢?结果是灾害时见,旱潦迭遭,生产减少,生计困苦。

第二件是乡村人民知识的浅陋。

我们常听人说,某人是个乡下人,脑筋里就会联想到某人是个知识浅陋的人,这句话丝毫不诬。一般的农人经营农业,纯凭着他们的经验,父而子,子而孙,累世相传,不稍改变,排斥一切新的学理。经验固然是可贵,不过经验是已往的事迹,任凭着经验去做,做得好,也不过和从前人一样,断不会有什么新的发明,新的进步出来。更加上农民迷信的心很深,对于各种的灾害,完全委诸天命,从没有想到用人力去防治的。其他各种的常识,也非常缺乏,因此农民就做了时代进化上的落伍者。

第三件是乡村风俗的颓惰。

在乡村中的人民,常因为没有正常娱乐的缘故,不免沾染了许多的恶习,如吸烟赌博之类,旷时失业,以收入很微的农家,做这类的事,势必至弄到倾家荡产的地步!

---

① 本文原载于栖霞乡村师范编《栖霞新村》1928年4月15日第2期。

第四件是乡村人才的缺乏。

现在因为都市劳工需要的增加,和乡村盗匪横行的缘故,农民有群趋都市的现象,剩余的比较能力薄弱的,靠这班人去经营农业,当然是没有进步的。因为新工业大都是分工的,除去领袖外,其余操作的人,并不需乎许多的智慧。农业是何等的繁复啊,相土宜,辨物性,预测气候,贩卖产品,全靠着一人去做,没有能力的人,如何做得呢?从各方面去观察,乡村社会的状况,实在难使人乐观,今后怎样去改造他,我们乡村师范生应得十二分的注意。

改造乡村的步骤:

第一步,须使乡村人民家给人足,富而后教,那就容易了。

第二步,是养成乡民具有适当的组织能力,其要点在使乡民的知识增进,道德高尚,然后聚集此等民众组织新村,兴办一切事业。

第三步,是指导乡民组织与建设,使乡村社会事业,日有进展,实现理想的新中国乡村。

上述的三层办法,除了第一层似乎在短期间内,非我们能力所能办到外,其余都是我们分内应做的事,我们改造乡村惟一的工具,就是教育。

乡村组织简单,他们的教育问题,看来似乎容易解决。但是,乡村人口少,财力薄,事不易办。人民富于保守的性质,常有一种惰力,抵抗各种改革的设施。因此,办理乡村教育,倒不是一件容易的事,必须有能力有抱负的人去做,才能做得好。

谈到以往的乡村教师,好的固有,大多数的人,是我不敢恭维的,他们为着乡村学校设备不完善,报酬不丰,缺乏娱乐的机会,大都不愿到乡村里去服务,就是勉强到乡下来,也不过城市中竞争的失败者。他们遇到有机可乘的时候,也是依旧要回到城市里去的,不过视乡村为暂时栖身的地方。像这样的人,决不会有什么远大的抱负、丰富的同情,不可能希望他去改革乡村的教育,发展乡村的事业。

今后惟一的希望,全在乡村师范生!这班学生,是认清了目的来的,他们有改革乡村社会的决心,他们在求学时代,就洞晓农家生活的情形,有欣赏自然的兴趣和村居的习惯,他们毕业后,一定是良好的乡村教师。但是,我的希望,不仅希望他们做一个良好的乡村教师,还希望他们去做灌输农民知识、改进农民生活的导师,发展乡村社会事业的领袖。乡师学生担负了如此重大的责任,在学校读书的时候,就应该有相当的准备,欲达到将来服务社会、胜任愉快的目的，我以为至少应具有下列几项资格：

一、不仅是坐而言的人，还要是起而行的人；

二、对于各种基本知识，应有充分的修养；

三、体格健全，能耐劳苦，品格高尚，堪做乡民的表率；

四、有各种应用的常识，且明白教育原理，及近代社会的趋势；

五、对于本身职业，有浓厚的兴趣，肯认定他的职业为终身职业；

六、长于社交，能得各方面的助力；

七、了解乡村社会情形，熟知农民习性，安于乡村生活，视改造乡村为最有乐趣的事业。

毕业后，出而服务，倘能再具有敏捷的手脑，诙谐的意思，勤恳的习惯，忠实的态度，创造的思想，丰富的同情和远大的眼光，他将来造福于乡村，一定是不可限量。

总之，乡师生在读书时代，准备越多，他将来成就也越大，物质上的报酬虽薄，精神上的安慰实多！深愿我亲爱的乡师生，一致的努力去改造这荒凉寂寞的乡村，一变而为锦绣灿烂的乡村。努力啊！努力啊！

栖霞战痕①

去岁孙军②南犯,薄江宵济,首都震撼,栖霞沦为战地。余与李君西涛守校有责,未能他去,几以身殉。事后,友朋中常有以战时实况相询者,爰即录学校日记中一部分事实,载诸《新村》半月刊以饷同人。文取其真,不敢稍作饰词也。

八月十日,南京中学校筹备委员会③请定黄君质夫、马君光斗来栖霞,接收前四师分校校舍、校地、文卷、图书、仪器、学生各科成绩及各项表册、校具等项,并由质夫君先期函约李君西涛,到校襄助一切。此行提来米、面、炉灶及洒扫用具多种。到校后,见校内屋漏墙圮,尘封秽积,农场荒草塞途,久绝人迹,而文卷、图书、校具等项,尤属凌乱无序,检查无目(校中久驻军队,接收时距军队开拔为日无多也),几为之束手无已。先谋吾人食宿办法,扫地、抹桌、汲水、炊粥,悉自操作,兴趣弥佳,然此已耗去吾人时光矣。晚膳后,与前四师分校事务员杨君少庭商定接收办法:先着手清理各项校具,分室陈列,依次登记,重行缮造清册,由接收委员会同保管员盖章负责,以昭郑重。事后各室加封保管,并将经过情形陈报筹备委员会查照。

八月十一日,雇短工四人,连同原有校工二人,由杨、李、马三君分别督率,从事整理校具并扫除室内积秽,栗六④竟日,尚未就绪。炊事仍属自理,麦饭葱汤风味,于今饱尝。乡村师范生不可没有做饭的技能,益觉前此个人主张,尚属非妄。

八月十五日,马君光斗、黄君质夫赴京,向南中筹备委员会报告接收四师分校经过情形,闻蒋总司令已下野,时局顿形紧张,京中绅富,携眷踉跄逃沪者,肩摩毂击,此辈之无胆无识,令人可笑可怜。

八月十六日,黄君质夫自京回校,对校中同仁说明时局真象,并讨论维持学

---

① 本文原载于栖霞乡师编《栖霞新村》1928年4月15日第2期。
② 去岁:指1927年。孙军:指军阀孙传芳的军队。
③ 南京中学校筹备委员会:指南京中学乡村师范科筹备委员会,负责接收原江苏省立第四师范栖霞分校。
④ 栗六:俗称忙碌为"栗六",亦作"栗陆"。清石寿棠《医原·自序》:"年来公车栗六,迄无暇时。"

校办法。

八月十七日,前线有退却消息,人心震动。入夜,某军某师来校借宿,无法却之使去,终夜为之骚扰不宁。

八月十八日,败兵到者愈多,纷扰愈甚,校具任意取携,房屋任意占用,独自称:"吾辈有纪律之军队也!"

八月十九日,驻校兵士,对于校具任意弃掷,稍加劝阻,则怒目相视,甚至欲以老拳回敬,为民众谋福利之军队固应如是耶?嗟呼!余欲无言。本日午后校工陈淦由京来校,吾人生活方面困难,始稍解决。该校工追随黄君质夫有年,夙著勤劳,尤擅长时植花卉,且为人忠实,为晚近校工中所罕见,故此次特召之使来。以校中各室为军队占尽,伊即卧于主任室地板上,其情形殆类曩日服务界首①被兵时也。

八月二十日,军队到者愈众,校内几无隙地,最后校工室亦为之占领,校工无处栖身,下榻于邻家,是亦奇闻也。邻室兵士昼夜纷扰,该管长官充耳不闻,军纪至此荡然矣。

八月二十一日,午后乌龙山炮台鸣炮数十响,声至沉闷,不甚明晰,得友人书,嘱相机暂避,意至可感,不知学校如可放弃,吾等何必株守!世变日亟,人皆以工于趋避为能事,不复知责任心为何矣。

战事迁延,校务无法进行,令人闷损。锄室后隙地种白菜、萝卜少许,供他日食用。闲情逸致,人将目吾等为不识时务矣。

八月二十二日,校中驻军仍未他调,空山寂居本大佳事,今日与纠纠者混居一处,呼吸几为之窒息。

沪宁车已不按时开驶,军事紧急,概可想见!入夜江口有枪炮声。

八月二十三日,校中存款将竭,黄质夫君为此乘车赴城一行,平日三十分钟可达之行程,今日以途中屡让兵车,迟至二小时始达,且车行至神策门,以下关遭逆军炮击甚烈,不再前进,令乘客下车,由此进城。人力车夫索价奇昂,令人咋舌,行旅之道苦矣!

八月二十五日,黄质夫君以时局日趋严重,遂回校主持一切。夜微雨,逆军分乘民船多艘,黑夜渡江袭击,驻军以兵力单薄,竟为所乘,遂弃江口而不守。

八月二十六日,竟日两军激战,枪炮弹掠余等项而过,危险殊甚。余等伏地

---

① 界首:指江苏省立第五师范界首分校。

而面上,藉避流弹。是时性命直等于鸿毛矣。

　　驻军退时遗弃衣物不少,悉为逆军所有。午后逆军第七师三十六团二营遣兵一连来校搜查党军踪迹,举动至为横暴,对吾人诘问备至,几为所窘,旋即他去。夜二时,逆军有兵一连来校借宿,坐以待旦,强与周旋,幸无损失。结果仅黄质夫君足上布鞋一双为兵攫去。枪声断续,彻夜未稍息也。

　　八月二十七日,昨夜南京遣某军来援,破晓即战,枪炮声由远而近,校内外即为架炮之地,每发炮,屋瓦为之震动,枪弹穿窗上玻璃而过,铮然有声,吾人咸屏息伏地,惊悸欲死,历六小时之久,敌军始败退。然高据三茅宫之敌,犹作困兽之斗也。是役毙敌近千人,目击断头折臂者流,惨不忍睹。彼残民以逞之徒,发号施令时,何当念及此哀哀小民也。入夜,远处仍闻枪声,知前方战事方酣,默想此枪炮声中,当断送不少健儿也!频年内战不息,民不堪命,殆浩劫前定无由幸免耶?晚某军来校借宿,人嘈马嘶,备极喧嚣,借碗索箸,更穷于应付矣。

　　八月二十八日,附近遗尸以无人掩埋,臭气逼人,不可向迩,吾人习闻之余,亦不甚觉得!

　　校中养料告罄,以银币一枚,向某营伙夫丐得米斗许,但河水以浮尸过多,不能取作饮料,愁云惨雾包围,吾人身处其中,疑非人境。

　　午后据前方归来者云,敌军由大河口渡江来战党军,败绩死伤不少。吾人为防患未然计,开掘土壕一座,俾于战事激烈时可以藏身。辛勤终日,至晚始竣事。入夜,江口复有敌军来攻,被驻军击退。驻校军队时有以校具摧作薪烧者,阻止无效,军队富破坏性质,到处皆然也。

　　八月二十九日,乡人轰传前线不利,纷纷逃避,扶老携幼,哭声震野!吾人守校有责,理无可逃,亦惟有听之而已。夜间,军队纷纷调动,战事激烈概可想见。

　　八月三十日,黎明,驻校军队悉开赴前方,四周枪炮声若连珠。然伤兵自前方归者,络绎不绝。本校时为某军野战病院,断肢折臂之徒,触目皆是,呻吟之声四起,令人闻之凄楚欲绝!有因伤重而丧命者,一抔黄土埋骨,青山人寰永绝想,犹是春闺梦里人也。呜呼丧哉!

　　午后,形势益觉严重,到处皆呈恐怖现象。默念死神行将惠临,值此乱世,生亦无乐,死何足悲?精神上反觉安适不少。炮声由远而震屋欲坍。

　　八月三十一日,前方两军酣战竟日,结果敌军溃退。双方死伤达数万人,积尸盈野,诚浩劫也。

　　九月四日,沪宁路通车,战事至此完全结束。吾人收拾烬余,又作开学计矣。

本省各中学师范科联合会南京中学乡村师范科提议案[1]

一、乡师应请大学行政院辅助图书费及实验材料费案

理由：

（一）乡师学级数少，而各项预算之用途又早经明白规定，图书费及实验材料费，事前未列入预算，苦无通挪余地。

（二）乡师预算叠经核减，平日应用极感不敷，若再遵照大学行政院通令，学生图书费及实验材料费免缴，势必致终岁不置一新书，各种学科实验完全废止，如此办法恐多窒碍。

（三）乡师无学宿等费收入，挹注无从。

（四）乡师生类多贫寒，他校既免缴纳，乡师自未便独异，增加学生之担负。

办法：

（一）本学期退还学生之图书费及实验材料费，应请大学行政院如数补发。

（二）下年度各校开列预算时，得将图书费暨实验材料费列入。

（三）可否由中学本部学费收入项下，酌拨一部分津贴乡师。

（四）由官厅拨给乡师所在地官荒或庙产一部分，供给乡师学生垦植之用，即将所有收入拨充乡师图书费及实验材料费之用。劳而后得较之奖学贷金专门嘉惠寒酸者有异。

以上所拟四种办法是否有当，敬乞公义。

二、本会应呈请官厅划拨乡师所在地附近区域试办模范村案

理由：

（一）乡村师范是乡村文化的中心，此为近今一般教育家所公认。本此原则，乡师对于所在之社会，应负有改进之责，不当仅视为教育在校学生之机关，并宜设法使校外人民亦得蒙其利益，沐其教泽。

---

[1] 本文原载于栖霞乡村师范编《栖霞新村》半月刊1928年5月1日第3期。

（二）乡村社会因人财缺乏，故一切事业皆落人后，新者故勿具论，即固有者亦无改进之可能。乡村师范在地方上既占优越之位置，其财力虽有限，而人力则较胜倍蓰，对于乡村社会，自宜居于指导领袖之地位。

（三）最近各县地方虽有创办新村之举，究其实在，不过张贴几种标语，挂起一块招牌，即算了事，似此有名无实之举，殊不足以言改进乡村社会。兹为供给各地观摩起见，乡师亟应试办模范村，为率先倡导起见，乡师尤不得不试办模范村，且可一方面促进所在地社会事业之进展，增加教育上之效率，一方面练习在校学生办事之才能，为他日服务之准备。

（四）促进社会之进步方法固不止一端，但有时限于权力之所不及，施行上发生许多困难，致有事倍功半之叹，甚或言之谆谆，听者藐藐。倘能事权集中，奖惩兼施，则进行易而收效宏。

办法：

由本会申叙理由，呈请省政府划拨乡师所在地附近区域，试办模范村，举凡村内一切地方行政，如教育、实业、交通、公安等事，悉由乡师负责指导最好，模范村村长即由乡师主任兼任，俾收指臂之效。

上项提案是否有当，敬乞公议。

三、早日实现延长乡师学生修业年限案

乡师学生修业年限应行延长，本会早经议决在案，官厅迄未见诸实行，转瞬即届下学期开始时期，如延长在校学生修业年限，不得不有充分之筹划。可否再由本会呈请大学行政院，即日训示，以利进行。乞公议。

附录本会第一次在无锡举行筹备会时，乡师科主任联席会议记录关于此案原文以供参考。

提议事项：延长乡村师范修业年限案

议决：逐渐增加乡村师范修业年限，现在至少增一年。理由有四：

（一）担任国民教育的教师，无论城市乡村，应有同等程度。

（二）现今乡村小学亦有设立五、六年级者。

（三）乡师课程除学习普通基本学科外，尚有农业教育课程及教育实习时间。

（四）学生在初中学年内本不应授以职业教育（师范教育系职业教育之一）。

四、师范学校仍应专设案

自师中合并后，师范教育独立之精神，因之破坏，历时既久，弱点愈著。心

所谓危,不敢不言,兹请申述师范学校仍应专设,理由如次:

(一)师范学校所设之普通学程,与普通中学所有者尽有相同,但两者选材内容及教学应注重之点,究有差异,未可强同,盖后者仅注重知识之习得,而前者除此以外,仍须习得知识传予之方法。其他如社会情形、儿童心理等问题,亦均须有深切之了解,为他日服务小学时应用上之准备,藉谋教学上效率之增进,断非普通中学增授几门教育学程所克胜任也。

(二)教育虽为一种职业,但与他种职业有别,从事教育者必须体格健全,能耐劳苦,品格高尚,堪资表率,对于本身职业有浓厚兴趣,肯认定其职务为终身之事业者不可。师范学校之设,即谋所以训练理想之教师也,其任务为培养其理想,丰富其智识,训练其技术,而使成有效率之教师耳。

(三)教育为实现国家理想之工具,师资为教育之基本,师资不良,则教育无从发展。故凡一国之师资,其训练,其精神,必期全国一致,方足以谋民众之福利,国家之存在。故他种职业教育不妨自由设施,而惟师范教育非有专设之师范学校不可。

(四)师中合并后,为之长者责重事繁,事事躬亲,精力定虞不继。若仅主持大体,进步定行迟滞。现在各校师范科,虽均设有专人主持各该科一切事宜,然以权限不清,用志不专,致效果未见宏大。

(五)南中合并后,师范教育专业之训练不著,直接影响在校师范生之思想行为,间接影响他日服务社会之效率。

办法:

根据上述理由,为谋教育之进展起见,师范学校似仍有单独设立之必要,可否由本会申叙理由,呈请大学行政院采纳施行如何?乞公义。

五、本会应向教育当局建议划拨庙产移充教育经费案

理由:

(一)打倒僧阀,解放僧众,划拨庙产振兴教育之说,为一般人所公认,他省且已由理论而见诸实行,吾苏似不应独后。

(二)近今吾苏教育经费万分竭厥,维持尚虞不继,发展更难言及。若谋他种开源方法,枝枝节节有类苛捐杂税,徒失却人民信仰心理,倘能划拨庙产移充教育经费,化无用为有用,至为合理。

(三)迷信足以妨害人群进化思想,普通僧众所为,无非焚(以下内容原文缺失)。

和乡村教师的谈话[①]

现在我很相信：真正到民间去做下层工作的人，只有乡村教师；真正劳苦功高、为民众谋福利的人，也只有乡村教师。

乡村教师所负的使命既这样大，对于人类的供献又这样的多，照理讲，社会上的群众应该如何的激发天良去优礼那乡村教师呢？事实上却不然，他们对于普通小学教师已经是瞧不起，那里还去理会乡村教师呢？乡村教师不受普通人的重视，我并不奇怪，我并不诧异，最令我不解的，就是一般自命为教育家的人，他所行所为，又何尝想到乡村教育是什么一回事呢？他有时因为城里住得不耐烦，或者是不出风头，他就跑到乡间里来，藉口提倡乡村教育，挑一担柴，赛赛跑，甚至穿上一双草鞋，做一两套把戏，就算是农民化了哪！于是报纸上大宣传特宣传起来，拿这件事认为和"天子躬耕""皇后亲蚕"是一样的盛举。唉，这班大人先生们真会沽名钓誉呀！不然，乡村民众既然比城市里多，纳的税又不少（教育经费差不多完全是由农民负担的），为什么用在乡村的教育经费，远不如城市教育经费的那样多，乡村教师的待遇，就远不如城市教师待遇优厚呢？他们对于这种畸形的发展，不平的待遇，从未主持公道，据理力争过一次，也许他们还认为这是当然的事实吧！

我亲爱的同志！你们应该本着自求多福的精神，努力去奋斗，要求我们应得的待遇！我始终承认：人类的生活是互助的，我有一分的享受，就应该有一分的供献。换句话说，我有一分的供献，也应该得到一分的享受。仅有享受，毫无供献的人，是社会上的废人。倘若对于社会上仅有供献，毫无享受，恐怕也是不近人情吧！牺牲个人，为群众谋福利，本是最有价值的事业，不过要大家都要抱着这种理想和态度才好，仅仅乎我们几个乡村教师去牺牲，是没有多大的效益。我们希望诸位同仁，好好的团结起来，一方面对于本身的职务，努力向上，博得社会上同情，予我们以相当的赞助。同时，还需着我们大声疾呼，多方奋斗，本着我们努力的程度，要求我们应得的待遇和地位，不要醉生梦死，长久过这仰人鼻息的生活啊！

---

① 本文原载于栖霞乡村师范编《栖霞新村》半月刊1928年5月15日第4期。

乡村师范对于农事改良上应负之责任[①]

乡村师范负有改进农民生活之责,对于农民生活所寄托之农业,当然不容漠视。惟是改良农事,谈何容易!以设备不完之乡村师范,经验不富之乡村师范生,肩此重任,得毋韬侈谈学理、不求实际之讥耶!著者与农学曾略窥门径,毕业后服务乡师行将四载,平日本己所学,力求建树,结果成效未见大著。居夜自思,倘能以农事研究属之大学农学院及农事试验场,而以农事推广事业属之乡村师范,农学院及农事试验场予乡师以学术之指导,物质上之赞助,俾农学院及农事试验场研究之所得,乡村师范均有享受获得之机会,因而乡师学生对于该项学说,亦得有充分之了解,将来出任小学教员,传授之于一般农家,则农事改良自易推行矣!换言之,即利用乡村师范为农业推广人才之养成机关,而利用乡村小学以为改进农民生活之基本组织,将来乡村小学必易增加,而此种农业推广机关将遍布国中,对于改进农民生活一事影响必巨,此诚分工合作、相因为利之举也。兹将乡师对于农事推广上应负之责任分述于次:

一、组织农事调查团

欲谋农业之改良,首宜明了其现状而成。我国于此种事实竟绝少统计报告,盈亏优劣无从稽考。乡村师范学校既负有改良农业一部分之责任,对于农业现状不可不注意调查,冀得一实在之真象,以供改良方面之参考,此事可利用寒暑假期为之。

二、组织农业宣讲团

乡村农民知识浅陋,对于农业每故步自封,不求改进。为灌输新知识,宣传新方法起见,宜就乡村适应地点宣讲农业上临时发生之问题,及其应行改良之点,宣传时佐以幻灯影片,可使农民易于明了而信从。

[①] 本文原载于栖霞乡村师范编《栖霞新村》半月刊 1928 年 6 月 1 日第 5 期。

三、筹设农业展览会

乡村老农虽云经验丰富，惟守旧性深，纵有农业新方法，若非目击其效果，则终不之信从。故学校当筹设展览会，向大学农学院及农事试验场征集普通作物、特用作物、蔬菜、家畜、林木、病虫害、农具等之优良者，分别陈列比较，附以简单说明，或实地表演示范，可使农民发生信仰之心，切实仿行。

四、设立种苗交换所

农业之衰败，固由于栽培方法之不善，而品种恶劣亦一大原因。为改良作物品种起见，特搜集各地优良种苗，加意培植，以供农民之需求，或互相交换，或代为购办，汰恶留良，裨益将必不浅。

五、刊印农业改良浅说

展览会之效益虽大，终究不免限于一隅，且事过境迁，未必均能如法仿行，故为宣传普遍起见，不可不有浅近之农业刊物分送农民，使其读后而实行改良。

六、印送农业改良图画

乡村农民知书识字者寡，刊印农业改良浅说，恐有时不能阅读，是则虽有新方法，亦莫能推行农业，改用简单明了之图画，一睹即解其意旨，则宣传方法必较有效。

七、组织青年农业竞进团

成年农民惯于守旧，纵有绝好之栽培方法，亦往往不易推行。惟青年男女性喜新奇，若为之组织指导，使其推行新方法，则必较易信从，如更加以奖励，益可使其努力。

八、设立农事讯问处

改良农业其道甚多，学校设一农事讯问处，使乡人有关于农事上之疑难问题者，得有机会函询面谈。该处应据理详细答复，有时或代为规划一切，俾有所遵循，则推广事业尤易奏效。

栖霞乡村师范服务社会之实况①

学校为社会公共机关之一,其存在之价值在促进社会之进步,此为近今一般言教育者之共同主张。本科成立未久,又值兵灾后破残万状,补苴罅漏,自救不遑。然以职责所在,对于社会服务一道,极端重视,力之所及,无不乐于从事,期于三年内使本科所在地变为"野无旷土、村无游民、人无不学、事无不举"之理想乡村。兹将本科现时服务社会实况,分述于次,尚希阅者有以教之。

灌输文化 栖霞居民平日除务农外,多以凿石为业,识字者极少。本科为灌输村民文化起见,特设村民图书馆一所,就四师分校门房改设,内备平民读物多种,并由本科师生分任指导。每日来馆读者颇多,获效甚大。

传播新闻 乡居者以交通不便、邮递迟滞之故,对于外间消息,多不明真象。本科特设新知识张贴牌多处,每日在报章上摘录重要新闻数条,由学生中工书法者分写张贴。

劝戒赌博 本地居民工作之余,时有藉赌博以消遣者,呼卢喝雉,夜以继日,多时辛勤所得,一旦输去,至无有赡家糊口者,情殊堪悯!本科师生有鉴于此,特设法劝导乡民戒赌,成效颇著,并闻有发誓以后不再赌博。

疾病治疗 乡村人民缺乏卫生常识,每易染各种疾病。乡村地方对于疾病之疗治机关,又十九阙如,故往往极小之病,变为不治之症。本科为促进乡民健康计,特设栖霞医院一所,送诊施药不取分文。就医者日有数十人,有远自数十里以外来者。

通俗讲演 乡村人民因僻居内地,不闻时事,对于各项常识极形缺乏。本科为灌输新知识、传播新文化起见,常就相当时机,选择乡村适当地点,举行通俗讲演会,并佐以图表及幻灯影片等物,使乡民易于明了而信从。

提倡清洁 乡村居民缺乏卫生常识,致使身体常罹疾病,损害健康。本科近来对于指导村民清洁一事,提倡不遗余力,村民颇受感化,吾人深为欣慰。日

---

① 本文原载于栖霞乡村师范编《栖霞新村》半月刊1928年6月15日第6期。

前联络村民举行第二次清洁运动,白叟黄童,悉加入操作,极一时之盛。现本村各处,均觉整洁可观矣。

公开娱乐 乡村人民终日勤劳,毫无娱乐机会,故生活甚形枯燥。本科特设一游艺室,备置各种乐器及弹棋围棋等,供乡村人民暇时娱乐之用,使其生活丰富,乐于村居。

家庭教学 乡村人民因经济困难及劳苦工作之关系,致使年长失学或无力就学者,不知若干人。本科为救济斯项弊端起见,特提倡村民识字,师生每人担任指导村民三人,课余之暇分赴各村民家庭教学,并协助其改良家事。

开放庭园 乡村地方公园,全村阙如,村民工作之余,缺乏正当消遣之所。本科特辟栖霞公园一所,莳植各种花草,供本村居民之娱乐玩赏。每当夕阳西下时,游人麇集,留恋而不忍去。

交换种苗 本科为改良作物品种起见,特搜集各地优良种苗,加意播植,以供农民之需求,或相互交换,或代为购办,汰劣留良,于农事改良上,裨益将必不浅。

破除迷信 乡村人民知识浅薄,迷信极深,加以本村逼近栖霞寺,耳濡目染,受毒尤烈!近日该寺举行春戒,善男信女,联袂偕来,焚香诵经,愚状百出。并有某僧自称活佛,似疯若癫,对于女性备极狎昵,肆无忌惮,美其名曰"结缘"!此种举动足以破坏地方风化,阻碍人群进步。故本科每日派人赴该寺附近讲演,藉以唤醒愚顽,破除迷信。

宣传国耻 近百年来,外侮迭至,长此以往,国将不国。吾人于创巨痛深之余,当谋所以雪耻之道,第一须唤起民众,明了国际间新形势,及列强谋我之野心,与夫吾国积弱不振之原因,此即古人明耻教战之旨也。最近,本科由宣传股搜集国耻事实,编为标语歌谣,张贴通衢,或令农民演唱,以期家喻而户晓。

调解争讼 乡民无知,偶因细故发生争执,结讼经年,贪官污吏、地痞流氓复从而唆使之,愚弄之,结果每致倾家荡产!本科有鉴于此,遇有附近村民发生争执时,即多方劝其和解,试行数月,成效大著。

指导村政 江宁县试行村制,最近委托本科协助指导江乘乡村政,树立村政基础。本科欣然担任此事,并为之规划村政一切进行事宜。

提倡植树 本科附近诸山率多濯濯,旷地自荒,未免可惜!为点缀风景、培养水源、调节气候、增进地方收入计,亟宜提倡植树。本科于今春特购入松、柏、桑、榆等树苗约万株,依法栽培,藉示提倡。农民观览之余颇受感化,近亦知植树之重要矣。

集会指导 本科对于乡村人民有益之集会，均假以大会堂为会场，并从旁多方为策划一切，乡民无不称便焉。

代书信件 乡村居民识字者少，能操笔作信件者，更形缺乏，每有缮写等事，极感痛苦。本科特设一村民问字代笔处解决此项问题，由师生分任其事。

改进农事 乡村师范负有改进农民生活之责，对于农民生活所寄托之农业，当然不容漠视。本科特组设农事讯问处、种苗交换所、农业宣讲团，以谋农事之改进。

乡村调查 欲谋乡村社会之改良前，宜明了其现状，故本科有乡村调查团之组织，对于乡村社会真实情形，无不一一调查清楚，以供有志改良乡村社会者之参考。

贷金周急 乡村缺乏金融流通机关，又无适当典质场，偶有所需，借贷无门，周转乏术，窘迫不可言状。本科久拟筹设农民信用合作社解决此事，顾一时不易实现，遇村民有急需用款处，常予以相当之赞助。受者几于感激涕零，事后均能按期归还。是亦至足引为欣慰者也。

印送刊物 本科为谋乡村教育之改进，讨呈新村建设事宜，及报告本科与实验小学各种设施之结果，特发行《栖霞新村》半月刊暨其他刊物多种，广为分送，藉以就正于有道。

救灾恤邻 乡村向缺乏消防组织，一遇火患，施救无从，延烧多家，情况极惨。本科特组织一消防队，备有水龙二具，水桶两只，所有队员均曾经相当之训练，一遇火警，即驰往施救。从此祝融当不再肆虐矣。

供给用品 栖霞村向无大规模之商店，自本科组设"栖霞商店"后，因比较上货物齐备，定价低廉，购者日众，有来自十数里外。然于此亦可见栖霞村民生活之困苦，与日用物品供给之不周矣。

职业介绍 本村居民有因耕地狭小、人口众多之故，生计极形困苦，平时又与外界绝鲜往还，以致谋生无术。本科特多方设法，为介绍至各机关服役。据最近调查结果，凡本科介绍在外之职工，对于职务无不勤慎从事，得雇主之欢心。

栖霞乡师十六年度之回顾[①]

本科系就前江苏省立第四师范分校改设。十六年八月十日，南京中学筹备委员会请定黄君质夫、马君光斗来栖霞办理接收事宜，时校中以驻兵日久，破残不可言状，正拟收拾烬余，俾复旧观，讵料孙军于八月二十五日夜，渡江来犯，栖霞沦为战区，黄君质夫、李君西涛守校有责，未能远避，几以身殉。在此期内，军队往还无虚日，窗门校具悉充燃料，图书仪器散失殆尽，骤视几类破庙，不复知为弦歌场所矣。九月四日，军队他调，前校长邰君爽秋由美归国，聘黄君质夫为本科主任，始着手规划一切，十月十一日起正式上课。时值战后经费竭蹶，万状进展綦难，幸赖在校同仁，一德一心，惨淡经营，阅时数月，稍复旧观。今春沈校长任事伊始，即主张划分中学本部与本科之经费，俾本科事业得有相当进展。岁月不居，时节如流，一载光阴，忽然已过，本科事业如何进行，外界多欲明其真象。兹不揣固陋，仅将本科过去一年之事实，分述于次，尚祈海内诸教育家有以教之，为无量幸。

目标之订定：

乡村教育为新兴事业，前无定范遵循，何自稍一不慎，即易流入歧途，固同人等任事伊始，几经考虑，决定本科教育目标：第一步，使教育乡村化；第二步，使乡村教育化。一方面要思想言论行为合一，一方面谋家庭学校社会沟通，毋逆情以干誉，毋随俗以浮沉，不计近功，不求速效，对内则订定本科十大信条，以坚确吾人之信仰，激发吾人之奋勉：

一、常想着乡村教育是救国惟一的政策

二、常想着乡村师范是乡村文化的中心

三、常想着乡民是我们的好友

四、常想着乡村是我们的乐园

---

① 本文连载于栖霞乡村师范编《栖霞新村》1928年10月第7期和1929年1月第10期。

五、努力做师生协作的工夫

六、努力把教学做打成一片

七、努力实现新中国的乡村

八、努力创造新时代一个乡村师范

九、生活简陋思想不要简陋

十、埋头的努力胜过无谓的夸张

对外则订定本科努力之目标，昭示于众，使明了本科今后努力之途径：

一、要能领略教育乡村化和乡村教育化的真谛

二、要能实行朴而不陋、美而不费的主张

三、要把思想言论行为合一

四、要谋家庭学校社会沟通

五、要引起乡村人民有创办教育的兴趣

六、要协助乡村人民发展生活的本能

七、要把总理衣食住行的计划推及于一般乡村

八、要把我们手足身心的技能尽量的献给农民

九、要知道献身于农工社会的改进事业，便是党治下一个忠实国民

十、要明白努力于农工生产的发展大计，便是党治下一个健全分子

十一、要能做一个乡村教育萌芽时代的急先锋

十二、要能做一个乡村教育萌芽时代的奋斗者

期于三年之内，使本科所在地附近之乡村进为"野无旷土，村无游民，人无不学，事无不举"之中国新乡村之一，然后再及其他，是亦行远自迩、登高自卑之旨也。

人才之罗致

本科一年来艰阻备尝，而令吾人认为最难解决者，莫过于人才之消乏。其故：① 政体革兴后，各方需才孔亟，见异思迁，人情皆然。我教育界同志于此潮流中，舍其旧有生活，而改就其他事业者，颇不乏人，于是荒凉寂寞之乡村，向以人才消乏为虑者，今乃更形恐慌矣。② 乡间盗匪充斥，劫掳时闻，危机四伏，保障毫无，每足令有志开拓乡村之士，视乡村为畏途，裹足而不前。③ 本科学级数少，而所设科目则应有尽有，若延一人而兼教数种科目，敷衍塞责，事实上窒碍固多，恐亦非吾人良心所许也。设分科延揽专门人才，担任教学，按时计薪，待

遇菲薄,不言而喻,恃此戋戋修金,用以维系相当人才,未免所挟者小所欲者奢矣。④ 乡村交通梗塞,邮递迟滞,文化每形落后,设备简陋,环境单纯,巧妇无所施技,有志进修之士,往往避之若将浼焉。职是之故,吾人所渴望之理想乡村教师,具有冷静头脑、热烈心肠,有理想,有抱负,任劳任怨,了解乡村教育真谛,不为嗷饭而来者,真如凤毛麟角,才难不其然乎?今也本科各项人才,在比较上尚可自信,然却未敢以此自足,稍事苟安也。

校舍之修建

本科校舍,系沿用四师分校校舍,益经兵燹,破残殊甚。去岁复校后,即着手整治,举凡事之可以不假手工匠者,莫不由全体师生通力合作为之。尽人力以济财力之穷,非仅习劳而已也。积一年来之惨淡经营,除恢复校内各部旧观外,并按照事实上需要之缓急,分别建筑下列各种新房舍,计有浴室三间,理发室一间,洗衣室一间,工场五间,清洁用具室二间,栖霞旅舍三间,民众娱乐馆六间,寝室十二间,温室三间,猪舍三间,并将旧有房屋之不适用者大加修葺,辟为村民图书馆、村公所、栖霞医院、栖霞照相馆、栖霞饭店、栖霞商店、栖霞豆汁公司、卫生教育馆、农业指导所、农民教育馆、消防队、村童军部、炊事材料室等,最近复购买民地十亩许,充实验小学及民众茶园建筑之用,于是本科校舍稍稍具规模矣。此项修建经费,先后仅领到临时费四千七百五十元,余则铢累寸积,悉由经常费项下撙节而来,本科经费平日支绌状况概可想见矣。

训育标准之厘定

根据本科之目标(见前)及职能(① 参照乡村环境,适应地方需要,养成优良乡村小学教师暨改进农民生活之人才;② 根据学区内乡村生活实际情形,切实研究乡村教育之实施与改进;③ 尽量协助农民组织与建设,并改良其生活;④ 乡村小学之指导与联合研究),从事乡村领袖人物之培养。盖欲求乡村之进步,非有相当之乡村领袖人物不可,而乡村学校之教员,实为最相当之乡村领袖人物,此项人才之修养,吾人认为应具有下列之条件:

1. 和蔼的态度
2. 丰富的感情
3. 坚强的意志
4. 活泼的精神

5. 强健的体魄
6. 好学的兴趣
7. 正义的信仰
8. 勤朴的习惯
9. 高尚的理想
10. 真挚的同情
11. 远大的眼光
12. 敏活的手腕
13. 勇毅的气概
14. 领袖的才能
15. 雄辩的口才
16. 科学的头脑
17. 创造的能力
18. 奋斗的勇气
19. 耐劳的身手
20. 牺牲的决心

故本科学生训育标准即本此而订,同时并订定共同遵守之信条,书于公共集会场所,使学生明了所负责任之重大,而益加奋勉。纪念周时,全体须朗读一遍,所以牢其记忆,坚其信仰也。至于实施方法,除订定各项公约俾可共同遵守外,兼积极提倡各种生活作业、休闲生活、社会服务等事,以养成其责任心与合作之精神,务使学生离校以后,能本其所学,终身服务乡村也。

中山陵园建设新农村计划大纲[①]

中山陵园有建设新农村之议，嘱同义代为计划，事属草创，不易着笔，爰就所知略述如次：

十七年十一月十八日，陵园计划委员会专门委员开会，讨论结果，决于十八年三月十二日以前，先办朝阳门卫桥西北新村一区，并命义草拟计划，以供采择施行。时阅多日，未能着手，殊深歉疚。现为期迫促，下列各事如何进行，尚希诸委员酌夺办理是幸。

前湖村、卫桥、石像村三地，有荒塚一千三百九十二座。此等荒塚凌乱无序，既损观瞻，又占耕地，似应通告附近居民，于最短期内设法迁葬，逾期可否由陵园代为迁葬于陵园界外适当之地点。

村中干路支路可否提前辟治以利交通。

村舍建筑何时兴工，是否另行延聘专家计划。

陵园新村第一小学校址如何圈定，可否先聘定筹备员一人，负责规划校舍建筑及招生等事。

新村村民可否先行着手选择，其不入选者，应如何为之谋，免致彼等流离失所，以示体恤。

耕地整理与分配可否即日从事，以免向后天寒地冻，施工不易。

新村地面旧有农舍，如于建筑计划上有妨碍者，可否先行拆除，以便布置。

年来国内创办新村者，虽时有所闻，而成效殊不多见，原因虽多，要皆由于人才缺乏所致，可否由陵园选派一人，分赴各地新村实施考察，藉广见闻，以利设施。

新村建设经费应设法早日确定，专款存储，或分期拨付，以利进行。

新村建设事业至繁，事权宜如何划分，以专责成。

此次建设新村，为树全国风范起见，似不宜过事简陋，可否将朝阳一区新村

[①] 本文原载于栖霞乡村师范编《栖霞新村》半月刊1928年12月15日第9期。

一切设施纯照理想做去，应有尽有。至灵谷山北两区设施，则不妨稍简，俾各地易以仿行。

新村办理各种自治事业，经费将来除新村自筹外，陵园是否酌予补助。

新村建设程序可否依照下列谋划进行（第一区限于十八年三月十二日以前建设竣事）：

一、设置新村办事处一所，并暂设下列三股，分掌新村各项事宜：

1. 总务股　掌文书、财政、统计、编辑、调查研究及其他不属各股事项。
2. 村政股　掌自治、卫生、水利、交通、公安、合作事业、农事改进等。
3. 教育股　掌学校教育、社会教育等。

二、确定新村界址，并测量其地积。新村之土地，以陵园范围内剩余之土地适合农作者充之，剩余之零星土地，不适于农作或其面积太小者，亦得酌量情形，划归新村辟为果园、桑园，由新村农民管理之。新村地点确定后，即测量其地积，制成详图，以便区划各村居民，以一百户为限。

三、调查新村户口，慎加选择而组织之。选择标准：

1. 居住陵园界内已满五年者；
2. 确实以农为业者；
3. 年壮力强而无疾病者；
4. 品性优良而无嗜好者；
5. 略识文字并愿遵守新村一切公约者。

选择之办法另行规定。新村之组织，以五家为邻，二十五家为闾。村设村长副村长各一人，由陵园主任委任之；邻设邻长一人，闾设闾长一人，均由村长委任。村设村公所，办理各种村务，其规约另定之。

四、耕地整理与分配。各村面积测量完竣后，着手迁移坟墓，并依地势之高低加以整治，整地费由陵园支给。每家耕种之面积，视其人口之多少及土地之性质而定，以十五亩为最少，以三十亩为最大限度。

五、农舍之建筑。新村村民每户有正屋五间，杂屋二间，砖墙草盖。至屋之式样及位置，统由中山陵园规划，以美而不费、朴而不陋为原则。建筑费用由陵园支给，修理费用由居住者担任。

六、制定村公约及各项暂行条规。

七、村道之修筑。新村干道用砂石，路宽一丈二尺，支道用煤屑，路宽六尺，两旁栽植行道树，费用统由陵园路款项下拨给。

八、设置陵园村第一小学（办法另行规定）。

九、设立村公园、村民图书馆、阅报室，均附设新村小学校内。

十、设立公用市场。朝阳门外所产西瓜、百合、黄芽菜等物，颇为著名，乡民交易向无一定场所，沿路设摊，殊不雅观，拟辟一公用市场，俾买卖两方可群集一处。

十一、设立村民诊病所及卫生指导处。乡民一罹疾病，无法治疗，惟有乱投药物，或祈祷神鬼，以此横遭夭折者，比比皆是。新村拟设诊病所一处，费用由陵园担任，病时送诊施药，平时注意指导公共卫生，俾农民稍具卫生常识，减少疾病死亡。

十二、筹建公共浴室。乡村居民入浴时少，染皮肤病者极多，本村拟建公共浴室一所，建筑费由陵园担任，维持费由村民平均担负。

十三、筹建体育场、民众茶社及民众娱乐馆。乡民缺乏正当娱乐，即易以烟赌为消遣。上列设备在新村中，确有设立之必要（办法另行规定）。

十四、筹建民众教育馆，内分图书、农林、博物、工艺、史地等部，所需经费由陵园筹拨。

十五、举办白话壁报，并揭示通俗格言。

十六、设立民众学校，附设新村小学内，召集成年失学村民，晚间上课。课业用品，新村经费项下支给。

十七、联络农事改进机关，举行农业讲习会。

十八、筹设信用合作社、生产合作社及消费合作社。

十九、除耕作外，提倡村民造林、栽桑、养蚕、畜牧。

二十、指导村民经营农产制造或其他副业。

二十一、疏浚沟渠，藉免旱涝。

二十二、组织村议会及进德会。

二十三、联络国内外农事试验场，供给新村村民改育种子及畜种。

二十四、训练村民集会仪式，并使其明了对于陵园应尽之责任。

本科农民教育馆计划草案[1]

纲要

本科根据中大扩充教育处及农矿厅颁布办法,参酌本地社会情形,建设最合宜的农民教育馆一所。

本馆房屋,暂以平房五间为陈列各种品物之用。

本馆管理人员,暂由本科扩充事业主任担任,其余任务由本科学生处理。

本馆暂分下列几种事业:① 农民常识;② 各种标本;③ 农产改进标本及办法;④ 事物发明的原始情形;⑤ 定期宣传农人田间指导事宜;⑥ 定期推行流动农民图书馆事宜。

本馆物品来源:① 购买——由本馆另筹;② 捐助——由本馆向各方捐募。

本馆募捐事宜,由本科主任委托各教员及学生农友设法募集。

本馆绘制图表,由本科主任委托本科职员学生努力绘制。

本馆标本制作,由本科主任委托工厂主任代为制办。

本馆服务人员,除扩充事业主任主持外,实小教师亦参加服务以期发展。

本馆经费不充时,得由主任设法募集,或呈请中大扩充教育处或农矿厅拨款接济。

本馆细则另订。

事业方面的计划

甲、新式农具(办法)

一、向各农科大学征求废弃不用之新式农具。

二、少量金钱可以购得之农具。

三、绘挂图(每种一张)。

---

[1] 本文原载于栖霞乡村师范编《栖霞新村》半月刊1929年3月15日第11期。

乙、旧式农具

风车、水车、牛挽水车、手挽水车、犁、耙、锄、锹、铲、镰刀。

一、征求旧物——向本村各农友家中搜集。

二、自制模型——木制或白铁制。

三、绘挂图。

丙、农产标本

一、种类：本村所产之米、麦、稻、豆、果、棉、麻等物；本省各县所产之米、麦、稻、果、豆等物；日本及欧美所产之米、麦、稻、果、豆等物。

二、办法：向农业学校征集；绘制标本。

丁、农人的常识

一、农家历——商务出版，用纸轴写出，悬挂室中。

二、国历节气表。

三、新法施肥挂图：桑之施肥法，桃之施肥法，豆之施肥顺序，麦之施肥顺序，稻之耕耘手续，甘蔗和马铃薯的种植法。

四、各种图片，如葡萄田之盛况，玉蜀黍之产量等，养成农事企业观念。

五、本乡农产品产量比较图（用各种物形多寡，表示各种产量度数）。

六、各种植物、动物生理解剖图。

七、新法豢养动物的小册子。

戊、农人教育

一、各种中药的认识（附救急的西药标本）：用小玻璃盒装少许药物，标明药性、名称和功用，及每两之价值。

二、各种枯鲜果品的认识：鲜果由乡村师范工厂用蜡制标本，如苹果、柠檬、橘、柚之类；枯果向商店买来，用纸盒装置，上标明用途、名称、每斤价值。

三、各种日用品的认识（每种一二样，标出名称和价值）：

  国货的火柴如……

  国货的毛巾如……

  国货的棉布如……

  国货的牙刷如……

  国货的牙粉如……

  国货的纽扣如……

  国货的玩具如……

国货的化妆品如……

　　国货的布伞如……

　　国货的套鞋如……

　　国货的毛袜如……

　　国货的线袜如……

　　国货的肥皂如……

　　国货的蜡烛如……

　　国货的茶杯如……

　　国货的琅磁如……

　　国货的油灯如……

　　国货的香烟如……

　　国货的线带如……

　　国货的纸张如……

四、东洋货的举例。

五、西洋货的举例。

六、本国十二个月的风俗（参照儿童通俗画、通俗教育画）：

　　正月拜年

　　二月耍灯

　　三月清明

　　四月养蚕

　　五月端午

　　六月称人

　　七月七巧

　　八月中秋

　　九月重阳

　　十月双十

　　十一月总理诞辰

　　十二月大扫除

七、各种契据文件的认识：借据、典契、卖契、收条、期条、信函、粮票、传票、公函、公文、批示、布告、广告、传单、讣闻、哀启，每种选一种用纸张裱拓成轴。

八、各种事物的标本：货币的种类、邮票的种类、木头的种类、金属的种类、交通器具的模型、本国的文字形式、各国的文字形式、本地古迹的影片和说明、本地古迹的碑帖裱轴、本地出产的石器标本。又如卫生挂图、通俗教育书等,约二百幅(裱拓成轴)。

关于本事业约须之用具

一、纸盒:长三寸、宽二寸之有盖玻璃盒五百个。

二、种子瓶二百个。

三、纸裱轴子约一百幅。

四、柜子八张。

五、台子一张。

六、标签若干。

七、流通图书车一部。

关于本事业约须之款项

一、纸盒,二十五元。

二、种子瓶,□□(如不用瓶,亦可用纸盒)。

三、纸裱轴子,约十五元。

四、柜子八张,约三十元。

五、台子一张,约五元。

六、标签,约三元。

七、流通图书车子,约二十元(有事可用他推行流通图书,无事可做学校运物之用)。

八、购各种标本实物,一百二十元。

按以上各种计划,可得概况如下:

一、占房屋五间;

二、约有品物一千种;

三、约挂图五百幅;

四、约三个月可以完成,约需经费二百元。

我们友农社的设计①

友农社的目标

一、使农友明了自己在乡村里的地位。

二、使农友明了自己和社会国家的关系。

三、使农友明了"农业神圣"而乐于劳动。

四、使农友明了乡村环境的优美而乐于村居。

五、使农友明了日常生活的常识和国家的时事。

六、使农友明了三民主义。

七、使农友明了强健身心的方法。

八、使农友明了勤俭的美德。

九、使农友明了乡村保卫的重要。

十、使农友明了服务社会的热情。

友农社的事业和希望

一、关于农友知识的

1. 民众夜校　本科的民众学校,已由中央大学行政院扩充教育处令改为中央大学区立第三民众学校,现分为日间的、夜间的两组。日间的约在下午三时至五时,专便于本村的女子;夜间的在晚间六时至八时,专便于本村的男子。程度至为不齐,现采用单级教学的方法。

2. 村民识字处　这是专为本村的村民因为有职务或别种关系,不能按钟点来校上课而设的。他以一家、一店、一机关做单位,每天派人到他的家里、店里,或是机关里去教他识字,还有识字运动,每晚在玻璃灯上写字去教他们,希望全

---

① 本文与栖霞乡村师范教师冶愚(原名陈邦贤)合著,原载于栖霞乡村师范编《栖霞新村》1929年4月1日第12期。

村的人都能识字。

3. 村民问字处　凡村民有疑惑不认识的字,可以到本处来询问,以辅助民众夜校、村民识字处的不逮。

4. 村民代笔　村民有不会写的,或是不会做的东西,可以拿来代写或是代做。

5. 购置新闻杂志和有益村民的书籍　本科原有村民图书馆,所有书籍不免嫌深,此处多设各种关于通俗的书报,任村民随意浏览。

6. 举行各种谈话会　如乡村调查、道德促进、党义宣传、风俗改良、产业发展、娱乐提倡、土木改进等,随[时]和村民举行各种谈话会,以期便于收效。

7. 农产物品的陈列和研究　陈列各种农产物品,如稻、小麦、杂粮(粟、高粱、玉米等)、豆类(黄豆、赤豆、绿豆等)、棉花、蔬菜、蚕桑、畜牧之类,并时常和农民研究种子、栽种、收获等方法,藉为农业改良的帮助。

二、关于农友道德的

1. 孝敬　保持农民应具的道德。

2. 勤俭朴素　农民勤苦耐劳,常依赖自然的生产品来支持日常生活,不需人工制造品的帮助,并且农民的身体强健,不需美味的食物;业务易于污秽,不需美丽的衣服。农民应当保持勤俭朴素的美德。

3. 戒烟赌　农民往往以吸烟赌博,来做业余娱乐的消遣品,甚至因此倾家荡产,不务正业,以致流为匪类,故竭力提倡戒烟和赌博。

4. 亲爱(不侮人)　农民和自然接触的时间多,和人类交际的机会少,所以思想感情的表现都极恶劣,往往对人有粗野的举动,所以对农民提倡互相亲爱,不侮人。

5. 守时间　中国人向缺乏时间的观念,农民更甚,往往约在午前,忽到午后,此皆不守时所致,故设法矫正此弊。

6. 不当路小便　农民随地小便,既不雅观,又碍卫生。各村应建小便所,养成不当路小便之习惯。

7. 废止虚礼　农民有许多虚伪的礼节,如婚嫁、丧葬以及平日的应酬,应提倡俭朴,废止虚礼。

8. 清洁等　卫生首重清洁,农民终日在郊外工作,容易污秽,于卫生上殊有妨碍。所以关于农民的衣食住行,均当提倡清洁。

三、关于农友身体的

1. 国技　我国最近各地提倡国术,不遗余力,乡村间如石担、石锁之类,均为我国固有的武技,须竭力提倡,藉以保存。

2. 竞走　竞走也是农民的一种技能,如能利用起来,可以引起农民赛跑和练习耐久力的兴趣。

3. 游泳　游泳是乡村间最良好的运动,提倡不独有裨益农民的身体,并可以做救护的帮助。

4. 竞舟　近水乡的农民,船是必备之物,竞舟比赛,很是一件有兴趣的事,利用自然的环境,来做运动的工作。

5. 登山　栖霞山山路崎岖,登山竞走,是天然的一种极良好的运动。

6. 牧牛　乡村人家,没有一家不畜牛的,牧牛是农民必具的技能,利用它做一件运动工具,实在是惠而不费。

7. 举行各种比赛等　如拔草比赛、种植比赛、挑粪比赛、砍柴比赛、运石比赛、牧牛比赛等,藉以锻炼农民的身体。

四、关于农友娱乐的

1. 餐会　每年在一定的时期,集合农民,组织一个聚餐会,藉此联络感情,交换意见,并指导农民饮食的改革,藉以减少什么土地会、斗吃会之类。

2. 象棋　农民知识较高的人,莫不喜欢着棋。象棋实在可以锻炼人的脑力,所以象棋是娱乐的一种。

3. 音乐　音乐感化人的气质,农民类多粗野,倘能使常听音乐,必定能改变农人的性情不少。

4. 赛会　农民对于迎神赛会的心理,异常热烈,宜利用此机会,一变而为各种物品的赛会。

5. 讲书　在业余的时候,讲述各种书籍故事,藉以增长农民的知识。善讲书的人,动作活现,声色容易动人。我国乡村中,这种娱乐也时常举行的,很有效果。

6. 唱词　唱词是乡村中一种很好的娱乐,农民们赛会,或者村祭,或者农闲的时候,往往雇来一位唱词先生,在公众地方,或自己家中,举行一二天的行乐。我们利用这方法,来唱词,假使善于唱词的人,感化力很大。

7. 钓鱼　钓鱼也是一种极好的消遣品,乡村各河流中,畜鱼最多,闲暇的时候,大家去钓鱼,也是很快乐的事体。

8. 演剧等　通俗演剧,感人最深,所以我们提倡乡村演剧,使农民能潜移默化。

五、关于乡村群众的

1. 共同合作　如森林经营、果树栽培、育蚕、养鸡、养蜂、畜牧、垦荒等事业,均可和农民共同合作。

2. 实行储蓄　小则提倡农民个人的储蓄,以养成勤俭的美德,大则建设公共的义仓之类。

3. 改良社会　如访问的改良,接待的改良,赠送的改良之类。

4. 经营合作社　经营合作社,有两种事业:一种是低利借与社员产业上必要的资本;一种是办理社员储蓄的事务,那好处在减少农民受债主的压迫,又可养成社员的储蓄心,再可使乡村金融活动,不致集中都市。

5. 改良农事等　农事改良如指导农民应用科学的原理,经营农业,利用优良的农具,使收效迅速,以及熟练技术,预防虫害之类。

六、关于乡村社会的

1. 民众周报　每周出民众周报一次,选录重要的新闻,张贴照壁,以供众览。

2. 村政指导　指导乡村,厉行自治,凡乡村应兴应革之事件,都尽量指导。

3. 乡村保卫　乡村的保安,较城市为难,因城市集中,而乡村散漫,若仅赖少数的警察,能力鲜薄,难于胜任,农民宜联合组织保卫团,藉以自卫。现在我国盗匪遍地,警备一事,更不容缓。

4. 组织消防队　乡村发生火患,往往蔓延很广,消防器具,势所必备,宜使农民练习,偶遇不测,即可救熄。

5. 沟渎扫除、道路扫除　沟渎道路的扫除,关系于公共卫生至巨,宜使农民常常的扫除,免得污秽容易做病菌的媒介。

6. 蚊蝇驱除和防疫运动　乡村疫病流行,较城市中为剧。蚊是疟疾的媒介,蝇是伤寒霍乱痢疾的媒介,所以乡村中须要常常做防疫运动和扑灭蚊蝇。

7. 村中公墓　提倡村中实行公墓,免致将有用的田地都做葬地。

8. 破除迷信　烧香念佛,迎神赛会,乡村中数见不鲜,亟宜设法改革,破除迷信。

9. 交换种子　欲求农事的改良,当先注意于种植的种子。乡村缺乏良好种子的来源,所以特设交换所,如麦种、稻种、豆种、棉种、菜种、树苗、蚕种之类,皆可来所交换。

10. 代办农具　农具日新月异，层出不穷，农民即使知道新式农具的好处，苦于无处购买，不免有望洋兴叹之苦！本社特设所代办，以期乡村中农具改良。

11. 中心茶园　乡村的街市上，必有茶馆多处，每日农民都聚集在茶馆里，高谈阔论，以为乐事。但是，茶馆内往往做赌博的场所，殊属有关风化，如设有中心茶园，陈设通俗书报，俾农民暇余来园吃茶，兼可得到普通的常识。

12. 劝禁烟赌　鸦片赌博的害人，有如毒蛇猛兽，乡村中最容易犯这弊病，应竭力劝禁。

13. 改良风俗　乡村有乡村的风俗，往往不可以理喻，应当切实的改良。凡婚嫁丧葬等风俗，合理者保留，不合者去之！

14. 举行通俗讲演　乡村通俗讲演会，是乡村成人教育最重要的集合，可以提高农民的道德，可以增加农民的知识，可以使民众运动彻底。那讲演的总纲不外三种：A. 使一般农民能理解自己本身的地位和职业的价值；B. 使一般农民能理解怎样可以经营合理的农民的生活；C. 使一般农民能理解本国的国情和世界的大势。

15. 农忙托儿所　农忙的时候，乡村的儿童，无所寄托。本社拟和幼稚园联络，在乡村农忙的时候，每天在一定的时间，把儿童送到学校里来，代为保育。因为和幼稚园联络，保育时间，可以活动，而活动的地方，也不必拘泥在园内。幼儿玩具和园里的用具，可以借用，不致发生困难。

16. 疾病托儿所　疾病托儿所的要件：一要较远农家；二要空气新鲜。内里的设备，约分以下的几种：A. 看护的人，须有相当的经验和无限的同情心，看护须周到；B. 必要的药品，须一一购备；C. 饮食须新鲜；D. 寝室的采光、通风，务须注意，清洁更不待言；E. 家境丰裕的人，当然自己纳费，设家境贫寒，可以酌量减少，或全免。

友农社开幕的情形

一、事前的筹备

友农社的场所，原来是一个村民图书馆，把里面的墙壁用石灰粉刷，书架略为修改，摆了几张桌子和台布，外边竖一横额，叫做友农社。两边挂了一副对子，对文为："忙里偷闲，好藉他书籍报章畅谈时事；苦中作乐，且丢下叉耙扫帚来唱诗歌。"墙壁上是写的标语。房子里面，上面是党国旗和总理遗像，右面是挂图识字，左边是卫生画图。又张贴了百十张通俗教育画，中间一块木板，贴的报纸和各项推广的文字，书架上陈列了数十种农业常识和各种常识的丛书。那社里的环境，是刻刻变更的。

二、开幕的情形

开幕的时候，到的农友很多，如本村的村长黄家福、石乘村保卫团长孔广才，以及间长里长男妇老少来得多，并送了我们若干匾额，可以算得我们最亲近的一个场所。

三、最近之状况

最近每日派值日生一人，下午一时至五时开放，每天来的农友很多，有问字的，有请代笔的，有看书的，有受人欺压来商榷的，有来交换棉花种子的，有送女儿来上学的，有来研究育蚕的，有来讨论种稻种麦的方法的，有来问自己或妇女或儿童疾病的，有来托购农具的，托介绍职业的，有来问村政制度的，有的托代算账的，好像一个乡村大学的研究院，我们学校从此真变了乡村文化的中心了。

我们民众茶园设施的经过①

筹备的动机

我们本着在乡间多年观察的结果，觉得一般的农友在农忙的时候，大都勤勤恳恳的去工作，一到农闲就三五成群的终日坐在茶肆里，泡一碗茶，润着喉咙，高谈阔论前三皇后五帝，不知说的什么一回事，藉此消磨时光，或探听些新闻。凭良心说，这样的休闲生活，似乎不能说是不合理，不能算作稀罕。

我时常这样想，一般的农民，他们既然是人，就应该享受人的生活。他们不是牛马，他们就不应该终日去做机械式的工作，使他们感觉不到人生的乐趣，所以我不反对他们享受这样的休闲娱乐生活。可是，我们仔细去考察乡村里茶馆一下，也会教你发生感想。它不仅是卖茶的机关，有时还是一个变相的赌博场所，或是一个万恶的渊薮，终日集合了许多农民，呼卢喝雉，狂啖大嚼，或是演唱淫词艳曲，伤风败俗。这类的茶馆，并且具有绝大的勾引力。青年的农友，阅历无多，立不定脚跟，不知不觉地就会为它诱惑，竟会做出许多荡检踰闲、劳神伤财的事。一个小小的茶馆，在乡间会具有这样的潜势力，足以减杀我们乡村教育的效果。我们是改造乡村社会的人，怎能放过这样重要的问题，不去讨论呢？怎能不去想方法解决这样的问题呢？

至于我们栖霞街的茶馆，不独设备方面污垢不堪，十家里倒有九家是赌钱场，虽然经过我们多方的劝导，有些稍稍敛迹，大多数仍然是阳奉阴违，这也许是积重难返的缘故罢！

我们为着改进乡村风俗、推广社会教育、提倡正当娱乐、指导休闲生活起见，特地设法盖了三间一厢的草舍，内部陈设了些书报及各种娱乐器具，现在已经正式开幕了。

---

① 本文原载于栖霞乡村师范编《栖霞新村》1929年10月15日第16期。

开幕的情形

在开幕的这一天,四方的农友送来的贺联极多,有些联话着实做的不错。那一天自朝到晚来吃茶的人,有好几百人之多,大家谈谈笑笑,逸兴云飞,乐趣横生,好似一处世外的桃源,我们也做了不少有教育意味的余兴。现在把送来的联语,摘录在下面,也可见乡村民众对于本园一般的印象和感想了。

借茶园扩充教育　劝农友改进乡村
忙里偷闲暂来此三间茅舍同看书报　苦中作乐且泡碗清茶共话桑麻
农事了来高尚娱乐　课堂外做训导功夫
架上书琳琅满目　窗外景丹紫遍山
与民维新咸由党化　名茶共饮壶属乡农
近水依山此乃乐境　披书阅报便是通人
少长咸集无尘俗气　群贤毕至有林下风
半读半耕自陶乐趣　一觞一咏畅叙幽情
送儿童进学校去　邀朋友到茶园来
工作了来喝茶谈话　休息时便看报读书
农友交游无非闲谈耕稼　茶园共话也可修养身心
山下饮清泉闲陶情志　园中谈故事抒展胸襟
谈笑风生皆雅话　弦歌云遏俱新声
名园好风光前对大山后沿溪水　农友真快乐左览书报右执茶杯
娱乐中寓致知机会　学校外做训导功夫
前临山后临水名山秀水　左有地右有田福地良田
做好人行好事效忠党国　读书多识字多改进乡村
钓水樵山享尽人间清福　吃茶看报也算村里乐园
对面为名山胜地　满眼是翠竹丹枫
种地种田辛辛苦苦　吃茶吃水笑笑谈谈
室有诗书是文化境　园无俗事乃模范村
茶园谈话有裨社会　农友读书造福乡村
饮水思源与民同乐　闻风雅集有众偕来

内部的组织

我们为着要使一般人都明了本园设施的旨趣起见,所以有下列的种种组织:

一、栖霞民众茶园简则

(一)本园的宗旨

1. 利用民众余暇,设施社会教育;

2. 提倡正式娱乐,指导休闲生活。

(二)本园的事业约略如下:

1. 时事的报告(壁报);

2. 故事的讲述;

3. 各种常识的讲演(党政、科学、生产、卫生);

4. 各种的娱乐;

5. 说书;

6. 看书报;

7. 村民代笔;

8. 问字;

9. 农事改良和合作经营等事业之指导;

10. 代办农民应用物品。

(三)本园茶水,力求清洁合于卫生,每客一壶,每壶售钱六十文。

(四)本园为便于农友起见,兼代售简单清洁糖果食品。

(五)本园交易一律现钱,概不记账。

(六)本园茶客须保持清洁,肃静无哗,书报看后,须仍置原处。

(七)本园茶客须受管理人之指导,并须将姓名、职业记入茶客簿,以便查考。

(八)本园开放时间,每天早晨七时起,下午八时止。

(九)本园晚间附设民众学校,有愿入的,可预先报名。

(十)凡来园不守本园的规约,本园得拒绝之。

(十一)本规约有未完善处,得随时修改布告。

(十二)本规约自十八年十月　　日实行。

二、设备:大概分屋舍、茶具两部分来报告

(一)屋舍之部。我们这所茶园,是设立在栖霞镇之北,和市廛毗连的,门前就是大道,本镇四乡的民众出入必经的所在,地位优良,所以屋舍方面,在采取乡村式的建筑方法之外,略事改进的地方,也很不少。关于屋舍上的概况,略如下表中的说明:

屋舍建筑概况		
尺寸	深进	二丈
	开间	一丈
	檐高	一丈
间数	三间一厢	
窗	五面	
户	二面	
材料	石墙草盖	
木料	约一五〇元	
石	约四〇元	
木工	约五〇元	
石工	约三〇元	
其他	约三〇元	
总计	三〇〇元	

(二)家具之部。就园中必不可少家具说来,略如右表:

名称	件数	价值
柜台	一座	二〇元
茶壶	二十把	七元
茶杯	八十个	二点四元
锡水壶	一把	一点六元
大水缸	一只	二点五元
盘子	十个	一点六元
鸡毛帚	二个	〇点二元
书架	二座	四元
报架	一座	〇点四元

续表

名称	件数	价值
茶叶格	一付	〇点五元
毛巾	四条	〇点八元
抹布	二块	〇点二元
挂灯	二盏	八元
桌凳	五十件	六十元
总计		一百零九点二元

三、事业

本园的事业，一方面是根据本园的简则中所列事项去做，还有一方面，就是应着民众的需要而创设的，现将处理的情形报告于后：

事项	举行日期	概况	负责人员	备注
时事周报	每逢土曜下午	将一周来的本国本省本乡师的大事报告出来	师范生轮值	
民众夜校	每晚七时举行	另详	师范二年级生轮值实习	由推广部主任指导
常识讲演	临时公布			
娱乐会	每晚六时举行	分留音、笑话、谜语、丝竹、同乐会等	由师范生和村民合组举行	有时可省
演说书文	临时公布	加三民主义，由演义新社会等小说的讲述	由说书团负责	
指导读报	不限时间	说明本日报章大要	师范生实习茶园者负责	
代笔处	同前	代书契约	同前	不取值，自备纸
问字处	同前		同前	
农业改进部	同前	如农产改良合作事业，代办农具等	推广部主任	
息讼会	同前	如村民因评理口角出生讼事者可由本园出为仲裁	同前	

四、经费

本园的经费来源，大概为村民捐的一部分和学校临时费的辅助，至于茶资的收入，为数固然甚微，我们也不欲藉此牟利，大概设备之初，总得先要加以补助不可，至于日常用费，多不过叫他出入相消，避免亏欠的现象罢了。故考查每日的开销,只在煤炭、茶叶、灯油三项的需要,至于人员的工资,好在都是各部职员兼为指导,又有师范实习茶园的同学负责处理,所以对于费用方面,想来不致发生什么困难的啊!

五、书报和标语

我们既本着改进乡村风俗、提倡正当娱乐起见,所以在室内,特为张贴了许多简要规约和标语。

(一)介绍给村民的

甲、生活卫生

乙、家庭卫生

丙、茶馆卫生

丁、浴室卫生

戊、旅馆卫生

己、菜馆卫生

以上均系卫生部颁定的。

(二)提示给村民的

甲、茶客须知

1. 请勿高声谈论

2. 请勿随意吐涕

3. 茶水倒入痰盂

4. 果壳勿抛地上

5. 二人一壶三人两壶

6. 损坏物件照价赔偿

7. 取阅书报,阅后还原

8. 各人衣物自己当心

9. 每壶六十概不记账

10. 遵守规则是好村民

乙、茶客公约

1. 茶客应提倡不吃纸烟

2. 茶客应力戒无益的游戏

3. 茶客应保持优良礼貌

4. 茶客应随时取阅书报

5. 茶客应免除恶言恶声

6. 茶客应通晓国家大事

7. 茶客应注意公众卫生

8. 茶客应遵守本园规约

（三）陈列书籍报章

甲、书籍

1. 平民小丛收，商务出版物（蒙藏代表团出资购赠）

2. 农业丛书（中大农学院赠品）

3. 卫生丛书（卫生部赠品）

4. 村治丛书（江苏民政厅赠品）

5. 党义丛书（中央党部赠品）

6. 农业书报，商务出版（江苏农矿厅赠品）

7. 小故事，商务出版（蒙藏代表团出资购赠）

8. 本校丛书（本校出版）

9. 民众画报（江苏省立通俗教育馆赠）

10. 平民小说，商务出版（蒙藏代表团出资购赠）

乙、报章

1. 时事新报一份，本校转来

2. 申报一份，本校转来

六、表簿

本园的设施多属草创，对于表簿一事，当欲求其适用和便利，兹举现在所应用的在下面：

（一）表簿一览

甲、茶园日记

乙、工作预定表

丙、茶客登记表

丁、参观题名录

戊、物品登记簿

己、现金出入簿

庚、逐日交现表

辛、工作记载表

壬、实习报告表

癸、各种统计

（二）表簿形式

甲、茶园日记簿

中华民国十八年　　月　　日　　栖霞乡师民众茶园日记簿						
天气			温度		茶园主任	
^			^		实习干事	
茶客统计	时间	男	女	总计	现金收入	参观人数
^	上午					^
^	下午					特别集会
^	晚间					^
教育事业	名称				记事	
^	旨趣				^	
^	方法				^	
^	主持人				^	
^	听众				^	

乙、工作预定表

此项表格中的记载，是因为我们要在村民茶叙之时，随时施以教育，所以在未实施之前，也当要先加以准备不可。既有准备，那临时不致匆忙，而事业本身便可日有进步了。工作表的格式如次：

工作预定表（本表由茶园主任于事前交各部担任者准备）					
项目	负责人员	举行日期	用品	主旨	大要

丙、茶客登记表

茶客登记表			
年　　月　　日			
姓名	年岁	职业	住址

丁、参观人题名录

参观人题名录		年　月　日	
本村民众本日参观人数　（　　　　）			
外方来宾本日参观人数　（　　　　）			
参观人姓名			
人　　数			
何　处　来			
职　　业			
批　　评			

戊、物品登记簿

物品登记簿					
物品名称	件数	单值	总值	购入年月	分类

己、现金收入簿

现金出入簿									
月	日	摘要	金额						备注
			百	十	元	角	分	厘	
	总　计								

庚、逐日交现簿

逐日交现簿			
月　　日	茶资	代办物	金额
本日共计大洋　　元　　角　　分　　厘　　经手人			

辛、工作记载表

茶园工作记载表　　年　月　日			
实施者		事项	
我的实施经过			
听众反应情形			
我之心得			

壬、实习报告表

年　　月　　日	实习民众茶园报告表
本日茶客总计	
本日我之工作	
本日和村民谈话大要	
本日村民的讨论中心	
本日参加的娱乐事项	
本日参观的总计	
周　　曜　　年级实习干事	

癸、各种统计表——如村民好尚调查表、村民谈论中心调查表、茶客统计表、茶客年龄统计表、各月茶资比较表、各月茶客比较表……

栖霞的红叶①

栖霞是首都附近惟一的名胜，谁都这样说，我也这样想，非独隋唐雕刻，鬼斧神工，关系历史的掌故，艺术的精神，单就林壑幽邃、风景天然一项讲，的确在这龙蟠虎踞的南京城周围也算不多观了。可是我们栖霞负盛名的千佛崖的佛像，虽有些残缺，倒还不失本来面目。自从经过这些不学无术的和尚和几个没头脑子的善男信女，给他们每人穿上一件外国水泥袈裟，古意顿失，并且朱墨横施，庄严慈祥的佛像，一变而为狰狞可畏的牛头马面，大有《水浒》上一百零八将杀人不眨眼的神气。这种荒谬的举动，真要教金刚怒目，菩萨低眉，考古家看了也许会顿足大骂，或是痛哭流涕罢！可怜那一般堂高听远、自命好古情深的大人先生们，还在那里高喊着保护栖霞六朝古迹呢。实际栖霞的古迹，除去残破的舍利塔有接引佛做岗警保护，还能巍然独存外，其余的早已非庐山真面了！

唉！回想两年前我个人来到此地，常抱着两种愿望：一方提倡乡村教育，建设一个理想的新村；一方整理栖霞风景，使名山胜地，格外生色。那知悠悠忽忽，就这样的过了两年，毫无建树。回首前尘，益觉愧对自己。所幸秋来红叶无恙，掩映山阿，灿烂若锦，尚足供诗人的凭吊，旅客的流连。"秋栖霞"三字脍炙人口，也许是因为这满山的红叶缘故罢！

红叶既然是栖霞劫后的遗物，既然是栖霞惟一的灵魂，我不得不忙里偷闲去痛快地欣赏它一次。在这次欣赏的当中，使我得到了不少的植物知识，使我知道秋天的红叶，除去丹枫而外，还有许许多多的草木，到了秋天也会变红，所谓霜叶红于二月花。我现在把它一一写在下面，供我们来游的同志参考，对不对还要请教高明。

在遍山的红叶中，靠近千佛岭一带，大部分是枫树，高大好像似白杨，叶子呈三裂的掌状，霜后叶子变红，夕阳斜照的时候，看去光彩和泼丹砂一样。次多的要算乌桕，在月池的上部，树高数丈，叶似杏叶比较小些，着霜即红，宋朝陆游

---

① 本文原载于栖霞乡村师范编《栖霞新村》1929年11月15日第17期。

有两句诗说:"乌桕赤于枫,园林九月中。"也可想见他的美丽了罢！倘若你肯留心,无论在山的哪部分,都可以发现一种黄檗木,叶子似羽状,复叶具有苦味,一到秋天,就可以看见她的红叶,非常的姣艳,红的时期也很久,倘若经过文人学士,为她捧场一下,也许她的名会驾乎丹枫之上罢！在我们进行的路程中,有时我们看到三五株盐肤木,叶是奇数,羽状,复叶有一尺多长,小叶是长卵形,叶的背面密生着许多短毛,用手摸着,好像摸着天鹅绒一样,使你感觉到异样的愉快。它的叶子黄里泛红,好看得很,有趣得很。此外漆树科的野葛和属葡萄科的蘡薁,都带着红叶,攀附在悬崖峭壁上,临风飘荡,却似半老徐娘,搔首弄姿,也有些许动人怜处。至于栖霞漫山遍野的栗树、枹树、槠树、栗树的叶子,虽说经着霜也会变红,但较之丹枫乌桕等红叶,却是小巫见大巫了。

在上面所说的许多红叶中,栖霞还产着一种在别的地方不多见的红叶,就是卫矛。它是落叶的灌木,茎上有翅状的突起,叶子对生,呈椭圆形,一到秋天红得异常可爱。它如野柿的霜叶,和榆、桃、梨的嫩枝,都带红叶,烘成栖霞一片秋光,十分的可爱！我们写到此地,敢大胆地说一句话:春天是无花不发,秋天是无叶不红。不过红的有深有浅,有局部的,有全体的罢了。

栖霞的红叶,妙在种类多,面积大,所以能够招致许多游人。可惜这种秋景虽好,红不多时,秋风一起,落叶满山,真是令人败兴啊！

为江苏省乡村师范独立呈教育部文①

呈为乡村师范独立问题,恳予援助,俾得早日实现以利进行事。

窃查乡村教育关系于国家命脉,值此训政时期,尤为切要!苏省办理乡村教育较他省为早,今反较他省落后,揆厥其故,系由于各省乡师均系独立,而本省则仍沿旧制,不能随时代而改进,以致办理乡村教育者诸多困难非笔墨所能罄述。近两年来,属会②对于乡村师范独立问题,一再请求,案牍盈尺;口头报告、书面陈述,无虑数十次。虽蒙当局一再表示容纳意见,而其结果则仍属画饼充饥、望梅止渴,迄未能见乡师独立之实现,此属会同人之所以一再呼吁也。查乡师必须独立之理由颇多,谨缕述其梗概:

(一)根据各国师范教育独立之情形;

(二)根据本国师范教育过去之历史;

(三)根据现在国家确定之教育方针(全国教育会议③、三全大会④议决);

(四)根据乡师与中学分设之现状(距离近者三十里,远者百七十里);

(五)根据少数中学校长因乡师远设,情形隔阂,难于负责;

(六)根据公文递转之迟缓;

(七)根据职权之牵制;

---

① 本文原载于《教育部公报》1929年第1卷第8期,题目为编者所加。教育部批复云:"俟江苏教育厅成立后,再由本部转饬核办。"

② 属会:指中央大学区乡村师范联合会。1927年6月,国民党中央政治会议第一〇二次会议上,通过蔡元培代表国民党教育行政委员会提出的提案,仿照法国教育行政制度,实行大学院和大学区制。在中央设立大学院,取代原先的教育部,作为主管全国教育和学术的最高行政机关;全国划分为若干大学区,每区设立一所大学,取代原先的教育厅,管理全区教育文化事业。南京国民政府所在地为第四中山大学,不久改为中央大学。大学内设立行政院,下设高等教育处、普通教育处和民众教育处,分管区内高等教育、中小学教育和社会教育。1928年10月,国民政府下令取消大学院制,恢复原教育行政制度,中央设立教育部,各省设立教育厅。1929年底,中央大学区制取消,成立江苏省教育厅。

③ 全国教育会议:南京国民政府大学院于1928年5月召开的第一次全国教育会议。

④ 三全大会:1929年3月在南京召开的国民党第三次全国代表大会。

（八）根据他省乡师单独设立之猛进；

（九）根据本省实验小学独立而成绩显著；

（十）根据专家之种种意见；

（十一）根据办理对外接洽之便利；

（十二）根据教学训管上之特殊需要；

（十三）根据少数中学校长对于乡师经费未能划清；

（十四）根据本省晓庄乡村师范单独设立发展之便利；

（十五）根据中校联会、职教人员联会、师范科联会、全国教育会议及三全大会所议决。

以上仅就属会一时意想所及之荦荦大者，况乡师独立问题叠经中大行政院①两次提交行政会议，均曾通过在案，只以普通教育处长三次变更，中间虑悬多日，负责无人，更以评议会未能按时召集，以致延搁至今，未能实现。属会外无以勉副社会之希望，内无以解除事实之困难，本年度行将结束，倘中大行政院不能即日特予召集评议会解决，于八月一日前公布独立，则乡师教育维护既感无方，发展更属无望。属会同人不敢再贻误，除克日办理结束向各该校长辞职外，更作此最后之呼吁。素仰钧部对于乡师独立极表同情，事关乡教进展，用敢不揣，冒昧缕晰陈词，伏祈鉴核，并请饬令中大行政院即日召集评议会，通过乡师独立案，于八月一日前明令公布，以利乡师教育进行，实为公便。不能迫切待命之至，谨呈教育部。

中大区乡师联合会常务委员　黄同义

---

① 中大行政院：中央大学行政院。

吃饭与做人[1]

现在一般人们为着吃饭问题,尽量地投机取巧,惟力是视,惟利是图,行为手段,恶劣异常;只要有吃饭,可以认贼作父,可以觍颜事仇,可以翻云覆雨,可以落井下石,可以颠倒是非,可以淆乱黑白,说不到什么信义廉耻,更谈不到什么饿死事小,失节事大!我们为着要做人才吃饭,而这些人却为着吃饭而不要做人,真是值得吗?其实吃饭本不是一件难事,只要我们移转了目光,变更努力的途径,地大物博的中国,无量的宝藏,待我们去开发,可以取之不竭,用之不尽!

朋友!你要做人么?请你不要徘徊歧路!我们大家赶快起来提倡归农运动,解决吃饭和做人的问题。

---

[1] 本文原载于《农业周报》1930年第50期。

江苏省立南京中学乡村师范科史略①

本科系就前江苏省立第四师范分校改设。

十六年八月十日，南京中学筹备委员会聘请黄质夫、马光斗两先生来栖霞办理接收事宜，其时校中已驻兵日久，屋漏墙圮，尘封积秽，破残不可言状。接收后正拟收拾烬余，俾复旧观，讵料孙军于八月二十五日渡江来犯，栖霞沦为战区，黄质夫、李西涛两先生守校有责，未能远避，几以身殉。在此期内，军队往还无虚日，窗门校具悉充燃料，图书仪器散失殆尽，骤视几类破庙，不复知为弦歌场所矣。九月四日，军队他调，前校长郐爽秋先生由美回国，聘黄质夫先生为本科主任，着手规划一切，延聘教员，招考新生，购置修理，所耗颇多。十月十一日起正式上课，时值战后，经费竭蹶万状，维持尚虞不继，发展更属无望，然赖在校同人一德一心，惨淡经营，阅时数月，稍复旧观。

十七年春，沈苇斋先生来长南中，对于本校发展颇多赞助。在此一年中，添建新校舍四十五间，充浴室、理发室、洗衣室、工场、清洁用具室、旅社、民众娱乐馆、寝室、温室、猪舍、厕所之用，并将旧有房屋之不适用者大加修葺，辟为村民图书馆、村政局、医院、照相馆、膳食代办所、商店、豆汁公司、科学馆、农民教育馆、农业指导所、消防队、乡村童子军部、炊事材料室、校用品储藏室等，此外并价购民地十亩许，充实验小学及民众茶园建筑之用，于是本科校舍稍稍具矣。斯项修建经费，先后仅领到省款四千七百五十元，余则铢累寸积，悉由经常费项下撙节而来，以此本科平日经费，无日不在支绌中矣。然仍就力之所及，极力注重社会教育事业，并延聘专人主持其事，以利进行。

十八年春，增收新生一级，连前在校学生，师范部共有三级，小学部共有五级。耕读一堂，弦歌四野，非复当年景况矣。本年度竭力从事充实内容，除增购理化仪器千元，《万有文库》一部外，添小学校舍九间，民众茶园四间，其他各项

---

① 本文原载于栖霞乡村师范编《栖霞新村》1930年3月1日第21期，原题为《本科史略》。

校具增置亦复不少,并刊行乡教丛书,以就正于有道。斯年秋,沈校长去职,易长风潮鼓荡,亘数月之久,本科各事进行颇受打击,迨章警秋先生继长南中后,虽曾有对本科极力赞助之表示,然以苏省适值荒歉,库空如洗,无可设法,以致本科事业尚未能如理想之长足进步也。

农厅村政改进会议提案①

敬启者,此次敝校提案,均系就历年所实践经验者,凡关于乡村一切应兴应革之事件,均就事实上提出,国家值此民穷财尽,省况又复竭蹶万状,几无一事可以兴办,而各地农民困苦情形,又非笔墨所能殚述。吾国向以农立国,农民占全国百分之八十五以上,而乡村之艰窘情形,农人几不能自维生活,殊堪浩叹。苏省号称财赋之区,频年荒歉,几于民不聊生,而江北各县较江南尤甚,此研究村政者所亟应注意者也。爰就敝校实施所及,略贡刍荛,是否有当,尚乞不吝惠教为幸。

一、救济农民困苦案

理由:

江苏各县农民连遭荒歉,困苦已极,兼以各地土匪为患,民不聊生,而各地农民担负过重,除完纳田亩正税外,尚有所谓附税及其他种种捐税,或直接,或间接,无一不取诸农民之血汗,因以偶调查其田亩或土地,则疑其又有募捐之举。值此青黄不接之时,农民有不能食米麦而改食杂粮者,虽有杂粮而不能获一饱者,甚至当卖耕牛,掘取树根,藉延残喘。而农民所恃借款之所,则为农民银行,吾苏农民银行所设之分行或贷款所,则偏重于江南(如无锡、吴江等处),而漠视江北及贫农之区域,注意抵押借款,而不注意信用合作,此均为农民困苦之情形,亟宜设法救济者也。

办法:

(1) 应由本会呈请省府,减轻赋税,以纾农困。

(2) 向农民银行建议,请注重信用合作贷款。

(3) 农民银行分行或贷款所应于贫农区域内尽先成立。

---

① 本文系黄质夫应邀出席江苏省农矿厅主办的全省农村改进机关联席会议提交的议案,原载于栖霞乡村师范编《栖霞新村》1930年4月1日第22期。

（4）各地贫农区域设法办理平粜。

二、推广农民教育案

理由：

各地农民知识简陋，已达极点，各县教育之经费大半取之于农，吾侪对于农民应如何增进其知识，提倡农民教育是为最切要之问题，凡乡村师范学校及乡村小学，均应负有推广农民教育之使命，如乡村儿童之义务教育，成人之补习教育，以及设立农民教育馆、新式农具陈列所试验所等，灌输农民以相当之常识，俾各地成为科学化之农民，此皆有赖于推广农民教育也。

办法：

（1）推广农民识字运动。

（2）编辑农民千字课。

（3）各乡村学校应为乡村文化之中心。

（4）各地农民教育馆应注意相当之人选。

（5）各县农民教育馆中应设立新式农具陈列所。

（6）各乡村学校应不时讲演农业常识。

（7）农业机关应备各种暝蝗虫害等影片轮赴各乡试演。

（8）各县乡村师范加授合作课程，俾养成适当之指导人员。

（9）各县教育经费应确定农民教育经费数目。

三、注意村政改进案

理由：

村政范围至广，最要者为治安问题，各乡治安多赖于保卫团或公安局，保卫团多有名无实，公安局又多不能负责，推原其故，各乡公安局无指定的款，局长须自负筹款责任，或无饷项，或无枪械，安望其可以保护闾阎？次为建设问题，各县乡村水利，关系于田禾至巨，较筑路尤为重要，路不筑不过不便于行走，水利不修则有碍于农民生产。尤有要者，即荒山荒地须厉行垦植，江苏各县荒山荒地所在多有，某地宜于造林，某地宜于植棉，某地宜于种茶，某地宜于栽桑，某地宜于其他垦植，均应分别因地制宜，厉行垦植以裕民生。他如提倡采用科学方法，改进农业，实行农村社会调查，编纂全省农村新志，此皆关于村政之改进者也。

办法：

（1）本会应建议民政厅，在各乡公安经费未确定前，暂时缓设公安分局，免致扰害农民。

（2）本会应向建厅建议，于相当区域内，暂改征工筑路为征工兴修水利，俾农民可资灌溉。

（3）各县荒山荒地厉行垦植。

（4）奖励采用科学方法改进农业。

（5）实行调查农村社会状况。

（6）编纂全省农村新志。

四、保护农民造林案

理由：

各地造林正值萌芽之时期，近年以来，中央模范林区及省林务局提倡造林，不遗余力，殊为切要之图，惜农民知识幼稚，罔知保护，以致树苗初植，牛羊任意作践，甚或掘发树桩，砍伐幼树，以致不克成林，殊为可惜。倘能由国家速颁森林保护法，藉资保护，此实为重要之问题也。

办法：

（1）本会应建议立法机关速颁森林保护法。

（2）由省林务局设法保护。

按：以上数议案倘能实行，或可达到"野无旷土，村无游民，人无不学，事无不举"之目的，是否有当，还乞公决。

江苏省立南京中学乡村师范科十九年一二月份工作摘要报告①

一月份

一日 上午举行元旦祝贺式，午后举行游艺会，农友冒雨来观者络绎不绝，晚七时散会。本科实小本日展览国语艺术成绩，午后举行讲演、台球两种比赛，讲题为"新历与旧历之比较"，成绩均属不恶。

二日 本科十八年度预算书编就，送南中转呈教育厅审核；连日天雨，附近购米不易，吃饭难，个中滋味今饱尝矣；下午举行踢毽、象棋、台球比赛；实小主任赴下蜀实小视察；呈报本科十二月份重要工作事项。

三日 改订学籍簿形式；结算学生各项代办用品账目；改订学生操行成绩标准。

四日 昨晚地震，特发行《民众周报》特刊，说明地震原因及现象，以祛群惑；编辑第二十期半月刊。

五日 江苏省第一合作社指导所函告于本月八日派倪君启椿来栖霞，指导霞乘乡农民组织信用合作社；整理毕业生寄来服务状况调查表；印发校友录；办理十二月份支出决算。

六日 举行科务会议决案五件，并因天气奇寒，提前放寒假；自一月十四日起开始寒假，公布各学科考试日期。

七日 江苏省立农民教育馆函请本科主任黄质夫君于二月八日赴汤山讲演乡村改进问题；归还上海科学仪器馆欠款。

八日 学生准备学期考试，课外各项作业暂停；协助指导霞乘乡农友组织信用合作社；早晨党义研究仍继续进行，不因学期考试停止。

九日 中央党部来函，调查识字运动办法；上午考试农业、国语，午后考试

---

① 本文原载于栖霞乡村师范编《栖霞新村》1930年3月1日第21期，原题为《江苏省立南京中学乡村师范科近两月工作摘要报告》。

算学；主任赴京领十二月份经费。

十日　上午考试理科、党义，午后考试地理。

十一日　上午考试国文；函各商店清算欠账；发给学生寒假宿题。

十二日　发行第十八期半月刊；结算学生各科成绩。

十三日　检查校具，分别登记；各部门窗分别封锁；举行成绩会议，结果春一邓主寅因成绩不良，令期退学；秋三纪立根、陶成寒假后编入春季二年级肄业，其余有成绩不及格者分别通信警告；函各学生家长，报告各该生在校成绩状况。

十四日　寒假开始。

二月份

十四日　寒假期满，征集各地农产品陈列本科农民教育馆中，本科第二学期开始，指定各部干事员负责办理各该部应办事宜。

十五日　主任黄质夫偕实小主任姚虚谷赴下蜀实验小学视察；颁给各级优等生褒状，以昭激劝，得奖者一年级李蓝坡、二年级吉长瑞、三年级王家恩三人；制镜框一面，上题前学期清洁各室室员姓名，张挂校中，以示鼓励。

十六日　发给上学期各项比赛优胜者奖品，并有训辞；平治校舍后部荒地。

十七日　课外各项活动本日起一律恢复；陈邦贤先生着手编辑《栖霞新志》；李显文先生指导三年级生制造图表及理科实验器械；平治校外农场通道。

十八日　民众茶园添设点心部；主任黄质夫赴京请校长转呈教厅增加膳费。

十九日　粮价飞涨，白米每担达十八元以上，本科膳食几于无法办理矣；江宁县土地局郭继汾君来校参观；农民教育馆整理后今日开放。

二十日　重行编订本科概况；厉燕谋先生赴沪购办运动用品；师生冒雨搬运食米；通告本镇各户主本月二十三日举行第一次户主会，讨论应兴应革事宜。

二十一日　编辑《民众周报》，编辑《栖霞新志》；整理农具；订定栖霞村政改进会简章。

二十二日　第二次栖霞镇户主会预备会今日开会；本科实验小学主任姚虚谷函告，丁内艰①请假一周治丧；本学期实小寄宿儿童人数激增，筹划添辟临时

---

① 丁内艰：古时丧制名，指子遭母丧或承重孙遭祖母丧。所谓承重孙，指长房长子比父母先死，那么长房长孙在他的祖父母死后举办丧礼时，要代替长房长子做丧主，称承重孙。

宿舍。

　　二十三日　举行大扫除；发行第三十五期《民众周报》；第一次户主会今晚开会，到百余人，讨论历二小时，议决重要案件十六条，并佐以音乐等余兴，结果至为圆满；垦治桑园隙地。

　　二十四日　实用新学籍簿；继续筑治明秀村环塘路；本科学生预备参加全省运动会，连日对于田径赛练习甚勤；装订大批日记本。

　　二十五日　续编《栖霞新志》；整理乡师课程纲要。

　　二十六日　函中央党部训练部，索各种童子军印刷物及党义宣传品；特请各县教育局酌给本科三年级生参观费；农民教育馆张贴农业画报。

　　二十七日　指导三年级生自制教便物；订定农民贷款处规程，设法筹集基金五百元，无利息贷给农民，每人每次得贷款一元至五元，一月后归还；校门外师生合筑石子模范路一条，今日行破土礼；移植运动场篮球架。

　　二十八日　公布各级学生应补考科目；陈邦贤先生为编辑《栖霞新志》特赴附近乡间采风问俗，得到有趣资料不少；实小儿童宿舍人数过多，十分拥挤，特开放村政局为临时宿舍；晚间本地农友孔广发、苏庆霖等来校，商组织栖霞农友贷款社；继续筑治校门外石子路。

江苏省立南京中学乡村师范科
十九年三月份工作摘要报告①

一日 上海风琴厂派工友一人来修理本科所有风琴；连日阴雨，附近居民生计窘迫，本科同人目击惨状，设法量予资助；图书馆添设新到图书及布告玻璃框；继续平治校门外合作路。

二日 上学期各科成绩不及格之学生，今日举行补考；京特别市土地局胡君等来校参观；音乐研究会成立；发行《民众周报》，举行大扫除，检阅日记。

三日 纪念周，李显文代表主席，李、陈、顾、厉诸先生均有报告；主任黄质夫公毕，晚由镇江回校。

四日 农矿厅派第一合作社指导所倪君启椿、薛君树薰来办理霞民乡陶有勋欠款事，本科予以相当之协助，夜宿校中；驻防本地水巡官假座本科民众茶园，宴本地人士及本科主任黄质夫先生，藉联情谊；指导三年级生绘制各种标本；函高邮县商会，为本地各户介绍出售乱石充建筑之用。

五日 雪珠纷飞，天气异常寒冷，附近农民窘迫万状，本科力谋救济之；锡中乡师主任王引民函商，请求教厅增加乡师生膳费办法。

六日 前因故停学之三年级生徐鼐，今日复来校请求免予留级，未之许，中午去校；图书馆添设陈列杂志玻璃柜橱；实小主任姚虚谷赴下蜀视察；继续平治校外合作路；调查附近古代砖瓦，陈列农民教育馆中；新民路旁隙地种竹，将来丛篁蓊密，景更清幽矣；广东顺德县江浙教育考察团函告九日来本科参观；平治桑园后部隙地。

七日 举行科务会议，议决重要案件十四；以银六十元购入大树十五株，拟取其材制家具。

八日 广东顺德县特派江浙教育考察团欧广瀚、赵百则、冯叶松、陈鼎镛、

---

① 本文原载于栖霞乡村师范编《栖霞新村》半月刊1930年4月1日第22期。

何应辉、李逢泰六先生来校参观；继续更订本科概况；寝室前部种竹；筹备纪念总理逝世五周典礼；全校围墙着手整理。

九日　各部举行大扫除；筹划总理逝世纪念日植树；发行《民众周报》；整理校内各部花坛；平浦路严作明、曹振华两先生来校参观；内政部职员数十人来校参观；风琴七架修理竣事，所费达五十元；二年级生花富金病愈来校，暂行令其隔离调查；检阅学生日记，审查学生平日读物；评阅学生习字成绩。

十日　公布日记记载时应注意事项；纪念周，黄质夫先生主席，有重要事项报告；准许民众茶园出售零食，但须合于卫生者；主任黄质夫赴京接洽参与运动会事；改定本科各股办事细则；继续平治模范路；办理上月份决算；支配三年级生课外实习事项；种植大批树苗；改定本科组织大纲。

十一日　中央模范林区派陈养真先生来商扩大植树宣传；图书馆添购新书一批；锡中乡师函请本科召集乡师联会；江都第一合作社指导所寄来农业购买合作社模范章程一份；函邀附近农友参加总理逝世纪念式植树典礼。

十二日　八时举行总理逝世五周纪念式，本部及实小全体、镇长孔广财率领栖霞民众、区公所项石琴、中央模范林区陈养真联合参加，十一时散会；邀集中央模范林区委员暨本镇镇长、区公所代表等开会，讨论造林计划，并留校午膳。午后举行植树典礼，本校师生全体参加，颇极一时之盛。

十三日　本科于龙山、芦甘圩、南山植松树四万五千株，并代中央模范林区推广松苗八十万株；运动选手赴镇江参与省立学校运动会，率领者为黄质夫、厉燕谋两先生；民众学校筹备开学；三年级生严祖传病逝家中，噩耗传来，乡教同志又弱一个。

十四日　四乡农民来校领树苗者络绎不绝；本校附近荒山均指农民着手造林；江苏农民银行周其行君率领合作社指导人员养成所三学员来此间附近各乡实习，下榻校内；继续平治合作路；编辑第二十一期半月刊；崐嘉青乡村师范推广部主任张维新君率领特科学生十三人来校参观；民众学校添派巫淡如、李士国、纪维员、常启家四人为干事。

十五日　农学院杨开道先生及农学院教授五人来校参观并研究农政，校中予以尽量之招待；中央党部派党员来校借民众茶园，明日宴叙并宣传党义；民众学校干事开全体会议。

十六日　各部举行大扫除，检阅学生日记；派三年级生八人赴附近各乡，推广改良棉种；第二十一期半月刊付印；发行《民众周报》；中央模范林区又运来松苗四十万株，请本科代为分送；中央党部职员四十余人来校参观；本科同人醵资购办杂粮，平价出售，以济贫民；考试院科长潘佐衡先生、参事饶伯康先生、秘书长许公武先生等来校参观。

十七日　厉燕谋先生率领本科运动员今日回校；本科附设之栖霞医院前，添植梅花数十株；平治合作路；续造龙山林；更订本科行事历；围墙上标语重行整理；公布演说竞进会简则；实小石墙倒塌后重行砌造。

十八日　甘乘乡代表来，商组保卫团；图书馆添设陈列杂志图书柜；下蜀实小鲍经如先生来校报告校务进行状况；民众学校连日到学生甚多，已达七十余人；龙山继续进行造林；整理校景。

十九日　中央陆军军官学校党部执行委员余博伦、沈重宇先生来校参观；中央党部宣传部干事詹洁吾先生来校参观，夜下榻校中；江苏农矿厅探矿团调查股主任文中让来栖霞探矿，顺道来校参观；主任黄质夫偕中央模范林区委员陈养真携带电影机及白杨树苗一千株来校；中央大学农学院推广部以改良棉种二十石托本科代为推广；续造龙山林；演放美国森林影片。

二十日　本科介绍中央模范林场林业影片十本来本地演放，今晚七时在实小空场上举行，观众达千余人；制定教生实习规程；编印各项规程；本科二年级生全体栽植自校门外到车站两旁行道树；平治合作路。

二十一日　更订各级作业时间表；砌造运动场外石墙；粉刷校门外石墙，油漆做标语；校内路旁栽植白杨做风景树；江苏农矿厅函致本科，请推派代表出席全省农村改进机关联席会议；本科为救济春荒，购办之平价米面已到一批，今日起卸；合作路石子上铺泥；四乡农友来校接洽演放电影者数起。

二十二日　南中本部寄来教育所调查表格八种，嘱即依式填报教育部；社会教育司科长彭百川先生暨古物保存所主任卫聚贤先生来校参观，晚下榻校中；继订本科行事历；编图书目次；平治合作路；校内外农场栽植行道树，温室附近添植冬青生篱；运来米面今日平价出售；函江苏农矿厅推广委员会索棉、茶种子；续编《栖霞新志》。

二十三日　发行《民众周报》；彭百川先生午后去校回京；本村农友孔广发、李祯祥送给本科古瓷器、古镜、古钱多种，陈列民众科学馆中供众浏览；继续平价出售米面；荣渭生先生等十人来校参观；栽植合作路两旁行道树；检阅学生日记。

二十四日　吴县乡村师范参观团来校参观；敦请卫聚贤先生讲演发掘六朝

古坟经过及考古之意义；各乡出三茅会，午后派学生四出讲演，破除迷信；农友来校购平价米者络绎不绝。

二十五日　盲哑学校陈志安君等三人来校参观；午后全体学生由陈木斋先生、李显文先生率往刘家库，参观发掘六朝古墓。

二十六日　本镇开始提倡筑路，每家征工一人，盖遵村政改进会议决案也；平治合作路；续编《栖霞新志》；修筑工场后之石墙。

二十七日　主任赴镇江购办校用品并接洽校务。

二十八日　整理校门外标语；继续平治合作路，布置校景；编辑《栖霞新志》；研究黏土、纸捻工艺，传授附近农友，藉裕生计。

二十九日　本日为黄花岗七十二烈士殉难纪念日，休业，并于上午八时举行纪念式；黄质夫、李显文两先生率学生数人至栖霞山中，采集野生植物多种，移植校中供研究之用；中央大学史学系陈叔谅先生偕学生多人来校参观讲演；讲演竞赛会举行预赛。

三十日　中央党部潘振声、谢作民诸位先生来校参观；发行《民众周报》《民众画报》；本日栖霞民众举行三茅会，本科全体分学生为调查、纠察、宣传、游艺、招待五股，指导农友行动；举行大扫除，检阅学生日记；中大助教谢子寿君等来校参观；励志社十余人来校参观；本校购办之食粮、纸张等今日由镇江运到。

三十一日　纪念周由黄质夫先生主席，其余各先生亦均有报告；南京女中学生七人由胡静斋先生率领来校参观；师生齐赴江干运米煤，任重道远，无不欣然从事。

江苏省立南京中学乡村师范科
十九年四月份工作摘要报告①

一日　召集各寝室室长会议,讨论寝室内兴革事宜多种;取缔自修室内玩弄乐器;考试院刘照藜先生暨湖南王凤喈先生来校参观;河南中州教育参观团来校参观;雇船赴中大农学院装运改良棉种,以便分散乡农。

二日　南京汇文女子中学、金陵中学、南女中、实验小学等团体来校参观;农矿厅函告本科茶棉种子散完,不克分给本科推广;讲演会连日分组举行预赛,结果徐继容、巫淡如、卜金璋三人当选,成绩均属优异;添建女生便所及贮煤室各一;各科举行月考;筹备招待扬中学生旅行团;平治合作路;三年级生每人添做夏季制服两套。

三日　自今日起至五日,遵章给放春假三日,除少数学生回里省亲外,余则分组旅行附近各乡镇,藉以考察社会情况;填报三月份本科工作报告;办理三月份决算。

四日　春假中,俭德小学、龙江小学、中大实验学校等团体来校参观。

五日　春假中,本日由京、镇两地来校参观者达六百人;留校学生分组赴燕子矶、龙潭游览;本镇某姓家不戒于火,几酿巨灾,幸本校消防队驰往灌救,始免于难。

六日　江苏省公路局职员数人来校参观;由中大农学院运到改良棉种十二石分散农民;本日来校参观者较前日尤众;整理苗圃;平等路栽植紫藤;开放浴室;检阅学生日记;学生全体赴山中采集植物标本;拟定江苏省农村改进会本科提议案。

七日　纪念周,由黄质夫主席;填报教厅调查表;着手添置校中园庭内陈设之水泥凳;医院前栽植紫藤;平治合作路;更订学生分年实习事项大纲;运动场

---

① 本文原载于栖霞乡村师范编《栖霞新村》1930年5月1日第23期。

暨农田各部厉行除草。

八日　四乡农民来校领棉籽者甚多；中央农业推广委员会秘书宋序英先生遣人来校，请指导工人掘采栖霞山各种花木；倪启倧君来此指导衡乘村村民组织购买合作社。

九日　夜雨绵绵，校中有渗漏者，彻夜轮任巡视，注意温室及室内各物；上月份本科经费迟至今日尚未领到，本科处境向系寅吃卯粮，今若此窘况概可想见；本科附设之妇女职工班开始招收艺徒，藉以改善其生活；分批检阅学生日记。

十日　黄质夫、陈摄山两先生代表本科赴镇江列席江苏农村改进会。

十一日　李显文先生编撰民间歌谣。

十二日　育蚕期中每日工作加紧。

十三日　检阅学生日记；全校举行大扫除；中央大学农学院函允继续供给本科改良棉种，并允于日内将电影机运校映放；发行《民众周报》。

十四日　纪念周，由李显文先生主席；函知各科担任先生，三年级课业于二周内结束，并举行考试；讲演会举行复赛；试制黏土玩物，提倡乡村小工艺，结果大佳。

十五日　编辑第二十二期半月刊；布种牛痘；检阅学生日记；平治合作路；指导学生练习印刷、抄书、制图、踏琴。

十六日　广东阳江教育参观团陈炳焕、杜幸安、陈维祺诸先生来校参观，中大农政科主任杨开道先生不日拟与本科合做农村调查事业；晚间举行民众教育研究会；二十二期半月刊付印，共二万余字。

十七日　主任由京南中本部领到三月份经费；陆军部军需学校学生来校参观；各部添置之水泥凳刻已完成；合作路至今日已具雏形；广场内开沟泄水；第二十一期半月刊今日寄来；蚕入第一眠；函中华职业教育社农村服务部，拟添购新式农具一批在本科试用，藉示提倡；归还启润书社欠款一批，计银五百元。

十八日　举行科务会议；订期五月五日举行春季运动会；三年级生实习期内除参加小学实习外，应注重社会教育实习；审定校徽式样；规定参观人膳食纳费标准；指导村农种棉育蚕；宿迁县立师范校长张振文、教育委员赵训谊、县立女子小学校校长蔡光瑶三先生来校参观；各级推定篮球比赛选手；砌造清洁用具室墙壁；浴室外添设贮水池，并设法疏通污水；民众娱乐馆前布景；南京特别市西区实验学校职教员徐仲盦等七人来校参观；继续平治合作路；函复南中本部,五月二、三两日春季运动会本科不克前往参加。

十九日 函致校长,请于五月五日本科举行运动会时派代表莅临指导;浙江省立乡村师范学校金志文、应怀训两先生来校参观,夜宿校中;中央大学艺术教育科学生六人由吕凤子先生率领,来此写生,夜下榻校中;午后一时起各级举行讲演练习会,三时起举行春季篮球级际比赛,结果胜利属春二;二十一期半月刊本日发行;继续指导艺徒制造黏土玩物、纸捻细工;整理田畔埂堤。

二十日 举行各部大扫除;开放浴室;一年级生沈桂祥言行乖谬,痛训之;发行《民众周报》;招待来宾参观。

二十一日 纪念周,由黄质夫主持;主任以经济致函校长,请准辞职,并于午车离校赴镇江,校务分托诸位先生,暂维现状;各级学生补种牛痘;民众学校请姚虚谷先生担任指导。

二十二日 南中本部来函,索各科月考成绩及平日国文成绩;主任在辞职期中;主任自镇江来函,请同人暂维校务,并嘱庄叔何、孙休如两先生赶办结束,以便交代;新式农具制造所来函,厂中现正缺货,各货货价须先付三分之二,引擎以九折计算,其他以九五折计算云;检查校具,分别造册;育蚕移至温室内。

二十三日 吕凤子先生及中大艺术教育科学生六人今日离校回京;学生做铺路、印刷、订本、泥人、抄写图书卡片等工作;校长来函慰留主任,并璧退辞职函,但对于经济仍无办法;陈摄山先生送校长函至镇江,与主任接洽;整理二、三月份决算册;续查校具;瓦工收拾屋漏。

二十四日 上中乡师来函,询联会问题;中[大]秘书处送来教厅训令五则,又学生团体组织原则一份;陈摄山先生回校,晚赴京与校长接洽主任辞职问题。

二十五日 主任在辞职期中;教育部吴研因先生来函,介绍广西雷生来校插班;制定学生工作分配表;上海职业指导所寄来调查表,调查学校状况。

二十六日 中大实验学校王惠三、赵雨琴两先生率领学生三十余人来校参观,并与本校学生作友谊的篮球比赛;热河教育厅第三科科长邱振中、伊犁宫碧澄两先生来校参观,并留校午膳;中央党部顾质先生来校参观;米价飞腾,膳费无法维持,自今晚起暂改面食。

二十七日 三年级生举行毕业考试党义、图画、算术;姚、厉、李、叶四先生至下蜀实小开联合研究会,讨论各种小学实施问题;蚕入三眠,发育尚佳;指导附近民众育蚕;全校各部举行大扫除。

二十八日 纪念周,由李显文先生主持;订购桑叶一批;庄叔何先生赴镇与主任接洽各事；三年级考试理科、地理；三年级添做之新制服今日送来；举行运动会筹备会义，厉燕谋主席，陈摄山记录，议决五日开运动会，并邀请军警及区镇公所、民众等参加。

二十九　四月份《工作摘要报告》《江苏省立南京中学乡村师范科十九年》。

三十日　三年级考试公民、体育、教育、农业；杨开道先生寄赠本科中大图书目录四册；南中本部秘书林子硕先生率领本部高中师二学生来校参观，并慰留主任辞职；电吁请黄质夫先生即日来校；花房前围以竹篱；庄叔何先生病，盲肠炎颇剧，乃兄梅孙先生来校视之。

本科三年级生京镇锡苏沪杭各地教育参观筹备的经过①

"凡事预则立,不预则废。"做一件事假使事前没有充分的筹划,临时手忙脚乱,一定得不到好的结果。此次本科对于三年级生出外参观教育一事,事前的预备尚不算敷衍,兹将筹备的经过情形分别叙在下面,供一般负有指导学生参观责任的同志参考,也许他们不会嫌我多事罢。

一、经费的筹措

参观旅行,舟车食宿到处需费,无论若何节省,要应付这往返十七天的行程,二千多里路的长途,至少每人需准备二十元,穷措大②的乡师生,对于这笔费用,确实有些不易筹措。从多方考虑的结果,决定这笔费用分三方面去设法,就是食宿费由校中拨付,舟车零用则归自筹,同时由校中函致各县教育局长,请其对各该乡师生参观费酌予津贴,俾克成行。这封信发出后,得到的结果尚不算过差,兹将各县教育局此次津贴本科三年级生每人数目列表如下:

县名	金额	县名	金额
武进	7.89元	镇江	15元
江都	6.90元	仪征	2元
无锡	5元	句容	5元
泰兴	8元	宜兴	15元
淮阴	12.5元	金坛	8元
江宁	5元	萧县	15元
宿迁	3元		

---

① 本文原载于栖霞乡村师范编《栖霞新村》半月刊1930年5月15日第24期。
② 穷措大:旧时指穷困的读书人。

附录：
本科致各县教育局长函

迳启者 敝校三年级贵县学生（某）现已轮派敝校实验小学分类实习，不日将往京沪苏锡等处参观乡村小学，藉以增长教育上之经验。惟旅行食宿所费甚多，该生家道寒素，筹措匪易，凤仰先生对于乡村教育提倡不遗余力，用特函达台端，即希酌给参观费若干，俾该生学有所得，将来对于桑梓有所贡献也，无任盼切（下略）。

到了临行前二日，应用各费勉强总算凑足，中间有二人因为特殊关系无力筹措，由校暂行借垫，待他们服务时再行归还，弄钱的难关就这样的渡过了。

二、服装的更制

三年级生的制服还是入校时做的，到现在已经是破烂不堪了，尽管说真将军不在戎装，但是过于不讲求外表，精神上也许受到不良的影响罢，所以我们经济上无论如何拮据，考虑至再，每人仍是添做两套新制服。夹①的价值较贵，而且在我们参观团出发时天气热了也许穿不着，结果决定每人做白褂黄裤单制服两套，连黄色制帽一顶，计银六元四角，材料完全是国货，由镇江省府路爱华公司承做，式样尚不过恶。裤子所以要用黄的理由，因为长途跋涉，恐怕白的容易粘着泥污。为什么又要做两套呢？这岂不是闹阔吗？不是，因为穿脏了时预备着去换洗。

三、用品的预备

各项的用品以简单而切于实用，且需便于携带的为合选。兹将本科此次参观团所有各项备品列表于下，以供参考：

（甲）个人物品

规定制服	两套	上身黑制服	一件
制帽	一顶	换洗小褂裤	两套
黑色长筒袜	三双	布毯或毛毯	一条
黑色布鞋	两双	盥洗用具	全份

---

① 夹：指两层的衣服。

胶皮雨鞋	一双	笔记本铅笔	全份
纸伞	一把	草纸	五十张
薄被	一条	参观费	十五元

(乙) 团体备品

团旗	一面	校片	四十张
信纸	二百张	信封	五十个
网篮	七双（每分队一双）	搪瓷碗	十个
白铅皮水壶	一把	桅灯	一盏
烛台	两个	洋烛	二包

(丙) 参观记录表（每种每人十份）

附录：

（一）学校概况参观大纲

学校名			地址			主持者			
经费	年支		教职员数	男		儿童数	男	校舍	
	月支			女			女		
学级数									
各部实施概况		校务分配方法							
	教学实际概况		方法						
			教材						
	升学指导的方法								
	家庭联络的方法								
	其他问题								
特殊组织	名称								
	办法								
	近况								
儿童自治	名称								
	经费								
	事业								
其他问题									

(二) 学校实施参观大纲

校名：　　　　　机关名：　　　　　主持者：

1. 设备的主旨
2. 活动的状况
3. 可资取佐的
4. 所用的用具
5. 环境的布置

A. 名称　　B. 资料　　C. 价值　　D. 图形　　E. 制法　　F. 表格

(三) 教学状况参观大纲

学校名：　　　　　学级：　　　　　课业名：

1. 教材
2. 方法
3. 何种程序
4. 教师准备些什么
5. 教师的语言
6. 教师的态度
7. 对于不易说明之事物，如何举例的
8. 如何使儿童注意集中
9. 检阅儿童作品的方法是什么
10. 板书的方法，可以取法的
11. 解决问题用何种方法
12. 问答时如何使儿童答案集中
13. 儿童的活动是否与教师合拍
14. 儿童的动作是否有规律
15. 如何训练儿童的学习习惯
16. 儿童的自动方法
17. 教学中所用之好的管理方法
18. 教学中有何特殊取法之点
19. 教学中有何变动过程的地方
20. 其他

四、行程的预定

此次参观地点仍沿向例,顺着京沪、沪杭两线各地去参观,因为交通便利的地方费用较省,时间经济,老实说教育亦办得稍为好些。因此,由校中先拟定了行程表,印发各生参考,并通函各学校商借食宿地点,同时函请京沪、沪杭铁路管理局车务处,请求给予减价乘车凭证,各事均于出发前一周办妥,所以出发时丝毫未感觉到困难。

附录:

(一) 本科教育参观团活动大纲表

江苏省立南京中学乡村师范第二届教育参观团活动大纲表					19.5.8 订
月	日	曜	车行时间	食宿地点	活动大纲	注意事项
5	17	土	13号车到宁	南京中学	进城后休息	下午七时到车站
	18	日		南京中学	参观民众教育馆、公共体育场、游览	
	19	月		南京中学	参观南中实小、女中实小、中大实小、市立实小(分组)	
	20	火	12号车到镇 26号车到洛	镇中实小代膳	参观镇中实小;分组参观地方小学	下午七时到车站
	21	水	20号车到锡	锡中乡师	参观锡中乡小、乡村社会调查及参观	下午三时到车站
	22	木		无锡中学	参观锡中实小;参观地方小学	
	23	金		无锡中学	游览名胜;参观乡村小学	
	24	土	4号车到苏	苏州中学	参观苏中实小;女中实小;地方小学	下午六时到车站
	25	日		苏州中学	游览	
	26	月	4号车到黄渡	上海乡师	参观上中乡小、地方小学	
	27	火	2号车到沪	上海中学	参观上中实小、市立小学、盲哑学校	下午七时半到车站
	28	水		上海中学	各大文化机关兼游览	
	29	木	到杭	省教育会	参观一中附小、市立小学、社会教育机关	
	30	金			游览西湖	
	31	土			同上	
6	1	日	到上海		返上海	
	2	月	到栖霞		返栖霞	

（二）致各校校长商借食宿地点公函

敬启者 敝科本届毕业生及指导员等约三十九人定于　　月　　日贵处参观小学教育，拟恳假贵校寓宿宵，并恳饬贵厨代办____膳____餐，至希俯允，无任感荷。（下略）

（三）致京沪、沪杭铁路管理局车务处公函

迳启者 敝校有学生三十八人，于本月十七日出发，赴京镇锡苏沪杭等地参观小学教育兼游览名胜（行程另表开列），六月二日回校，敬希贵局予以优待，并恳将减费乘车执照即日惠寄敝校，以便应用，至纫公宜。（下略）

五、规约的制定

长途旅行生活与在学校的时候稍异其趣，所以除去临行时由校中各先生分别训话外，复又制定一种规约，俾可共同循守。此种规约务须简而不繁，易于记忆，兹摘录于下：

南中乡师教育参观团规约

1. 参观团员在任何时间内须一律佩戴校徽。
2. 参观团员一切行动须极端服从指导员之指挥。
3. 参观团员非经指导员许可不得擅离本队，如须假出，必须商得指导员同意，并须于规定时间内回队。
4. 参观团员参观学校或其他机关时，非得各该校或机关主管人员引导参观，不得擅自行动。
5. 参观团员参观时一切言动须十分注意纪律。
6. 参观团员对于各学校或各机关人员均应恭而有礼，虚心领教。
7. 参观团员每六人准许携带网篮一只，行李二件，不得多带他项用品。
8. 参观团员服装务须整齐清洁。
9. 参观团员于离开寄宿场所之前，务须恢复原有清洁秩序。
10. 参观团员参观时均算有极翔实之记录，回校后须整理送缴工读指导主任，以便详核，摘要付印，以资借镜。

六、内部的组织

一个团体有了组织,遇事才可收到指臂之效。我们根据了这个原则,所以有下列的组织,队长、分队长、队务长以及各项事务的担任者,都拣比较胜任的人去担任,俾可用其所长,不致偾事。

(一) 南中乡师教育参观团组织表

队长　　王家恩

第一分队　队长　许启桂
　　　　　　　　田家明　萧　朗　李耀荣　于凤池　笪远泉
第二分队　队长　李士国
　　　　　　　　张春荣　陈陶赓　毛宝瑜　周笃宽　纪载福
第三分队　队长　卢日昌
　　　　　　　　王继襄　房庆霖　毛起周　王友正　洪元顺
第四分队　队长　汪鹿孙
　　　　　　　　胡道明　纪维员　朱本植　杨均南　王光国
第五分队　队长　常启家
　　　　　　　　笪远庆　张范中　荆炳耀　荆大椿　夏德全
第六分队　队长　王有桃
　　　　　　　　赵远显　胡道举　巫淡如　徐继容

队务长　李士国　王应华

(二) 南中乡师教育参观团员事务分掌表

娱乐股　常启家　杨均南　荆炳耀　王继襄　于凤池
交际股　许启桂　巫淡如　李士国　王家恩　荆大椿
风纪股　队长暨各分队队长
编辑股　房庆霖　汪鹿孙　纪载福　赵远显　王光国　徐继容
调查股　参观团全体
事务股　李士国　王应华暨各分队队长

七、参观学校须知

1. 投刺晋谒该校之当局。
2. 申述本参观团之工作。

3. 请求当局报告该校之概况。
4. 请其导引参观(如长期参观须申明,请其允许自由参观)。
5. 参观中入各教室,须与以相当之敬礼。
6. 参观教学活动中,行走宜轻缓,言语宜低微。
7. 参观中有不明了处,俟课毕提出,请求解释。
8. 参观后分头担任各部之记录:
   A. 学校行政之部——学级编制、学校组织、办事大纲等属之。
   B. 学校教学之部——各科教法材料及各种研究事项属之。
   C. 校外设施之部——关于扩充教育,如民校、识字、农事推广等属之。
9. 参观终了后,须与该校当局致谢词,然后他去。
10. 参观中若常驻该校者,须遵守其常规,自己益当保持其令誉。
11. 如有所询问,须先从具体发问,次再渐及于抽象事项。

结论

本科的教育参观团刻已出发了,我们办理这件事目下可以告一结束,为着增进自己办事效率起见,所以把他记着,为他年的印证,一方可做其他同志的参考,所以不嫌词费,一一把他写下来,并且想到以后办理时,凡遇到一件有系统事,都把他加以整理笔录出来,在本刊上发表,倘能这样做下去,在一个职员较少的学校,行政方面或许有不少的帮助。

为南京中学栖霞乡村师范告远近乡教同志书①

栖霞乡师诞生已三年矣！此三年中虽谬蒙远近乡教同志奖许，薄负时誉，然而此中滋味，同义已艰苦备尝！同义今且将与最亲爱之栖霞乡师脱离关系矣！同义之身体虽去，而精神上终不能忘也。

诸君须知此次同义之去职，非忘情于乡村教育而去，亦非不顾事业而去者，乃因环顾现时之是非颠倒，黑白混淆，似有不得不去之势，此同义之所以为栖霞乡师事告远近乡教同志也。

同义服务于苏省乡村师范，前后六年，服务栖霞，业经三载。自十六年八月十日南京中学筹备委员会派同义来栖霞接收，其时校中已驻兵日久，屋漏墙圮，尘封秽积，仅一类似之破庙耳。嗣以孙军渡江南犯，栖霞沦为战区，同义等未及远避，几以身殉校。

同义于此三年中，已三易其长，以乡校未能独立，颇受影响；而经费之竭蹶万分，尤为最痛苦之事。在此三年内，于无可设法之中，勉力筑成校舍一百数十间，购置民地数十亩，举凡办公室、教室、自修室、宿舍、女生宿舍、饭堂、储藏室、炊事室、浴室、洗衣室、村民图书馆、栖霞商店、工场、农场、民众科学馆、民众娱乐馆、栖霞医院、栖霞旅舍、栖霞公园、民众茶园、实验小学等，无不应有尽有。此外又添置校具数千件，购置图书仪器约二千元，编辑乡教刊物数十种，此仅就物质上而言者。

至于训练学生，注重精神的训练，平日采取严格主义，全体教职员均训育化，一切生活作业，农事操作，社会作业，皆使参加或处理，并使学生参加农民运动之实际工作，布置优美之环境，提倡各种之团体活动，及各种之课外研究，并参加小学实际工作，使养成勤朴、敦厚、切实、耐劳之乡村小学教师。

---

① 本文原载于中国农学社出版的《农业周报》1930年第46号。文前有编者按语云："栖霞乡师主任黄质夫君突被南中校长解职，时论惜之，其经过情形，外间尚多未悉，兹将黄君告乡教同志书刊布于此，以见三年来栖霞乡师之所以声名洋溢者有自来，而破坏者之用心不可问。"

课程根据中华民国教育宗旨，参照现代乡村环境，订有课程纲要，采取由做而学，由学而教之原则，施以最适宜之科学教育，最严格之身心训练。课外作业，则有朝读会、读书会、文艺观摩会、党义研究会、数学研究会、史地研究会、艺术研究会、音乐会、各种球队，以辅助正课之不足。

推广事业，以适应乡村社会、改良乡村环境为目的。凡乡村农民之需要者，无不尽量供给。关于教育者：如民众学校、民众补习学校、民众注音符号宣传运动、民众识字运动、民众读书处、民众代笔处、民众问字处、民众茶园、流动读书、通俗讲演、科学常识试验、民众科学馆、幻灯讲演、说书、影片、新剧、民众周报、民众画报之类。关于村政者，如村政改进会、户主会、风俗改良会、劝戒烟赌、破除迷信、保存古迹、平粜米面、消防队、建筑栖霞新路、乡村社会调查、代办物品、提倡国货、指导合作、民众娱乐会、音乐会、各项体育运动、卫生指导、施诊给药、清洁运动、种痘运动、防疫运动之类。关于农业者，如改良农事、指导种植、交换麦种、赠送棉籽、指导育蚕、推广造林、扑灭蝗蝻、合作灌溉、合作售卖、忙托儿所之类。此三年中，附近十三乡镇，种树八十余万株；栖霞新路，计二里五十八丈；各乡种麦种棉，均有特殊之成绩；各乡农民均争先送其子弟来校求学；栖霞无匪类之侵入，亦多赖教育之力量，此同义之所以引以自慰者也。

综计同义在此三年，茹苦含辛，未敢稍懈，而同人之一德一心，尽量协助。同学之朝夕相依，甘苦与共，尤为可感。犹忆校中建筑，师生同赴江边运木，肩胛寸许；米船遇雨，中夜搬运；星夜闻乡间有火警而奔救；十数里之外，闻有被匪刀伤者而往救护；乡民有被土豪欺压者，尽力为之申诉；农民有以榆钱为食料者，设法贷款为之平粜米面杂粮。此种刻苦耐劳、服务社会之精神，乃为同义终生所不能忘者。

同义等近三年来，受社会之奖许，殊自惭恧，因而招忌者益多，甚至谓舆论之记载，乃同义之宣传者，无所不用其极。同义及同人之所以如此努力者，无非为乡村教育前途计耳。吾苏乡村师范成立最久者有五：曰栖霞，曰洛社，曰吴江，曰黄渡，曰界首，均为各中学校之附庸，或视为赘瘤，或以之为局所。且各校距本部甚远，各校长有终年而不来学校一次者，用人行政，则曰此校长职权也；经济艰窘，发生困难，则曰路途遥远，吾不暇顾及也。各省乡师，均皆独立成一学校，独吾苏乡师，迄今反仍为各中学校之附属品，呼吁独立，无虑数十次，迄未见诸实行。同义今被逼而去职，吾苏乡师独立之声流，或可因此而引起一般当道及乡教同志之注意也。

同义以为乡村教育，不仅以学校为范围，须以乡村为范围；受教育者不仅以学生为对象，乡村之农民，皆应为教育者之对象，必使"野无旷土，村无游民，人无不学，事无不举"，而后始可达到乡村教育之真正目的。吾国百分之八十五为农民，而农民之受教育者几何？中国国民党注重乡村教育，以为切要之图，办理乡村教育者所负之使命甚大。同义仅能办理平民式的教育，而不善办理官僚式的教育；同义生性戆直，不善逢迎，只知有公而不知有私，以致开罪于当局，必欲使同义去职而后已。栖霞乡师乃公有之机关，非同义个人之私产，同义之所以朝斯夕斯，寝斯食斯，视之如家庭者，以其为乡村教育事业耳。今当局既不欲有此事业，同义又何必视为私产，而不速脱离乎？

同义于七月廿五日在南中本部，秘书林君子硕，嘱将各教职员名单开去，请聘书即可发出。同义乃与各教职员相继订约。及七月三十日，校中忽派熊某等三人到校，行踪诡秘，窃窃私语，询校中有学生否？同义随告以有某某学生等四人，因家中匪乱，暂住校内。四日，林君忽函召赴京，谓："校长现奉蒋部长面谕，栖霞乡师有反动嫌疑，校长不忍君在此嫌疑区域，拟聘君任南中本部高师科主任。"同义闻有"反动"二字，殊深诧异，吾校教职员凡十五人，学生一百三十人，对于本党主义，信仰极深，绝无丝毫之反动，且平日在校，每日工作达十二小时以上，又何暇再有反动行为？至若学生，平日训练，均甚严格，思想不容稍有违背，乃忽有捕风捉影之谈，殊属骇怪已极。次日，章校长桐忽派胡某等五人来校接收，强迫同义即时交代；同义告以"章校长既聘同义于前，何以又使同义去职于后，请章校长解释后，亲自来栖霞接收"。逾日，同义至教部探询究竟，始知教部公令，系指一般学校而言，并非专指栖霞乡师，且未有栖霞乡师教职员学生反动嫌疑之说。据此可以知章校长别具苦心矣。

章校长果欲去同义也，片言可以解职，又何必先发聘书，而后复藉故逼同义去职？同义服务栖霞乡师三年，抚心自问，毫未有不可对人言者，努力乡村教育，而获此诬蔑之报，殊不可解！同义纵开罪于章校长，亦不过呼吁独立，不善逢迎而已。呼吁独立，系为吾苏乡村教育整个的问题；不善逢迎，系同义之秉性如此，从未有私意存乎其中。而章校长竟欲陷同义于不义，使同义对于教职员失却信谊，而加全体师生以有反动嫌疑之恶名，使极纯洁之栖霞乡师留一污点，此同义之所以誓死不能承认也！

同义近两旬内，得章校长聘书凡三纸：一聘任乡师科主任；二南中高师科主任，月薪五十元，订期一年；三不具被聘者姓名之高师科主任，月薪九十元，订期一学期。一方面聘书纷来,一方面又派员接收,一若同义之舍此无以为生者,此同义之所以不得不去职也。

或谓同义此时不应去职,去职影响于学校前途颇多。殊不知同义在校一日,即负责一日,而校中各项修缮,以及开学一切手续,凡关于学校之进展、学生之生活者,均已有准备矣。

总之,同义此次之脱离栖霞乡师,非忘情于乡村教育而去也,亦非不顾事业而去也,乃因环顾现时之是非颠倒,黑白混淆,不得已而去职也。同义行矣!尚希我远近乡教同志有以谅之。

一九、八、十四

附:

首都乡村师范教育之厄运①

据八月十日《申报》云:南京中学栖霞乡村师范学校,为国内著名乡村试验师范学校之一,该校主任黄质夫苦心经营有年,始克有今日之成绩。此次暑假中,除黄氏及少数职员留校外,尚有远路学生三人,亦留校未回,不料即因此惹起绝大风波。盖于数日前,首都卫戍司令部通知教育部,谓据侦探所知,首都之某某等数校学生中杂有共产分子在内,请转饬所属注意等语,栖霞乡师亦在被注意之列。教育部接报告,即转告南中校长章桐。章氏闻悉之后,即小题大做,除速改胡某为乡师主任外,并派职员三人,于五日赴栖霞接受乡师。黄氏适于前一日接到下学年乡师主任之续约,何又骤然被收?当时仅允俟结束就绪,再行移交。黄氏自己深知校内职教员及学生平日之言行纯洁,除专心研究乡教外,从未参与外事,今忽遭此意外打击,殊深骇异。彼乃于七日上午赴教育部谒见朱次长,询问此事之实在情形。据闻卫戍司令部之报告,系一种普通形式,并非专指栖霞乡师一校而发,其用意亦不过希望各校防患于未然,并无任何特别意味。闻教部之告知章校长,仅系请其注意,非嘱其据以撤换黄主任,况教部对于黄氏历年办学成绩,亦甚赞许,决不至藉虚无缥缈之传说,即加人以罪,危及教育界人权之保障。又闻章氏又聘黄氏为高中部师范科主任,但黄氏以乡村教育为其终身事业,务使栖霞乡师不至因其个人之去留,影响于乡师事业之进行。

又据八月十一日《时事新报》云:南京中学栖霞乡村师范科,位于栖霞名胜,

---

① 本文原载于《教育杂志》1930年8月第22卷第8号《教育界消息》栏。

自国府各部要人，以及教育界人士，凡游栖霞道经该校参观者，无不心许该校甚合造就乡村师资之旨。因该校主任黄质夫勤奋将事，以身作则，故见有成绩。前次中山陵园因为规划农林推广实验区，曾拟请黄为指导员，黄以办学责任未了，敬谢不敏。最近皖省教厅长聘黄为蚌埠师范校长，黄以在栖霞三年，教导学生已有相当效果，不忍中途茹甘避苦（彼处待遇丰优）。八月四日，南中章校长已致送续聘一年聘书，并口头嘱觅教员，忽于五日派南中初中训育员胡某到栖霞接收，有函嘱为移交。不久另有函约为南中高中师范科主任，明升暗降。黄既已收聘约为乡师主任，且已聘约教员，今无故派员接收，易以高中师范科名目，似觉特别待遇，未免近于弄人。至领教部蒋部长面谕，因卫戍司令部通知各校严防共产，逐亲自至教部调查，教部系知照各校特别注意，不是专注乡师，而乡师师生并无有涉嫌疑者，何能无故去职？

闻此事远因，盖关于黄质夫为人憨直不阿。乡师隶属南中，乡师倡导独立，已有甚久之历史，故乡师虽属南中之乡师科，南中校长不能代为支配一切。有一次南中校长与乡师主任谈话，论校长与主任之地位，黄毅然辩曰："若校长对主任侃侃如也，主任对校长恂恂如也，则教员对于主任将鞠躬如也，学生对于教员应俯状如也。"并以官场有阶级，办教育似乎重礼貌与学识为言。即此以观，盖已不能为校长所满意矣，此次去职未始非一原因也。顷闻黄心不甘，已严重交涉，南中方面已有人调停，教育部方面表示前次谕各校之说，系普遍招呼，已嘱南中校长勿生误会，而多起纠纷，此事宜和平了结云。

宜兴中学省款添设职业科计划书①

一、缘起

宜兴山水，雄长江南，物产繁颐，地力丰厚，在此民生凋敝之时，允宜开发富藏，培养人才，注重职业，务使地无遗利，工无弃材，庶几无背先总理揭橥民生之真谛。宜兴中学自第三次全国教育会议有普通科应设职业科之决议案后，内感地域之适宜，外懔职教之重要，即有添办职业科之愿望，嗣经迭呈省厅陈述再三，始奉令年拨补助费[一]万二千元为办理职业科之用。自十九年度起，先办陶工科一班，此后农林、蚕桑、园艺，渐次进行，以完初志，而惠地方。其创办理由，请析述之：

（一）培养人才

事业之兴替，胥以人才之盛衰为衡，关于培养实业人才，可得述者如次：

（甲）森林　宜兴西南诸山，绵亘数百里，多产竹木，唯山民凭藉自然，羌无知识，不能保养，不知栽培，方法粗放，致原有产物日就凋敝。天然敌害如松毛虫肆虐，赤地百里，频年告荒，指为神怒，不加挽救。山民育苗，不知采用新法，秧苗取之他县，运输不便，成活甚少，推原其故，人才缺乏，实为主因。且金坛、溧阳、宜兴，因多山而划为江南林区，在农林行政方面，已有相当设施，宜兴中学添设林科，收效尤易。此森林人才之应培养者一。

（乙）茶叶　宜兴产茶，夙号名品，庙前庙后，为世艳称，近年产量虽多，而种植不良，制造不合，难望改进。此茶叶人才之应培养者二。

（丙）稻麦　宜邑东西北方面地势平衍，灌溉便利，总计产稻之区，面积达百万亩以上，而农作率循旧法，不加讲求，生产力因之薄弱，平均每亩产稻不足三

---

① 本文与唐昌治合著，原载于《国立中央大学农学院旬刊》1930年10月第59期，编者于文末附识云："本院前接宜兴中学校电请派员指导筹设农科各节，已志本刊，此文即本院所派农业推广处黄主任指导质夫会同苏农厅唐委荃生赴宜视察后，代为拟具者，以其兴农业教育前途相关颇切，故备录之。"

石,偶遇天灾,饥荒立至。去年因虫荒而户鲜盖藏,米价激增,即其明证。此稻作人才应培养者三。

（丁）蚕桑　蚕桑为农家副业,宜兴育蚕,素称发达,茧亦优良,以之缫丝,成色甚佳,茧商争趋。宜邑,夙有宜茧优于锡茧之称,近年茧业不昌,影响社会经济至钜,盖育蚕方法不精有以致之。此蚕桑人才之应培养者四。

（戊）园艺　宜兴西南诸山,土地肥沃,农民不知利用,仅略植山芋,弃地甚多,梨栗诸果,亦凭藉天然力量,不加改良,品质恶劣,不能运销远地,生产至薄,殊不经济。倘能经营果树园艺,获利必厚。此园艺人才之应培养者五。

（己）陶业　宜兴于山产竹木外,以陶土为最富,鼎山蜀山一带,恃陶为生者极多。产品运销,无远弗届,国外赛会,褒然居首。近年制作不精,因陋就简,前人创作,寝寻失传,已成考古家陈品。后起陶工,见为贱艺,学徒多漫无知识,陈陈相因,革新无望,苟不作育人才为改良之预备,长此因仍,不特国粹渐次沦亡,即于民生亦有关系。此陶业人才之应培养者六。

（二）适应环境

教育以适应环境为目的,凡社会之需要,事实之便利,均是以促进教育效能。职业教育在今日之重要,固无待言,即以宜兴一县论之,就观察所得,宜兴实为一农业化之社会,青年质朴耐劳,贫苦者往往多厄于境遇,中途失学,聪颖子弟,废弃终身者不知凡几,女子缺乏职业,生产力因以低减。苟于此适合农工区域,创办职业教育,未始非根本救济之策。近自宜兴中学有添办职业科之倡议,社会之想望綦殷,可知宜兴社会对于职业教育已有相当之认识与了解。此在社会需要方面,应力促职教之发展。且宜兴地居苏浙皖三省之冲,为江苏门户,自宁杭路成,交通便利,工业之发达,可以预卜,富源之开发,有不容缓者,此就地域上言,宜兴实有创办职业教育之必要。宜兴中学开办以来,六年于兹,考察所及,建筑设备焕然可观,校址广袤,扩张尽有余地,在此基础已立之校,从事职业教育之创设,公家耗费无多,而有事半功倍之效,即在农教计划中,设施亦多便利。江苏各校向无林科,此次在宜兴考察,张渚树艺公司经营之山地,林木翁翳,询之面积计有八千亩,垦熟者达一千余亩,而冈峦起伏,数不止此,实为最佳之林区,倘能于此良好地域办理林业,于宜兴中学设置林科,计无便于此者。此就事实上言,宜兴中学添办职业科实不容缓。

基上两点所述,在适宜之环境中,谋职业人才之培养,进而谋农工之发展,其效率之宏,可操券而待,不特一地方之利,国家社会,实深利赖,用贡刍荛,藉当缘起。

二、计划大纲

第一条 宗旨 以适应宜、溧、金等县社会实际需要,培养实用职业人才,发展地方实业为宗旨。

第二条 编制 根据第三次全国教育会议议决案普通中学得添设职业科之规定,拟就宜兴中学先行试办,自十九年度起,以核准省款一万二千元于原有普通科外,添办初级陶工科一级。另筹办初级农科一级,并按照今后省款之增数,得添设高中农林蚕桑等科。俟办有成效后,得提高程度,添设专科,以应地方之需要。

第三条 各科教程 高中职业科理论与技术并重,初中职业科注重技术之训练,并养成耐劳之习惯,务期不背职业教育实施之原则。

第四条 经费 宜兴中学普通科就过去情形及目前需要论,无论高初中均有继续存在之必要,至职业科经费,应以省款支给之。

第五条 组织 于校长外,设职业科主任一人,普通科主任分任各该科职务。

第六条 设备 职业科最低限度之设备,由校开具详明预算,提交宜兴中学校董会议决后,再行呈请江苏教育厅核准支给之。

第七条 本大纲由校董会议决,呈请江苏教育厅核准施行。

上项计划书,系义等在宜邑时草拟,以时间匆促,未能考虑周详。归后义将经过详情,向本院院长逐一面陈,蒙邹院长多所指导,并举出下列两种意见,以供宜邑人士之参考:

(一)办理高中农科,设备较多,需费较巨,宜中仅有省款补助一万二千元为常年经费,财力当然不济。不如先以省款补助之半数,添设初级蚕桑科一级,招收农家子弟,授以经营蚕桑事业必需之知识,务期学有所用。并另行酿资三万元,办一蚕种制造场,附设校内,解决宜邑蚕种改良问题。此事如办理得法,不独可以获利之一部,用为学校事业扩充之用,且有坚确宜邑人士对于科学改良农业之信心。

(二)宜中应于最近之将来,设法将阳羡树艺公司收归学校经营,以为添办职业科之基金。将来农科即设于该公司内,俾学生有充分躬自耕作机会,免致沾染普通学生之恶习。

黄墟参观纪要①

参观的动机

近年来各地农村改进事业,如雨后春笋一般,虽说办理方法各别,其目的则同样是改良乡村组织,增进农民生活。我们是做农业推广工作的人,我们的目的是改良农业,我们对于我们的对象——农民和我们工作的场所——农村的实际情形,不得不有深切的了解。不然,隔靴搔痒,会始终搔不着痒的!我们为了解决这个问题,除通函各地征集文字的参考资料外,并酌量派人分赴各处实地考察,俾资借镜。黄墟是国内新兴的农村改进试验区之一,由江苏农矿厅委托中华职业教育社计划设立,开办迄今才有一年多,比之其他各处,如定县,如徐公桥,如萧山,当然算是弱弟,但是,他在这一年中,努力奋发,确有不少惊人的成绩,不能不说他是后起之秀。因此,推广处主任孙先生②指定同义前往参观,同义去年曾到过黄墟一次,此番旧地重游,所得很多,兹将见闻所及,分述于次,留作关心农村改进事业的诸同志参考。

新黄干路在兴筑中

新丰车站距离黄墟约十华里,由新丰下车后,到黄墟去有两条路可走,一是旧道,一是新道。旧道路政失修,崎岖颇甚,一遇天雨,泥泞难行,平时交通唯一的利器,是靠着小车。新路是改进会提倡兴筑的,工程正在进行中,路基略具,将来筑成之后,可行汽车,崎岖变为康庄,造福村民不少。全路长一万五千三百五十五呎,镇江境内占全长百分之六十六,余属丹阳辖境。丹阳境内由建设局负责兴筑,镇江境内路线由建设局规划,征工监工由改进会负责。该路在镇江县境内征工区域共计五十六村,征工二千四百二十六名,除征工外,未完成部

---

① 本文原载于《农业周报》1931 年 5 月 22 日第 1 卷第 4 期,作者时任中央大学农学院推广处主任指导。
② 孙先生,即孙恩麐,我国著名的棉花专家,1893 年生于江苏省高邮县,曾留学美国伊利诺依大学农学院、路易斯安娜大学农学院,获硕士学位,时任中央大学教授。

分,由省府卫队暨雇工完成之,免致妨害农事。全路用费不到五百元,三分之二为建筑涵洞费,三分之一为购置畚锸费,像这样经济的筑路办法,在国内殊不多观,是值得一般人们效法的。改良乡村首先要便利交通,在今日民穷财尽的中国,做起事来,那能不处处从经济上去着想呢?

省府卫队筑路

在过去的时代,吾人心目中以为军队都是富于破坏性的,他们根本就不知道建设是一回什么事? 其实也不尽然,这次参观黄墟时,在新黄干路中碰着一队省府卫队在那里筑路,由连长惠绍兴和改进会主任干事宋龙田两先生率领工作,他们工作很起劲,汗流浃背,了无倦容。当时有一个士兵笑嘻嘻的向着我说:"先生,我们现在是工人,不是兵了。但是我相信中国的兵,倘若个个能够在国家多事的时候,就去执干戈卫社稷,一到天下无事的时候,放下枪杆,拿起锄头,做一些福国利民的工作,中国的前途,不会没有希望。我们惭愧得很,对于拿钱养我们的老百姓,没有多大的供献。"说罢,仍旧底下头去勤恳的做他的工作。我听完他的话,不禁肃然起敬,谁说中国的兵是仅仅知道做破坏工作呢?

巾帼不让须眉

黄墟境内,冈峦起伏,水利不兴,田多硗瘠,每家耕种的田地不多,据说全区三百十三户,有二百一十家仅有一亩至五亩的田,八十三家有六亩至十亩的田,十家有十一亩至十五亩的田,四家有十六亩至二十亩的田,四家有二十一亩至五十亩的田,至于有田在五十亩以上的仅有两家。普通一个农家一年辛勤所得,每不足以仰事俯蓄,以此黄墟的男子,多往邻邑经商,逐那什一之利,或从事其他小工艺以裕收入,因此游荡无业的人绝少。纵有一二恋家的朋友,必受邻里讥讽,说他"没出息"。此次沿途所见,在田间工作的,全数几为妇女,面目黎黑,肤肌充实,健壮一如男子,其工作较之男子毫无逊色。一般饱食终日,无所事事,城市中的女太太,对于这些勤苦耐劳的乡村妇女,真要愧死!

车尘马足话冷公

冷御秋先生戎马半生,有功党国,近年来放弃政治生活,里居从事改进农村事业,兴教劝农,孜孜不倦,改进会之成立,先生之力居多。其为人刚毅正直,大有"望之俨然,即之也温"的态度,很受群众爱戴。平是俭约自持,尚朴素,室无婢媪,夫人躬操井臼,在这样竞尚奢华的时代,有此美德,尤为难能。此次在途中邂逅张某,话冷公事颇详,闻之津津有味。张某并谓冷公往来各乡村间,数十里往返,悉皆徒步,从未有一次乘车,因此黄墟镇的少年,平日除带行李物件外,绝少乘车,益信移风易俗,可以自一人始。

改进会内部一瞥

这次我来黄墟参观算是第二次,一切的情形和往常迥异,不能不归功改进会诸君特别的努力。据主任干事宋龙田先生口头报告,该会全年经费四千八百元,由江苏农矿厅支给,薪工月支一百六十元,主任干事一人,月支薪八十元,助理干事二人,一人四十元,一人三十元。此外,有干事一人不支薪,工友一人薪资十元。全部经费支配,薪工占百分之三十,事业费占百分之六十,办公费占百分之十,这种支配办法,极为合理,是值得一般机关仿效的。改进会的会所,地点尚属适中,房屋系新建,计五大间,每月赁费八元。前两间辟作民众阅书报室,陈列书报多种,供民众阅览,晚间充民众学校之用,一间住警察队六人,晚间梭巡各村,藉防宵小,日间洒扫街道,由改进会监督指挥。一间为农具陈列室,室内有打稻机两架,打稻机简便适用,只有脚踏,用力极微,妇女小孩均能使用,速度每分钟六百转至一千转,一机足抵三四人之工,每束稻麦约二斤,打净仅需十秒钟,打稻而外,并能打小麦、大麦、小米等,每部定价约二十五元,全机重五十二斤,两人抬之即起,此机在一般乡间似有推行的必要。引擎两座,一为三匹马力,一为四匹马力,均系上海大隆机器厂制造。此外,还有抽水机和改良镰等放在那里陈列。在参观的时候,会中正将一架四匹马力的引擎,拖动碾米机,在一个人家试验制米,每小时制米一担五斗,成绩颇为不恶,不过采用这种碾米机,粗糠和细糠混合,农人不甚欢迎。后进一部分作两,一部作会客室,室内陈列改进区内各种统计表,应有尽有;一部作办公室,布置得整齐适用,各室墙壁上张贴着许多图画和标语,暗示人生修养的途径和清洁卫生的重要。在改进会外部□墙上,揭示着改进区成功的标准:"土无旷荒,民无游荡,人无不学,事无不举,最后达到康乐、和亲、安平的境界。"该会主张改进农村须政富教三件事合一,同时拿生活做改进农村的中心,各部联合进行,目标都随中心转移,以期改进农民整个的生活。他们拿"富"做改进农村的基础,解决农村经济,包含衣食住行诸问题,特别注重农产增加。他们拿"政"做改进农村的原则,发展农村自治，包含区村间邻诸问题，特别注重四权运用。他们拿"教"做改进农村的方法，促进农村文化，包含德智体群诸问题，特别注重消除文盲。他们的这种主张，确有见地。老实说，从前的人关于农村改进事业究应如何去做？大家都不明了，没有一定准绳，近于在那里摸黑路。摸黑路，恐怕要弄到歧路亡羊的现象。我们现在既然有了这一条路，就应认清目标，确定计划，对症下药，一步一步的依据这原则，脚踏实地的做去，多少总会有点成绩！不过各地有各地的历史，各地有各地的环境，不得一概抹杀，须得处处去因势利导，化一切阻力为助力，改进的事业，才有成功的希望。

改进会过去的重要工作

改进会在过去一年中不断的勤恳工作着，成就的事业不少，最重要的是下面几件事：

（一）全区村民籍调查与统计

关于全区人口土地职业教育等，改进会均有精确的统计，可以做改进事业的根据。全区一千三百二十九户，计五千七百七十四口，内有壮丁一千零二十人，残废三十一人，识字二千零九十九人，不识字三千六百七十四人，内有失学儿童五百六十五名，该会拟于原有小学两所外，再添办小学两所，俾未来学童可以一齐收容，三年后全区可无失学儿童。关于不识字的二千三百六十八人的补救办法，拟开办二十个民众学校，每校收容学生四十人，限定四个月毕业，一年后全区可以无不识字的人。全区户主职业分配农占百分之四十一点六，半商农占百分之三十点四，半工农占百分之二十五点六，半士农占百分之二点四，全区人民可以说是完全业农，其中不过有一部分人兼营其他副业，足见农业改良与否，与黄墟镇繁荣有极大的关系。在昔全区几无一失业的人，近年来失业人数逐渐加多，颇足为社会隐忧。据调查所及，全区有职业的二千九百一十七人，无职业的七十四人，改进会刻正多方设法使无业者有业，有业者乐业。全区自耕农占百分之四十六，半自耕农占百分之四十一，佃农占百分之四十三。平日主佃间相处尚得，绝少纠纷，每年每亩应纳租若干，由祠堂公议后再行征收。全区农作物夏季以稻为主，秋季以麦为主，其他作物的栽培有限。其实黄墟水利不兴，不甚宜于稻作，农民狃于故习，不愿改种他种有利作物，殊为可惜。据说在过去五年中，有三年因天旱歉收，农民经济极为窘迫，倘能于高爽之地改种棉花，收入当较为可靠。全区耕地面积一万一千二百零八亩，荒地面积九百三十六亩,畜牧园艺养鱼事业极不发达,近来蚕桑事业提倡甚力,前途颇可乐观。

(二)施行村民禁约和村民信条

群众生活若漫无纪律,则善者无以劝,恶者无以惩,该会有鉴于斯,曾于十九年二月十九日召集全区三十八村代表,共同讨论制定《村民禁约》八条,由会咨请厅县备案,并订立《禁约誓词》,由各代表签字盖章,永远遵守。自《禁约》施行后,村中守望相助,从无盗窃事件发生,誉声载道,呼办事处为太平庵,称干事曰太平菩萨。此种消极的防闲,虽属成效卓著,但改进会诸人并不以此自足,另外订定《村民信条》十则,语简意长,多方宣传,并列为民众夜校训育标准,期于家喻户晓,人尽向善,用心之深,可以想见。兹将《禁约》条文、《禁约誓词》《自新证书》《村民信条》,分别录后,以供参考。

《禁约》条文:

第一条　偷窃五谷,日间被获者,除公议如数赔偿田主损失外,罚米五斗,公积济赈(以下同此)。夜间被获者,加倍重罚。如窃贼赤贫,即令做工,每工一日,抵米二升,工作时间每日八小时,工作事项临时指定之(以下同此)。工作期满出具《自新证书》,交保放出。

第二条　盗伐山林苗木或毁伤果树被获者,除公议如数赔偿山主或园主损失外,每伐采满一年林木或毁伤栽满一年果树桑树一株,罚同种树苗一百株,充公造林(以下同此),年多照例递增。

第三条　偷采桑叶被获者,与偷窃五谷同样处罚。

第四条　偷窃蔬果被获者,除公议如数赔偿园主损失外,每偷值洋一角之蔬果,罚工一日,多罚多做,少罚照减。

第五条　放牧牛驴猪羊踏伤五谷蔬果林木者,除公议如数赔偿田主损失外,按照牧放牛驴猪羊头数分别罚工,牛驴一头,罚工二日,猪羊折半。

第六条　私买窃贼五谷林木桑叶蔬果赃证两明者,按照窃物种类及其数量多少,根据本《禁约》第一、二、三、四条,较窃贼加倍重罚。

第七条　凡森林境内一律禁止焚山吸烟,其违约焚山者,罚垦荒山二亩,违约吸烟者,罚垦荒山二分。无荒可垦者,改罚做工。计应垦荒山二分者,改罚做工一日,如已肇祸,仍须公议如数赔偿山主之损失。

第八条　凡遇触犯前项《禁约》任何条款,确有证据赴会密报者,由会提出罚物二成充赏之。但知情不报者,一经察出,与犯一体处罚。

《禁约誓词》条文：

余等谨代表本镇（村）民众共同议定村民《禁约》八条，各本自治精神，誓志遵守，始终不渝，自宣誓之日起，本镇（村）民众如有违犯禁约行为，听凭公议定罚，此誓。

《自新证书》条文：

立自新证书人某，今因一时疏忽，触犯《村民禁约》第____条，除绝对遵从公议外，从此改过自新，对____亦绝无嫉妒仇视行为，并极力修好情感，具自新证书为凭。

《村民信条》条文：

一、吾们相信，一个好人不但要把一家弄得很好，还要把一乡弄得好。

二、吾们相信，滴自己的汗，吃自己的饭，是无上的光荣。

三、吾们相信，烧香拜佛都是迷信，处处肯帮助人，才能得着好处呢。

四、吾们相信，耕田种地，如果用人的力量一步一步讲究起来，除了实在因为不可抗力的灾害以外，收量一定能够加多。

五、吾们相信，读书识字，是顶要紧的事，因为有了学问，坏的可以使他好，好的可以使他更好。

六、吾们相信，诚诚恳恳的待人，老老实实的做事，无论在家呀，出门呀，是到底不会吃亏的。

七、吾们相信，节用爱人，是再好没有的，怎样节用呢？是不虚花一文钱，不虚耗一件东西。怎样爱人呢？是不欺人，不妒人，不伤人家东西。

八、吾们相信，烟酒赌博，万万使不得！因为这些事，不但妨害职业，并能倾家荡产，害自己性命不算，还要流毒子孙。

九、吾们相信，顶好的家庭，要处处朴雅而整洁，起卧食息有定时，一切用度量入为出。

十、吾们相信，地方事要地方人来办，并且应该同心协力的办，有钱的出钱，有力的出力。

（三）提倡种树栽桑育蚕

黄墟地方附近有私荒千亩，货弃于地，殊为可惜，该会劝导各地主从事垦辟，以土性粘重，不适于栽培其他作物，造林植桑，最为相宜。故该会下手第一年植桑一万九千九百株，栽松树十七万七千株。本年栽桑一万六千株，造林四十一万六千株，其中松树十之九，杂树十之一，由省林务局县农场供给树苗。平时保护苗方法,纯靠《村民禁约》,犯者绝少。各村民众近年对于养蚕事业兴趣极浓,所用蚕种完全为改良种,本年推广改良蚕种九百余张,并由地方热心蚕桑事业的人,浚资设一公共茧灶,自行灶茧,免受茧商抑勒。黄墟蚕桑事业,经此提倡,预计数年后成绩定有可观。

(四)浚治水塘水源

改进区内,冈峦起伏,灌溉无水源,且地势倾斜,一泻无余。雨则苦潦,晴则苦旱,旧有水塘年久淤积,蓄水不多,近年来时苦旱灾,生计日蹙。改进会为治标计,拟将此种水塘逐一浚治,增加其蓄水量,事前详加调查,计全区水塘总数八百零三个,总面积三万零七百六十一方丈,总容积二十四万七千三百二十六立方丈,每年仅敷灌溉田七千六百四十七亩,每亩占有水塘容积三十二立方丈。根据该区农事调查报告,全区共有稻田九千六百六十二亩,故实际每年尚有二千零十五亩缺水灌溉之稻田,应再扩充水塘容积六万五千一百九十二立方丈。刻下该会正筹款兴工,次第浚治,预料此项工程完成后,该区或不致再苦干旱。此外,该会拟于马迹山下游水沟分段筑墙,节流山水,并拟用机力从运河吸水上进,集适中地点分注全区之田,作根本解决的办法。于此可见该会关心全区水利问题的热烈。

(五)公共卫生事业之设施与救荒

黄墟街道向不整洁,灰堆杂陈,厕所遍设,自改进会成立后,联合乡师乡小及地方人士共同组织清洁运动委员会,主持全部清洁事宜,并举行大扫除二次,逐日督率警察队清道夫打扫街道一次,并置垃圾箱多只,分放适当地点,收容垃圾,每日除粪一次或二次,全区清洁因之大有进步。同时由会置备药品多种,年费百余金,特约西医殷梓圃先生免费送诊,每人仅收号金铜元拾枚,村民称颂不置。十九年春荒,米价昂贵,哀鸿遍野,情极堪悯,该会主席冷御秋氏曾发起办理平粜,共计售米四百十七石五斗八升,始将春荒渡过。

(六)社会教育之推行

该会抱定富政教合一主义,以改进农民生活,并认推行社会教育为改进农村之先锋,于是乡师乡小及地方人士,共同组织识字运动委员会,积极从事文盲的消除,厉行社会教育。设有民众阅书报社,每天来社阅报的平均十余人,置有《申报》《新闻报》《时事新报》《新江苏报》《中央日报》五种,并有其他民众教育刊物及画报三四种,书籍数百册,通俗的居多。设有公共体育场一处,由乡师员生负责指导,各项运动器具应有尽有,设置费共一百九十一元三角一分,由地方人士捐助。民众识字处先后设立二十处,每处平均学生十五人,由乡师乡小师生担任教授,每日下午四时半至五时半为教学时间,四个月毕业,刻下毕业于民众学校而识字者约三百余人。改进会内部设民众学校一所,学生三十三人,年龄大者三十三岁,最小者十八岁,以《农民千字课》为课本,除识字外注意训练四权运用,学生每日来学,尚无辍学情事。改进会门墙上设有壁报张贴处,每星期出报一次,取材并不注重国内外重要新闻,所记载者大部为里巷琐谈、善恶因果、可以感化人心的资料。据宋先生说,此类材料兴趣丰富,关系世道人心不少。该会除举办上列各项事业外,并指导农民组织合作社,举行村民会,提倡正当娱乐等。最近除继续进行原有事业外,集中精力从事筑路浚塘,栽桑育蚕。至于今后进行计划:① 拟修各村支路;② 成立乡村警察举办清乡;③ 办理人事登记;④ 推行民众学校;⑤ 设立简易小学;⑥ 成立模范桑园;⑦ 继续开筑塘坝;⑧ 提倡开采山石。该会主张办事循序渐进,处处脚踏实地,有一分财力和一分人力,即做一分事,不贪多务得,不求近功,不求速效,从大处计划,从小处做起,此种办法,确为从事改进农村事业的人应遵循的途径。

镇江县师和黄墟半日的浏览

镇江县立师范学校原设于镇江城内,十八年暑中迁到黄墟,校址借用殷孝子祠,校长李西涛先生,人极干练,对于社会教育推行甚力,特设有推广部,由陈木斋先生主其事,历时虽短,成绩卓著。该部事业分为三部进行:关于民众教育方面的,有民众夜校一所,民众识字处二十所,学生三百余人,成人居多。民众教育馆一所,内容为阅报、图书(阅书、借书、流动阅书车)、代笔问字处、娱乐(球类、棋类、音乐)、国术、演讲、说书、表演(科学方面的、宣传主义方面的、娱乐方面的)诸部,遇有各种纪念日,即组织宣传队分赴四乡宣传,或与其他机关地方民众联合举行各种纪念仪式或运动,并与改进会小学合组民众教育改进会,拟筹办大规模之民众教育馆、民众茶社、说书场、体育场,并拟推广民教事业于邻近各村。关于生活改进方面,该校有下列各种工作:① 辅助改进会从事农事推广工作;② 直接与国省县农事推广机关接洽举行农事推广事业;③ 提倡农事改良;④ 设民众诊疗所一所;⑤ 试行合作农田;⑥ 试用改良种苗以为提倡。关于村政改进方面,该校曾联络改进会从事宣传主义,提倡清洁,协助清乡,调查筑路等工作。在参观乡师之后,宋龙田先生陪我到街上一走,黄墟全镇都是瓦屋,形式上很整齐,地面上铺着马迹山出产的青石,虽说微微有些高低不平,较之市政不修的马路上似乎还要高明些,到处打扫得很干净。茶馆内闲坐的朋友不多,从未遇到聚赌的情事,这确是一种好现象,据宋先生说:"本村赌博已禁绝,烟在劝戒中。"路旁的墙上,钉了许多蓝底白字格言牌,鼓舞人的自立,勉励人的问学,并且有各种简明的统计,使人一望就知道本区的概况。村中男女衣着,悉皆朴素,穿丝织品的绝少。风俗淳厚,偶有争执,由改进会负责调停,涉讼官厅的,在近年中简直没有。黄墟镇上处处充满着教育的意味,处处充满着革新的气象,于此可以证明一件事,只要去努力,总会有效果的!

和宋龙田先生的谈话

宋先生本着他过去办理农村改进事业的经验,他发表下列的谈话,他说:"改进农村的经费来源,宜出自地方公产,不能靠政府拿出钱来做事。宜以地方为主动,改进会处于赞助的地位,否则养成他们依赖心,一旦改进会不存在,他们的事业依然无办法,不能继续下去,这是不妥当的。关于乡村反动的势力,宜另有负责机关去对付,改进会不可首当其冲,最好在改进会未成立前,关于反动势力设法铲除净尽,事业进行上更为顺利。改进的区域,应由小而大,逐渐扩充,成效易睹。地方上无热心公共事业的领袖,此种改进事业不易举办;无政府力量做后盾,亦不易奏效。关于改进事业用钱不宜过多,否则别的地方难于效仿。至于服务农村社会的人,第一要能耐劳,不能耐劳,不配干农村事业。第二要有兴趣,此种生涯物质上报酬很菲薄,纯靠着一点精神上的安慰,倘若服务乡村社会的人,处处感觉到无兴趣,那就无成功的希望。第三品行要好,乡村社会人数不多,彼此易于认识,服务乡村社会的人,品行端方,则他人易于受感化。第四要有才识,农村事业极形繁复,主其事者,应有多方适应的能力,改进的计划,方能胜任愉快。第五要有农事经验,在乡村里面每天遇到的问题,差不多和农事都有些关系,倘若服务农村社会的人,不明了农事是一回什么事,那就许多的问题,不能为农人去解决。"宋先生说的话,简明切要,确是他积年的经验语,不能视为普通敷衍门面的话一样看待。为了改进农村,无具体的办法,不知阻碍了多少热心乡村改进事业的前进,听了宋先生的话,看了他办事的成绩,可以减少了许多人怀疑的心理!

参观后的感想

此次在黄墟逗留了两天,时间已属很短,其中还有一部分的时间,消耗在友朋的访问，饮食的酬酢，剩下来参观的时间不多也就可想而知。老实说，此次参观，只可说是走马看花，恐怕走马也不能普遍，说的话自然是难免东鳞西爪，挂一漏万，不中肯的地方当然也就很多，这是要请读者原谅的！我个人参观黄墟后，得了一点感想，现在把他写出来和大家讨论一下：

现在办理乡村改进事业的主体，大概分做三种：① 乡村自治的机关；② 乡村学校；③ 乡村改进会。乡村改进是乡村自治机关应做的事，他们倘若能够负责任去办理，那就可以省却许多的麻烦。但是看一看国内的自治机关实际的情形，恐怕担负不了这改进乡村的责任。他们除悬挂一块自治公所的招牌，张贴冠冕堂皇的标语外，平日的工作，不过做些承上转下例行公事。至于谈到改进农村的种种工作，似乎非他们素习。在此过渡的时代，不得不另外想出一种补救的办法，农村改进会就是应运而生的一种组织。这种组织因为办事有人负责，并且大都有一笔固定的经费做事业费，所以做起来成效易睹。不过这办法在一般人才和经济两样都很缺乏的乡村，也只得望洋兴叹，无法去仿效，要想拿他推广到全国，简直是一件不可能的事。依我个人理想，这种事业最好交给乡村学校去干，因为利用学校做改良乡村社会的中心，人才较为集中，费用较为经济，事半可以功倍，这是就事实方面而言。即就理论方面而言，倘使办乡村教育的人，没有改造乡村社会的热忱，不明了改良农业是什么一回事，这种乡村教育，简直可以不办。我始终认定理想的乡村学校，他的教育场所，决不仅限于一校一地之内，他的教育对象，决不止限少数年龄相当的儿童，他除了教育校内的儿童外，他应该做提高乡村文化的一种普遍的活动，使整个农村能够向上去发展。将来义务教育普及，全国乡村到处都设立小学，倘使个个小学都能负起这种改进乡村的使命，钱多可办钱多的事，钱少就办钱少的事，转移间，全国乡村皆有不少的改进。这种办法轻而易举，较之东办一处改进会，西办一处改进会，似属易于推行。黄墟镇有县立师范一所，乡村小学两所，据说三校师生，平日对于改进事业都很热心赞助，为事权统一计，为增进效率计，为节省经费计，似宜将地方改进事业完全付托学校去办。我主张凡有学校的地方，改进会可以不必设立，有了反觉蛇足，办得纵好，因为用的钱多，也不足为训。而况一般改进机关办的事，成效的有无，还难以预定呢！此外，普通办理农村改进事业的人，大都犯着好大喜功的毛病，他们酷望在最短期内能够把教育政治生计等各方面都弄很好，实际这些事业均非一蹴可几，为敷衍门面计，不得不做些表面文章。但是这些表面文章，尽管说得天花乱坠，于实际的农村改进是漠不相关的。现在的农村可以说是百孔千疮,我们在工作之前,必须认清了目标,集中了精力,分别缓急,次第做去,不图近功,不求速效,有一分力量,就做一分事,懂什么,做什么,应分工的就分工,应合作的就合作,不分门户,不闹意见,不要强不知以为知,强不能以为能,如此脚踏实地的做去,多少总会有点成效,不致弄到一无建树。黄墟改进会确是拟定了分年进行的计划,循序前进,这种办法,视为很对!可是对于农业改良一层,未能充分去做,不能不认为是美中不足,希望该会今后拿全副精神去注重农业改良!不妨将社会教育的工作暂卸仔肩,交给乡师和乡小去办,责任专一,权限分明,将来的成效,或许比现在快,也未可知。只要农村可以改进,成功不必自我,这是办理农村改进事业者应有的怀抱!

改进江苏省立栖霞乡村师范学校之刍议①

吾省兴办乡村师范,业及十年,迭经改革,渐就美备,同义亦尝追随诸先进之后,潜心研讨,校论得失,并就一己能力所及,试予改进,每以格于成例,不敢过求新异,凡所兴革,皆极细小,因循遗误,时自惊惧。近日乡村师范奉令独立,其意义固至大,其事业亦至夥,爰鉴既往,溢切将来,谨总举阅历所得,勤加选择,慎为次序,订为栖霞乡村师范改进办法,并供江苏乡村师范同仁之采择。

愚意欲言改进乡村师范,应先明了以下三种事实,然后改进办法乃能决定。

一、乡村师范使命之艰巨——以中国农民人口之多,与夫今日农村衰落之甚,乡村师范之使命,不仅在造就普及教育之优良师资,并应造就改进农村组织之人才,并以乡村小学教师职业之清苦,其学生所应具之知识技能道德等训练态度,皆应深厚,回顾今日乡村师范现行之行政组织、教学方法、训育制度,皆不足达此愿望。

二、现代学生风纪之颓废——学生风纪之颓废,其影响于学校者固切,其影响于社会国家者尤巨,社会风俗之日薄,国家政治之日乱,皆有知识者之为倡,推究原始,似宜归过于过去学校训练之不良,今日乡村师范所采用之训练方式与其他各校并无大异,此已有改进之必要,何况将来出为人师,如以其荒谬之思想,浪漫之行为,薰染儿童,则其为害,实非浅鲜。

三、地方教育经费之困难——各县教育经费皆极支绌,维持现状,已觉不易,若望其添设学校,改良待遇,更不可能,此与师范学生出路,乡村教育前途最有关系,莫如预为设法,使各学生兼具职业技能,劳动习惯,俾可减少个人失业之痛苦,攘夺位置之纠纷,则今日所施行之课程与教材,似亦有改进之需。

以上三点既明,则一切改进之理由可言,改进之办法可得,兹就学校、导师、学生、推广四方面敷陈之。

---

① 本文原载于栖霞乡师编《新栖霞》1932年第1卷第1期。

一、学校方面应需改进之事项

第一,行政组织应改进

乡村师范因事实之需要,宜将总务、教务、训育三部,分立下列五部:

(一)工读指导部——此拟就原有之教务部而稍加变更者。往昔之师范学校,对于劳作之训练,向不注意,所有课程活动,大抵偏重于知识之传授,在此种情形之下,一教务部之设立,已足以负担其使命,若乡村师范,则大异其趣。乡村师范之课程活动,一方面固注意于教育技术之培养,而另一方面更趋重于生产技能之训练,"工"与"读"并占重要之地位,故为求名实相符起见,教务部宜改为工读指导部。

(二)生活指导部——此拟就原有之训育部而稍加变更者。乡村师范生之训练,不仅对于性行方面须加以注意,即日常生活,亦宜详予指导,俾得养成刻苦耐劳、勤俭自重之习惯,以适应乡村之环境,而为农民之表率。盖乡村小学教师,贵能以健全之人格,为全村之楷模,以收潜移默化之效,其责任正不仅教学数十个儿童已也,故旧有之训育部宜改为生活指导部,以广其效能。

(三)研究实验部——此拟就原有之附小主事一职而稍加变更者。附属小学之于师范本部,与夫师范教生之于附属小学,本具有研究与实验两大使命,然中国自设置师范教育以来,师范学校之能并收此两大效益者,实不多观,而因组织之未善,致启意见之隔阂,人事之纠纷者,则比比皆是。果欲沟通本部与附小之意旨,以收分工合作之效,则不如将小学主事改为研究实验部主任。

(四)总务部——此为规程原有之设置,不加变更者。吾省现有乡师,规模既不甚大,总务主任,不妨由校长自兼,以节经费,而利校务。

(五)推广部——此为规程所无而必需添设者。乡村师范不仅负有培养乡村小学师资之使命,且应在校址所在地,参加下列各种实际工作:

1. 改良乡村组织
2. 增益农民生活
3. 提倡高尚娱乐
4. 提倡公共卫生
5. 提倡健康活动
6. 设立民众夜校
7. 设立乡村图书馆

8. 开设民众茶园

9. 提倡道德教育

10. 提倡政治教育

11. 改良生产方法

12. 举行识字运动

13. 创设民众医院

该部之创设,含有两种重大意义,即:① 收推广事业本身之实效;② 使学生灼知乡村情形,熟习推广方法,俾将来毕业后,可尽量用其所学,以改进其服务学校所在之乡村。

第二,教学制度应改进

(一)改订课程

1. 现行课程之缺点:

甲、偏于脑之训练,而忽于双手之劳动;

乙、偏于理论之领会,忽略实地之工作;

丙、职业科分量太少;

丁、各科教材,类习偏重于事实之记忆;

戊、各科分量未能分配均匀;

己、重视基本之训练,而忽视专业训练;

庚、一部分之学程不切实用。

(二)改订课程应守之原则

甲、承认知、情、意均须完全发达;

乙、承认生活与教育不能分离;

丙、承认教育为人之所必需。

(三)改订之要点

甲、合并冗繁之科目——凡现行课程中彼此重复或不切实用之科目,宜酌量合并或取消之。

乙、增设职业科——师范学校本为职业学校之一种,自无增设职业科之必要,但以吾省各县小学教育界经费之困难,及人事之倾轧,乡师毕业生时有失业之虞,应使乡师毕业生除教书外,另有一技之长,则一旦失业,生活可以维持。

今日一般人之心理,大多企求安逸,而鄙视劳动,如在乡村师范中增设职业科目,使在学学生参加实际劳动,藉以养成尊重劳动之观念,将来出校服务时,再将此种观念，灌输小学学生，而不以参加实际劳动为可耻，则全国之人，或有均能自食其力之一日。

丙、以劳作替代运动——学校中所以有体育之设置，其目的在活泼肌肉，强健身体，但今日各学校之体育，大多趋重于少数运动员之养成，而于大多数人之身体，反不予以积极之培养，或消极之纠正，且学校中所用体育器械，价值大抵异常昂贵，决非今日乡村小学之财力所能购备，以每年数十乃至数百元有用之金钱，虚掷于三数运动员之养成，事之笨拙，莫甚于此。愚意以为在经济枯竭之今日，不妨变通办理，原有乡师体育课程，代以劳作，果能将劳作时间与分量，分配得当，未始非锻炼学生体格之好办法也。

丁、增设健康教育学程——今后乡师课程中宜增设医学常识、生理卫生、学校卫生、公共卫生等学程，其钟点以相当于原有之体育为准，似比较有益于乡村。

（四）施行工读办法——拟以工读办法，训练学生职业技能、劳动习惯，并以学生劳动之所得，以支给其膳费，其办法如次：

1. 设备方面

甲、设立小规模之工场（以足够分配全校学生工作为标准），其细目见充实设备项下。

乙、扩充农场。

2. 实施办法

甲、规定每日（星期在内）上午七时至十二时为受课时间，下午一时至三时为自修时间，三时至五时为工作时间，五时至六时为课程活动时间。

乙、全校学生各认定工作一种，按时至指定地点工作。

丙、各生工资额，按照普通应得工资计算。

第三，训练方法应改进

今日乡村师范之学生，即为将来乡村小学之教师，其思想与行为之如何，影响新时代之命运至大。在校时若不予以严格之训练，则将来出为人师，何以表率儿童，领导社会？此项训练，可从三方面行之：

（一）纪律军队化——中国衰弱之原因，固非一端，而国民缺乏服从之精神，团体之力量，实其致病之始，欲矫此弊，对于在校学生，非予以军队化之训练不可。

（二）生活工农化——吾国经历年帝国主义者之榨取，经济日就枯竭，而国民则奢侈成风,群以享乐为尚,此种颓风,若不予以严重之纠正,则中华民族,将沉沦于帝国主义者铁蹄之下,永远不能自拔。愚意今后之乡村师范,宜在不妨害学生健康并足以增进其健康之原则下,生活力求刻苦耐劳有如农工,务使全校学生咸知国运日蹇,必须厉行节约生产力,更以此种观念,灌入儿童心中,庶可复兴我将亡之民族。

（三）思想笃实化——近世学说庞杂,派别纷呈,年幼无知之青年,往往惑于邪说,供人利用,甚者不惜以身试法,谋为不轨,此种危象,颇足隐忧。今后乡村师范之教职员宜站在三民主义之立场,灌输学生以纯正一贯之思想,以期造成纯良之师资,凡偏激之刊物与书籍,宜竭力查禁,以绝流传,良以今日之教育,非使青年思想笃实化,不足以致其他一切之效果矣。

第四,工读设备应充实

过去各乡师以附属于中学,设备异常简陋,即工艺、农业等实用知识,亦均于书本中探讨之,宜其成效不彰也,今后拟充实下列各项设备:

（一）增购图书——图书为一切知识之泉源,务使学生涉猎群书,打破浅尝即止的恶习。

（二）购置仪器——增进研究科学的兴趣。

（三）添办新式农具——采用新式农具,改良旧有耕作方法,增进生产,减少费用,为农民倡。

（四）建筑各种小规模劳作工场——使学生读书识字之外,注意双手万能,养成自食其力之观念,破除其不劳而获之恶习,如藤木、金工、纺织、编履、印刷、缝纫、砻米、制砖等小工艺,皆可提倡试行。

（五）采用新式小规模之机器——采用此类机器,可以节省人工而增加工作效能,如学习管理发动机及驾驶运货车等。

（六）扩大农事实习场所——普通实习场所,过于狭小,几成学校点缀品之一,今后乡师应扩大农场,学生各人可得一区耕作,俾学理与事实,可以互相印证。

第五,寒暑假应变更

今后乡村师范,宜变更寒暑假法如次:

（一）寒假绝对不放,俾得利用空闲,作大规模之推广活动。

（二）暑假则二年级不放,留校参加农事实习,今后乡师学生之课外作业,宜分为下列各阶段:

1. 一年级——日常生活，如洒扫应对及日常生活等作业。

2. 二年级——农业实习。

3. 三年级——办理推广事业，训练副业技能。

4. 四年级——参观小学，参与实习。

二年级学生之课外作业，既趋重于农事实习，则利用暑假作更切实之参加，收效自宏。

第六，附小应以原有经费扩充学级

附小之设立，其目的原在便利教生之实习，故其内部之设施，与教职员之待遇，要以不超过一般乡村小学之标准为原则。现在各乡师附小之设施以及教职员之待遇，皆与实际之乡村小学相差太远，设备过好，则教生实习时所获之经验，未必适用于一般之乡村小学。往往有在校时实习成绩甚佳，而出校后主持一单级小学，反不能应付裕如。待遇过高，则易予教生以不良之印象，使不能安心供职于待遇较差之乡村小学，当此全省教育经费拮据之时，充实乡村小学设备，与改良乡村小学教师待遇，既为事实所不许，则消极的应使乡师附小不为畸形之发展，以期勉与一般乡村小学之标准相吻合，俾教生实习时，可得切实而有用之经验，对于物质之待遇，不致有过高之希求。现在各乡师附小级数大抵太少，不敷教生实习，宜将以上两项撙节之经费，作为扩充学级之用，藉以增加教生实习之机会。

二、导师方面应需改进之事项

第一，导师之聘用

（一）校长于聘用导师时应具之态度

1. 趋重人才主义

2. 勿滥用私人

3. 勿随便接受主管机关及戚友推荐人员

4. 用绵密方法，甄别应聘人员

（二）聘用导师之标准

1. 学力方面

甲、对于乡村教育有相当之认识

乙、对于小学教育有相当之认识和经验

丙、对于教育学有相当之修养

丁、对于所任学科有深切之研究

2. 旨趣方面

甲、具有许身乡教之宏愿及改造乡村之决心

乙、淡泊自甘,不斤斤于物质之报酬

丙、厉行俭朴,重视劳作

丁、努力进修,力求深造

戊、遵守学校纪律,努力为学生表率

己、师生共同生活,不自居于例外

庚、爱惜公物,共体时艰

辛、见利思义,见危受命,示学生以楷模

壬、爱学生如子弟,视学校如家庭

3. 身体方面

甲、具健全之体魄

乙、有活泼之精神

丙、官能健全,毫无缺陷

第二,导师住宅之建筑

今后之乡村师范,宜就学校以内或附近之适当地点,建筑住宅若干所,以供导师眷属居住,现在吾省各乡师,校址多在乡间,乡间地价工资均不甚昂贵,则此项建筑所需之款,当为各校财力所能及,导师住宅筑成后,各校可得以下几种利益:

(一)导师无家事牵累,可安心服务。

(二)导师可终年供职,缺课补课之事,可望减少。

(三)示学生以较好家庭之模范。

三、学生方面应需改进之事项

第一,新生之选拔

历来吾省各乡师学生入学资格,仅限高级小学毕业生,凡未经高级小学毕业而持有文凭者,一概不准参加入学考试,此项办法施之于普通中学则可,施行于乡村师范,则殊觉未妥,因今后乡村师范学生,一以来自乡间者为原则,而就眼前吾省教育情形而言,高级小学之设立于乡间者,为数尚少,乡间子弟鲜有进入高级小学之机会,自无待言,且入学考试之目的,在测知应试各生之学力是否合乎所定之标准,凡学力相当者,即能入学受业,至曾否经过高级小学之阶段,似不必计及也。以此之故,今后乡村师范之入学资格,宜略于变通如次:

(一) 高级小学毕业持有文凭者。

(二) 有同等学力者。

(三) 检定未合格之小学教师,而有志来学者。

第二,选拔标准

宜根据以下四项之规定:

(一) 学力方面

1. 国文——每小时能写三百字而文理清顺者。

2. 算术——在规定时间能解答算题若干而无谬误者。

3. 对于本国地理与历史之重要事实能对答如流而毫无谬误者。

4. 对于国际现势有相当了解者。

5. 对于党义有相当了解,并熟悉现在中国各级党部与政府之组织者。

6. 能作三分钟临时讲演,口齿清晰、条理井然者。

(二) 性情方面

1. 耐劳

2. 服善

3. 诚实

4. 公正

5. 有同情心

6. 勤恳

7. 能与人合作

8. 忍耐

9. 有利他精神

10. 和平

(三) 旨趣方面

1. 有终身从事乡村小学之决心

2. 能安于清苦生活,不见异思迁

3. 以服务为目的,不以一己之享乐为目的

(四) 身体方面

1. 体格健全

2. 无传染病

3. 官能健全

第三，试读办法之试行

乡村师范之学生，大抵年事甚轻，意志不甚坚定，来校后每以旨趣不合，甘于暴弃，为弥补此项缺陷起见，最好于录取后予以一年试读之机会，在此试读期间，学校方面如发现学生中有学力不足，行为不检，或身体孱弱之情形时，固得随时令其退学，即学生方面，如遇旨趣不合，不愿继续上进时，亦得自动请求退学，俾可另入旨趣相近之学校，事属两利，不妨试行。

第四，免费学生学额之限制

师范学生所以免膳之故，其初意原在优待家境清贫而成绩优良之学生，俾得完成其学业，至家境并不清贫或成绩并不优良之学生，自不应享受此项之优待。今后之乡师学生，惟品性优良、学业成绩在八十分以上，而家境经可靠之证明确系清贫者，方得享有免膳之优待，其他不合此项规定之学生，其膳费应以其每日工作之工资支给——工读办法见前，所节省之公费，即以购置图书、仪器及为充实其他设备之用。

第五，实习问题之改进

以往师范生之实习，大抵偏重于教学技术，而于校政之主持，与夫事务之处理，往往不予以注意，此实为以往实习之一大缺点。今后之乡村师范宜将师范生应具之知识与技能，厘订一最低限度之标准，使教生逐一实习，务使全部熟习后，方得认为通过，如遇在规定时间内，不能全部通过时，得延长毕业时间，惟在延长时间内一切费用，须由教生自行担负。

第六，毕业生之毕业与考核

（一）毕业学生修完必修学程时，不即授予毕业证书，宜先派送各县乡村小学见习一年或二年，经当地教育长官绵密考核认为合格时，再由学校认为正式毕业，授予毕业证书，如此则学术与经验，双方兼顾，或能养成优良之乡村小学师资。此外，不即授毕业生以毕业证书，尚有一消极作用，即防止毕业生升学是也。

（二）乡师学生经学校认为正式毕业后，得在乡村小学中任教二年，二年以后如须取得此项资格之赓续，务必通过教育厅主办之检定考试，检定考试及格后，得继续任教五年，五年之后，经主管机关严密之考核，认为适当时，得改为终身职。

四、推广方面应需改进之事项

试办新村实验区，今后拟请教厅咨民厅，就本校附近划出数村，作为本校试办新村之用，近年以来，吾省天灾与兵燹种种关系，农村经济日趋崩溃，善良者转辗沟壑，狡黠者铤而走险，若不亟谋补救，前途奚堪设想？但补救之道，千头万绪，思虑稍有不周，则计划全盘失败，故增设新村实验区，实为当前急切之图，而此项实验区，若由乡师主办，其利点约有下列四端：

（一）现在吾省各乡师大抵设在乡村，平日对于乡民本有相关之联络，施行实验时，人事既少隔阂，进行自较便利。

（二）实验区内一切事业，可由在校师生共同负责，不必延请大批人员，以节公币。

（三）实验区内一切设备可与乡师合用，除必要者外，不必另行购备。

（四）今后之乡村小学教师，除教学儿童外，并负有改造乡村之责任，此项实验区若由乡师主办，在校学生均可从参观中获得改进乡村应循之途径与应取之方法，俾将来出校服务时，可按步进行，不致临事慌张。

以上四项改进计划，仅就同义经阅所及，而可以践行者，略为陈述，其挂漏与不严密之点至多，仍希我乡教同仁、教育先进，予以指正为幸！

苏省南中栖霞乡师各部实施方案[①]

绪　言

凡百事业之处理,固视乎服务人员之能否努力,而组织方法之是否适合,亦复关系重要。若乡村师范,训练学生,教导学生,研究实验,指导民众,所担任之事务至繁,所担负之使命至大,行政组织,自应详加分析,使事有所归,人有所职。同义有感及此,特按乡师之特殊使命,参照现行教育法令,分本校行政组织为工读指导、生活指导、研究实验、推广、总务五部,各部设立之旨趣,略释于后:

甲、工读指导部　此系根据中等学校行政组织暂行规程中之教务部而稍加变更者。本校精神,向取做、学、教合一,期于读书识字、学问知识之外,注意双手万能,力求实用为目的。

乙、生活指导部　此系根据中等学校行政组织暂行规程中之训育部分而稍加变更者。乡师训练学生,不仅对于性行方面应加注意,即日常生活,亦宜详为指导,庶可养成适应乡村环境之良好教师。

丙、研究实验部　此系就本校实小主任改设者。本校设有实验小学二所,设小学主任,综理小学事务,然鉴于本部与小学之隔阂,殊有碍师范生之研究实验,今为沟通意旨,免除隔阂计,特移小学主任,改设研究实验部。

丁、推广部　此系按照本校特殊情形添设者。本校所负使命。不仅在造就乡小师资,并负有增进农民生活,改造乡村组织之特殊使命。藉民众教育之设施,使学生实际参加社会活动,知社会情形,觉悟其自身所负使命。现本校已附设民众夜校、民众茶园、民众娱乐馆、体育场、农民教育馆、问事处、代笔处等,其他民众事业,计划添办者尚多,宜有专员职掌,庶可维持原有事业,谋将来之发展,完成乡村师范之特殊责任。

戊、总务部　此系根据中等学校行政组织暂行规程者。

[①] 本文原载于《苏省乡师月刊》1932年7月号。

(以上各部之理论根据,容另为文申论之)

全校事务,统归以上五部办理。惟恐事务既多,意见不一,若不厘订原则,以坚信守;确立标准,以明趋向;指示方法,以导工作;严密组织,以别系统,则事倍功半,难收分工合作之效。根据现行教育法令,及环境需要,订定各部实施方案,以为进行之规范,冀校务处理之便利也!挂漏之处,在所难免,尚望海内专家,有以指正!

工读指导部实施方案

原则:

一、依照三民主义

二、遵照现行法令

三、适应青年个性

四、根据乡村环境

五、增进学习兴趣

六、注意平均发展

七、厉行生活教育

八、力求内容充实

九、注重专业训练

十、顺应现代思潮

标准:

一、根据三民主义之精神,并参照社会生活之需要,施以最新式之科学教育,以培养成实施三民主义教育之师资

二、保持乡村师范应有之精神

三、一切设施均遵照现行法令办理,但遇有特殊情形则呈请变通之

四、养成学生有知难行易之真精神

五、按照学生之能力施以适当之教育

六、注意乡村社会环境,协调青年身心,务使学生以乡村为乐园,以服务为职志,以研究为乐事

七、养成学生由现象观察,深入学理探讨之堂奥

八、养成学生由自学辅导,达到自动研究之境地

九、不专重课内作业

十、工读并重，心手并用，务使青年具有科学头脑，健康体魄，农夫身手及服务社会精神

十一、打破一切硬化之课程，注重课程中应有之活动，并推至家庭、田间、工厂、商店及社会一切活动，使学生获得关于人生之公民职业，休闲、健康、语言等生活之各种习惯、知识、技能、观念及态度

十二、不仅注重公民普通知识等课程，对于乡村生活教学技能、训导方法、事务处理等均予以专门之训练

十三、力求实际，不骛高致远，并祛除杂乱诸弊害，以期学有所用，用得其当

十四、审慎选择教材，以期出而致用，有若合符节之妙

十五、就国内外之各种新试验，及各专家研究之所得，参酌本国国情，以试验新教育之中国化

方法：

一、拟定选择教材标准

二、研究教材教法

三、订定各科课程纲要并提高其程度

四、增加教育农业学分，注重其实习

五、酌设选修科目

六、布置学习环境

七、增辟研究室

八、添置图书仪器

九、甄别学生程度并辅导高才生学习

十、实行教学指导

十一、指导学生课外阅读

十二、指导学生组织各学科研究会

十三、举行各学科比赛

十四、举行成绩展会

十五、举行演说竞赛会

十六、举行各种征文

十七、举行学术演讲及名人演讲

十八、指导学生农事工作及杂务等操作

十九、指导学生服务推广

二十、严格考查学生学业成绩

二十一、指导学生假期作业

二十二、调查毕业生服务状况

二十三、拟定本部各种章则及表簿

组织：

一、本部设主任一人商承科主任综理全部事宜

二、本部设注册、工读、成绩、统计等四股,酌设股员各若干人办理各股事宜

三、本部每月举行部务会议一次讨论本部一切进行事宜

四、本部部务会议由下列人员组织之:甲、科主任;乙、各部主任;丙、各科导师;丁、各股股员

五、本部部务会议以本部主任为主席

六、本部遇必要时得经科务会议决议,设立各学科研究会

七、本部与本科之关系,其系统图如下(原文缺)

生活指导部实施方案

原则：

一、依照三民主义

二、遵照现行法令

三、注重人格感化

四、适应乡村需要

五、根据青年心理

六、注重积极指导

标准：

一个健全完善的乡村师范生要有：

一、和蔼的态度

二、优美的感情

三、坚强的意志

四、互助的精神

五、强健的体魄

六、好学的兴趣

七、勤朴的习惯

八、真挚的同情

九、远大的眼光

十、准确的思想

十一、勇毅的气概

十二、领袖的才能

十三、科学的头脑

十四、耐劳的身手

十五、创造的能力

十六、审美的观念

十七、服务的信念

十八、正义的信仰

十九、规律的生活

二十、力行的决心

二十一、敏捷的动作

二十二、高尚的理想

方法：

甲、积极的

一、由思想上之诱导，及各种纪念集会之指示，以养成其对于三民主义之明确认识和坚定信仰

二、指导学生组织自治会，以养成其运用四权之能力，及其他关于公民生活应有之知能

三、指派或指导学生，选举各项服务生，处理生活上一切事宜，以期发挥其自治能力

四、一切生活作业均使学生自理，或尽量参加，以增进其处理事务经验，并养成耐劳习惯

五、使学生多参加农村之实际工作，俾了解乡村社会状况，培养并领导乡村民众之兴趣

六、由军事训练运动竞技，以锻炼其健全的体格，规律的生活，及艰苦耐劳的习惯

七、由炊事服务之指导，以培植其爱惜物力之美德

八、由工艺农事作业，生产劳动实习，以训练青年爱好职业的心情

九、藉消防服务的训练，养成其同情的态度

十、藉消费合作社练习的指导，养成其节俭的习惯

十一、指示乡村教育救国之真理，及中外大教育家献身教育事业的精神，以坚定其毕身尽瘁乡教事业的志向

十二、参加小学实际工作，以引起接近儿童的兴趣

十三、利用正当娱乐及郊外旅行，以陶养其审美的观念

十四、考察学生过去的生活及思想，变迁的经过与原因，为指导的准备

十五、调查学生生理上、心理上及家庭状况，为性行指导的标准

十六、设立学生意见箱，以收集思广益之效

十七、全体导师均负学生生活指导责任

十八、寓训育于课内、教学、课外作业及师生共同生活中

十九、拟定本部各种规约及表册

乙、消极的

一、力行各项生活规约，以期养成共同生活必备之习惯

二、本部设训练、舍务、卫生、体育四股，设股员若干人，办理各股事宜

三、本部每月举行部务会议一次，讨论本部一切进行事宜

四、本部部务会议由本部主任为主席

研究实验部实施方案

原则：

一、实施三民主义教育，注重体格训练，生产训练

二、设计研究并改进乡村教育上之一切问题

三、实验新教育方法，以建设完善之乡村小学

四、指导师范生之实习及研究

五、介绍各种研究及实验成功之教育方法与地方小学

标准：

一、关于行政方面

1. 注重行政效率

2. 延聘专业人才

3. 编制各校学级

4. 制定服务细则

5. 支配校务分掌
6. 处理议决事项
7. 按期施行考查
8. 实行联络家庭
9. 提倡教师进修
10. 其他关于行政事项

二、关于设计方面
1. 设计改进小学环境
2. 设计规划师范教育上之实施问题
3. 设计指导研究事项
4. 设计创制实验方法
5. 设计改造不合宜之实施事项

方法：

一、关于行政：
1. 规定每学期各实小校务进行大纲
① 导师——注意修养的指导，科学方法之运用，研究实验之设计，学校环境之改善
② 儿童——注意儿童学业、性行（品行）之指导与考查
2. 拟定编造各项研究报告
3. 制定学校各种规程
① 遵照厅颁校历，编订小学应用历
② 依据小学组织大纲，制定各种规程
③ 其他事项
④ 按期调制各项调查表

二、关于研究者
师范各科中所需要研究事项之厘定：
1. 师范教育之研究
2. 民众教育之研究
3. 儿童教育之研究
4. 事务方面之研究

推广部实施方案

原则：

一、改良乡村组织，增进农民生活

二、普及乡村教育，提高农民智识

三、提倡乡村娱乐，培养农民道德

四、改善乡民农具，增加农民生产

五、调查乡村社会

六、介绍乡村小学教师

七、沟通学校、家庭与社会

八、实现村无游民、野无旷土、人无不学、事无不举的愿望

标准：

一、使学生明瞭乡村社会实际情形

二、使学生有服务社会的信念

三、使学生有欣赏及研究自然的志趣

四、从社会服务上养成博爱同情、合作互助、牺牲义勇精神，推而至于其他一切事业

五、增进学生之职业技能

六、引起学生教育的兴趣

七、唤起农民能自动改善生活

八、使农民能自动改进农事用具

九、培养农民能负起完成训政之责任，推进个人自立自治，至于国家民族之自立自治

方法：

一、举行识字运动

二、举行通俗演讲

三、试办家庭教学

四、创办民众教育馆

五、扩充民众娱乐馆

六、添立识字牌格言牌

七、续办民众学校、民众问字处、代笔处

八、续办壁报，创办《民众周报》

九、举办业余习工

关于农业者

一、设立农事指导所

二、介绍本校之出版物，改良农产品，及本地著名产物

三、介绍国内外农产种子、新式农具于农民

四、介绍最新病虫害之驱除及预防法

五、介绍最经济最佳良之栽培法

六、推行试验有效之种子与种苗

七、筹办农村合作社

八、举行造林运动

九、筹办农具陈列所、农作展览会

十、指导农民育蚕

关于经济者

一、筹设信用合作社

二、设立农民借贷所

三、指导农民扩充副业

四、筹设商店

五、筹办平粜赈饥

六、举行合作运动

七、创设职业指导所

关于村政者

一、设立村政指导处

二、筹办村有森林

三、筹办消防会

四、举行乡村调查

五、举行造路运动

六、协助地方自治

关于卫生者

一、举行清洁运动

二、设立民众医院

三、按时布种牛痘及注射防疫

四、扩充民众茶园

五、筹设民众体育场、民众公园

六、举行民众运动

关于社会者

一、举行耆老会

二、指导改良俗礼

三、举行民众娱乐会

四、举行家庭恳亲会

五、举行各项成绩展览会

六、筹办民众旅行团

七、举行家庭访问

总务部实施方案

原则：

一、秉总理"人人以服务为目的"之遗训，贯彻"知难行易"之精神

二、一切为公

三、力行节约

四、参照工读、生活、研究实验、推广四方案协助其进行

五、适应学校团体生活及乡村环境之需要

六、遵照现行法令

七、遵照本校校务会议及总务会议之议决案

标准：

一、一切设施教育化

二、一切工作科学化

三、一切布置艺术化

四、一切经费经济化

五、提倡国货

六、保护公物，便利公用，维持公安，增进公益

方法：

一、人尽其才，物尽其用

二、规划深远,计算精密

三、严密考成,勤于督察

四、充分准备,敏捷处理

五、用科学方法管理,得支配之宜,收分工合作之效

六、日常事务能持久,紧急事务能应付

七、具刻苦耐劳之习性

八、具忠诚廉洁之操守

九、责任所在,事必躬亲

十、严密训练校工,并增进其知识

十一、经济公开,必经稽核

服务乡教八年之自省[①]

中国提倡新式教育逾三十年,提倡乡村教育亦十多年,而其结果,辄与始愿相违。甚者有谓今日政治之纷乱,人民之穷困,生产之衰落,种族之孱弱,皆由于过去教育之促成。言近偏激,未可遽信,然过去教育之失败,与夫现在教育之急待改进,是则无可讳饰。

方清季朝臣震于外人之盛强,又狃于普、日之以提倡小学而克敌,遂以施行新式教育为救国图强惟一方法,逊至今日,仍有乐为此言者。其实国势大小异形,风俗中外异用,内不能自省人民之需要,社会之组织,而惟炫于新法,强于人同,此正邯郸学步,徒自失其故态。

求诸教育目的,义在训练人类生活必需之技能,其教育方法不妨多,其教育形式不必同。惜前人未能明此意旨,以为除欧美所倡行者外,即觉无教育可言,于是既取其学校教育之形式,复取其组织、教学、训练、课程之方法,未敢稍加变更,不以教育求合于社会之需要,而以社会求合于教育之标准,倒果为因,舍本齐末,是将弃其数千年之历史,忘其数万万人之习俗,毁其社会原有之组织,此民族意识之所以日就沦亡,而教育改革之所以终难收效。削足适履,徒以自窘,缘木求鱼,抑且有害!

究其原因,实以欧美教育产生于资本主义之社会,中国农民占全国人口百分之八十五,国家组织,实以农村为最小单元,其社会情形与欧美不仅相去太远,抑且根本不同,强而效之,正如方枘之于圆凿,宜其格格不入。自乡村教育兴,中国之教育似已得一新途径,而执之以谋改革中国教育者,方视为最切病症之药石。然自推行以来,其民智之闭塞,民群之涣散,民体之羸弱,民生之凋敝,在在如故,而人民之诅咒教育,则加甚焉。

作者厕身其间,业已八年,每一自省,爽然若失!凡所应尽之使命,与所应收之功效,几若无可言者。此或因能力短浅,办理未善;又或因国家多故,经济

---

① 本文原载于《江苏教育》1932年第1卷第7、8期合刊。

枯窘，遂使一切成绩，不如理想。然于八年之中，深觉已往之乡村教育，实未尝契合于中国之乡村。而乡村教育发源地之乡村师范，实有首先改革之必要。吾人既不能废除学校教育之形式，而别求其他之方法，则其改革之途径，亦仍惟于学校之内求之，而组织、教学、训练、课程、设备、经费诸大端，实为学校之所构成，而影响于学生社会者至巨，似宜予以充分之讨论，庶可以求其实际之功效。吾人应不惜为过去制度之罪人，而供未来改革之牺牲，敢发平素所积，一求商榷。

一、严整组织——务使名实相符事功易从

学校之有行政组织，所以负其使命，而求其事功，号令之所由出，工作之所由成，务使名实相符，轻重适当，事有所归，人有所职，则气象严整，精神振发。执今之三大部（事务部、教务部、训育部）以视昔日之两监（舍监、学监）似已有精粗之别，然以之部勒乡村师范之一切事业，则犹有不足。吾人既已知师范学校不与普通学校等，乡村师范又不与普通师范等，而今后之乡村师范，又将注重劳作之训练，生产之技能，社会之改进，则总务、教务、训育三部之名称，不仅涵义含浑，即其职权，亦有不能妥适分辖之嫌。斟酌需要，略予增减，乡村师范，似宜分设下列之五部：

（甲）工读指导部

此拟根据《乡村师范组织暂行规程》中之教务部而稍加变更者。普通之中学与师范，鲜有注意于劳作之训练者，学生来学之惟一目的，亦仅在知识之追求，一教务部已足以负担其使命。若乡村师范者，固已久倡双手万能之说，平日之习农习工，既已表现其工读并重之旨，况今后之乡村教育，益将趋重于生产技能之训练，则乡村师范生除一切乡村教师所应具之教书技术以外，尤应先成为一优良之农工，则改教务部为工读指导部者，亦所以求其名实相符。

（乙）生活指导部

此拟根据《乡村师范组织暂行规程》中之训育部而稍加变更者。乡村师范生训练，不仅对于性行方面加以注意，即日常生活亦宜详加指导，俾得养成刻苦耐劳勤俭自重之习惯，以适应乡村之环境，而为农民之表率。盖乡村小学之教师，其责任不仅在能教学数十儿童已也，贵在能以其整个之行动，作为乡村之榜样，则潜移默化，风俗自厚。此改训育部而为生活指导者，将以显其积极之用意。

（丙）研究实验部

此拟就乡村师范附属小学主事一职而稍加变更。附属小学之于师范本部，以及师范教生之于附属小学，本具有研究与实验两大使命，然中国自有师范教育以来，足以收此两大效益者绝少，而因组织之未善，致启意见之隔阂，人事之纠纷者实多。果欲沟通意旨，以期分工合作之效，则莫如使小学主事，即为师范研究实验部之主任，则本部与附小之一切误会，皆无由以生，而教生与小学教师乃能受同一之领导。且乡村师范之附属小学，又每以儿童数关系，多立分校，尤宜有一超然于各小学之人以为擘画，庶免私意之爱憎，而为任情之荣枯。此于附属小学主事而并设研究实验部者，将以求功能之增大。

（丁）推广部

此拟斟酌乡村师范特殊使命宜予添设者。乡村师范所负之使命，不仅在造就乡村小学之教师，尤应具有增进农民生活，改良乡村组织之实际工作，亦将藉此各种推广事业，使学生灼知社会情形，熟练推广方法，庶使服务乡教后，可以改进农村，可以领导民众。现各乡村师范推广事业之已有者，如民众学校、民众茶园、民众娱乐馆、民众体育场、农民教育馆、问字处、代笔处等，而其计划待办者尤多，盖将以乡村教育为复兴乡村之泉源。此添设推广部者，所以维持已有之民众事业而谋将来之发展。

（戊）总务部

此根据《乡村师范组织暂行规程》设置而未予变更者。惟以学校其他事务，既有专职管理，而校长又为领导学校一切事业之人，方乡村师范未甚发展之时，总务部主任一职，不妨由校长自兼，益可见部署严整之效。

全校事务，既已归辖五部，五部之内，更分股别，然后拟订原则，以坚信守；确立标准，以明趋向；指示方法，以利工作；严密组织，以别系统，则名实不紊，事功易注，庶使学校行政机能，得以尽其最大效率。

二、慎选导师——期得才能胜任德能感人

中国近代学校教育，实有偏重知识之嫌，一教师之善良与否，仅视其教学之能否胜任，而置其人格之如何于不顾。一念今日士风之儇薄，与夫青年之不能振奋，未始非此为之种因。而习惯移人，为之师者，亦遂不以训导学生为己任，惟任一二训育员为之，此已失去教育一半之意义，以视塾师之以作育学生为责者犹且不及，遑可比之于昔日之大师。吾人未尝不自认教育执民族之命脉，而

为社会之楷模,然而身之不修,教于何有,小有其才,徒以佐恶。此导师之所以宜加慎选,而能以身作则者为尚。自作者参加乡教以来,辄有谋夫虽多,而导师难选之感。况在乡村师范环境闭塞、交通梗阻、待遇菲薄、事务繁重、才德兼备之士,每每如将浼焉而去,则乡村师范办理之未能臻完美者,或亦消息于此。谨依平素经历所感,以为乡村师范选择导师之标准,除应具优良之学识外,尤宜具有下列之条件:

(甲) 有许身乡教宏愿,改造乡村决心

一事之成,不因于趣味之浓厚,即基于意志之坚决。今对乡教既无彻底之认识,而仅视为临时托足糊口之地,为其所不能,强其所不愿,又安能求其业务之效能而望其工作之努力。

(乙) 厉行俭朴,重视劳作,为学生倡

中国今日社会穷困之原因,即在以旧式之生产而为新式之消费,挽救之术,惟在勤俭。果视乡教为救国之途径,则乡村师范之学生即应身先提倡,以广及于各个之农村。

(丙) 遵守学校纪律,努力为学生表率

学校之纪律,不患学生之不能遵守,而患一二导师先予破坏。学校以聘约关系,既无如何此一二导师,而学校纪律即失其信仰之尊严。惟望为导师者,时念为人师表之不易,而率先遵守。

(丁) 努力进修,力求深造

学问之艰深,终身求之有不能尽,非以一为教师,即可不学足以。教学相长,古有明训,若必故步自封,甘于淘汰,其一人之损失尚小,而事业之不能精进,与夫自暴自弃风气之养成,其影响实属至巨。中国之学生,其在学校时,未尝无杰特之人才,而一经服务社会,则皆湮没无闻,无能为一大学问家者,是皆乏此一种精神。

(戊) 师生共同生活,不自居于例外

潜移默化之功,实起于甘苦与共之境,若导师必自居于例外,浪漫奢侈,其暗示于学生者固已不良,而苦乐劳逸之形成,适足以减学生爱敬之心,而启其仇憎之念,纠纷陇陧,或因之起。此学校之所不愿者,亦岂导师之所乐受。

(己) 精选教材,恳切指导,务使学生学有所用

中国兴办教育数十年,其结果辄有学非所需,用非所学之弊。今于普通师范之外,而别设乡村师范者,即将救此弊端而求其致用。如于乡村之教育,而拾

取不相合之教材，更益以导师之敷衍塞责，宁有丝毫之益？学生更执此以教人，谬种流传，伊于胡底？

（庚）有劳而不怨、诲人不倦精神

今导师之能引教学以自乐者极少，而以之解决生活问题者居多，摹意于商贾，而斤斤于报酬，既无已立己达之心，宁能有立人达人之愿，尽责于应为之事务，而安心于教学？不为外事所牵绊者，已为良好之教师。此世之所以不能重师道，而学校教育之所以无生意。

（辛）爱惜公物，共体时艰

每见公家之事业，其浪费有数倍于私人经营者，则以公币之来，非由自己血汗，爱惜保护之心不周，而摧残侵越之事恒有。以青年之所矜式，而为公不胜私之行为，宁不为之齿冷。况在国家多故，经济枯索，果能节一分之金钱，即培一分之元气，书生救国，奚必曰投笔从戎。

（壬）见利思义，见危授命，示学生以楷模

风俗堕颓，至今已极，人各惟利是图，鲜能思义，而危难之临，竞求苟免，其有不贪污者，则目为愚骏，能死难者，则目为迂拙，尽去古人气节之修养，而群趋于拜金之教育。言念及此，诚足痛心，吾民族果欲立国于世界，则此二义，所宜纫佩。

（癸）爱学生如子弟，视学校如家庭，认乡教为终身事业

人之为家庭子弟谋者，无微不至，而古之师保，亦每视弟子与子弟等，任劳任怨，终身提挈之不稍衰，为之弟子者亦爱敬其师或过于父母。自学校教育兴，古义尽失，师生各视学校为传舍，而以薪修文凭为交易，不循于道义，而维系于利害，此本条之所以不能不求之于近代之导师。

以上十条，皆为今日普通教师之不尽具，而对乡村师范之导师求其必有者，正冀以乡村教育为救国之泉源，而以乡村师范之导师为牖民之模范。吾同人宜以化风成俗为己责，而不仅以了解课程内容为己足，是在吾同人之自勉，以渐求其实现。

三、改订课程——务期教应所需，用出所学

今之学生，一出学校，即觉前途茫茫，安身无处，即能谋得一技，亦多用非所学，推究原因，则以学校所订课程未能尽善所致，或偏于用脑而忽视劳作；或偏于理论而忽视实行；或侧重记忆，无补于职业；或崇尚新奇，不切于生活；或以支

配不均,轻重互见;或以学习不专,空泛难成。遂使社会多失业之民,教育有无用之论,甚至职业学校之学生,亦复能消费而不能生产,农工之子弟以食于人为荣,而不以能养人为乐,习尚浮夸,鄙夷劳动,一知半解,徒资谈助,立命安身,实乏技能,于是彷徨中道,怨天尤人,染习卑污,毁弃人格。论者遂谓青年堕落,国运阽危,而不知课程误人,教非所要,既无一技之长,自成众民之害,长此以往,则教育普及之时,亦即全民失业之日,危险之甚,孰有过此。况在乡村师范,旨切实用,不求高深,然而按之实际,其博而寡要,几与普通之中学等,为之学生者,业已自误,转相误人,贻害之烈,又较其他普通中学为甚,此作者之所以引以自责,而希求改订课程者也。仅就见感所及,分陈五点:

(甲) 浅尝科目宜减并

今之乡村师范科目之多,实远过于同等之学校,亦若数年之后,无所不能,而究其所长,未成一技,学生亦各务于空泛,浅尝即止。论其知既无所知,论其用实无可用,徒耗其精力,虚费其时光,何如审其所需,不急者并,先求其精,后求其博,则所成就者,虽非博识之士,实多专业之民。即在学生,其勤勉者,既无殚精竭神苦求完美之难,其偷惰者,亦无避重就轻苟存侥幸之弊,不喜毕业者多杰出之才,而喜毕业者无滥竽之数。以此负担其任务,领导其学生,似已足矣,何用多为? 此以乡村师范生应有专业训练之故,则浅尝科目,似可减并。

(乙) 职业课程宜增加

师范学校之为职业学校,其意义实与工业、农业、商业及其他之职业学校等,其现有之一切课程,似均为将来业务之预备,更何求增于职业之课程? 惟作者之所要求者,乃在师范生除有教书技能外,仍需有其他生活之职业,以为改革乡教之张本,使教育成为生活必需之品,而不仅为国家装潢之用,更以之救济教师之失业,而不至穷困潦倒,坐以待毙,并以之唤起士者阶级之觉悟,各宜自食其力,而不以实际劳作为耻。然而今之乡教同人,未尝不以农业教育打成一片为言,则作者之所希求,正亦同人之常谈。惟今之乡村师范之农业课程与农事实习,亦几与其他课程之无益于生活相等,此而视为可以为职业,则自欺欺人,其罪莫甚! 作者之旨,以为职业固不必限于农,即一切之手工艺、小生意,亦无往而不可学,但期其真能做一农夫、工人、商家,而后职业教育之意义乃达。环视农村生产之弱,国民失业之多,则职业课程势不得不急予增加。

(丙) 实施工读以代实习

自职业学校之不切于实用,乃令人追维学徒制度之可取。所谓做学教合一之说,亦莫先于此。盖今日职业教育之大弊,乃在泥于外国之书本,以求合于中国之实际,是以为老农小工所齿冷,而卒于不敢放言高论其学说。救济之法,莫若工读,以做为经,以教学为纬。若有取于乡村师范生应有专业训练之言,则学校之内,宜有农场、工厂、商店,从耒耜间谈农学则真,从绳墨间谈工学则明,从买卖间谈商学则切。反复于章句,而离去其事实,此固八股之遗毒,又岂教育之真谛。设以上午研究,下午作工,而以各种职业课程参加其间,并以工作代其实习,则固不妨碍其全体之学习,更依学生工作成绩,给以报酬,以代替公家之供膳,杜断其不劳而获之心,昭示以教育乃生利之事。如此,或可不以纸上空谈,再祸后之来者。至于工作之种类,则俟将来论之。

(丁) 加紧劳作以代体育

体育之目的,在求活泼肌肉,强健体格,亦正如饮水食菽,事至寻常。然而今日之体育,乃在技术之研求,每见学生执为专好,而废弃其他,此而认为体育之进步,无宁认为体育之崩溃。世界以体育之重要,等于饮食者,则设有以能吃饭自雄者,岂不使人齿冷。惜以外人提倡之勤,遂不敢为菲薄之论,于是每年用于运动之经费,至可骇人,而外人复多一运动器械推销之地。一似除此以外,别无健康之法,而必需取此途径者,民族意识之消沉,此未始非其一端,兴念至此,深可浩叹!况以今日乡村师范之学生,亦即将来乡村小学之教师,如此昂贵之运动器械,自非乡村小学所能购备,纵使技术能精,势成无用,不如即用劳作以为替代。谓为不信,则农夫工人身体之强,有非运动家所能及者,花消闲之时间,以为有用之工作,因势成利,莫善于此。若夫除浮嚣之习,去奢侈之风,张自信之念,塞外漏之危,是皆附生之结果,亦何故而不为!

(戊) 利用休闲以代音乐

音乐为休闲生活之一,要以不碍于正业为原则,举而列诸课程,亦正见资本主义社会之奢侈。我既效而则之,亦遂持之有故。顾以中国百事落后,人一己十,犹且不及,方期减少休闲生活,从事正当工作,以为捷足之补救,凡属国民,无论其在社会为民众,在学校为学生,皆应同此义务,则课程不列音乐之言,或亦应时而生之论。惟音乐之有益于人生,固作者之所深信。无已,则请于休闲时间行之,聚二三同好,作音乐演奏,取其可乐,奚必成家。况到乡村,则钢琴西乐,有谁欣赏,转不若一竹一丝,民与同乐。

以上五点,谨贡狂言,藉备采撷,仍望根据乡村师范教育之宗旨,调查中国社会之需要,参考中外名家之研究,审察现在教育失败之原因,然后可以得适当之课程，精确之教材，庶有补于乡村人民之生活，而不浪费学生学习之光阴。

四、严格训练——促使在校为好学生，出校为好教师

现在学生风纪之坏，与夫心理之劣，在在表现学校训练之失败，而其影响于社会国家者至巨。今日国人之好为纷乱，遇事贪污，使政治日替，民生日苦者，未始非种因于昔日学校训练之错误。夫学校之教育学生，非仅以增其知识与技能已也，并将以化其气质，高其志趣，健其体魄，一其言行，俾使在学校为好学生，入社会为好国民，洁身自爱，不入下流。今乃因袭误谬，转相授受，师以待之弟，弟更为师，再待之弟，于是道义日消，纪律愈废，风潮起伏，视为寻常，日惟迎拒之是务，勾结以自肥，遂致弦歌屡辍，黉舍骚然，修学养性之地，几成纵横捭阖之场，以之冠冕人民，领导社会，宁能不南辕北辙，与愿大违？若不速予改制，则神州陆沉，即基于此。默省今日风俗之颓废，思想之浪漫，生活之奢侈，体魄之孱弱，亦惟提倡严格训练，庶足挽此狂澜。德之所由勃兴，日本之所以强盛，前鉴不远，宜可取法。况在乡村师范学生，今日则置身勤苦之环境，异日则领导质朴之农民，尤不宜有丝毫失检行为，以贻不良影响，使此平素敦厚之乡师，亦随城市习尚而俱靡，是其训练，益有主张严格之必要，概括言之，可分三端：

（甲）纪律军队化

中国衰弱之原因，虽有多端，而缺乏服从之精神，团结之力量，实其致病之始。概以人民之过求自由，遂使国家日苦于压迫，是以总理有放弃个人自由以求团体自由之训，而以精诚团结昭示其信徒。无如杂说齐鸣，轨迹尽撤，群求解放，莫肯矜持。上无率身示范之行，下有跨前甚焉之举，以此居于学校，学校不可一日安；以此居于社会，社会不得一日宁。于是学无所获，事莫能兴，如此国家，危殆已甚。况以青年血气未定，诱惑既多，堕落尤易，正如新羁之马，一经纵轶，不可挽回。故今之言学校训育者，当破除一切责难，采取严格，以军队之纪律，求绝对之服从，则号令自明，工作自力，无观望犹疑之心，有决然一致之效，养成其果敢之精神，诚恳之态度。在下位则谨于追随，作首领则勇于前导，泱泱乎有君子之风。以视今日之学生，居学校则不乐拘束，群以浪漫自尚；入社会则不负责任，好为苛责之言，使当局之举措为难，社会之是非不一，其为利害之不同，又将如何。昔普鲁士曾以全国师范生，采用军队之训练，一战而胜法。今日中国国难之急，较昔之普鲁士远甚，果青年有不愿守此难苦训练者，是将不至为亡国奴而不止。

（乙）生活劳苦化

八股时代之观念，以为人一旦为士，则朱门广屋可以居之，高车驷马可以乘之，美妻艳妾可以享之，华衣丽服可以御之，厚禄大位可以得之。凡一切常人所不易求者，皆可以不劳而获。于是废时失业，殚精竭髓，而以能一为士为荣者颇多。革新以还，制度大变，然而士之观念，仍未有移。四体不勤、五谷不分者，人亦莫斥为废弃；从容儒雅、自矜高贵者，群仍奉以为清流。其余汗流浃背、手足胼胝者，则鄙弃而不屑道。虚荣之念未除，务实之效难得，得意则误国，失意则害民，生之者寡，食之者众，欲求国之不穷且乱也，又安能得？今者外以资本主义之剥削，内以天灾人祸之频仍，经济枯索，已达极点，设欲逼人以养我，必致人我以俱毙。况以风俗浇漓，习尚奢侈，不耕者而求精食，不织者而求美衣，欲念既高，机巧百出，道德沦亡，行为卑劣，即此人格之凋丧，已足亡国而有余。今若以乡村教育为救国要图，青年学生有救国志愿，则一切生活，宜从劳苦。孟子之斯人大任，范文正之先天下忧，苟即以士为治人者，亦应取法于此义。况在今日阶级俱泯，人人有读书之权利，更无劳心食于人之可言，则其在学校也，食应粗粝，衣则短装，凡农工之操作，事务之处理，必使努力参加，不得苟且。身既习于劳苦，志自趋于高尚，去脆弱颓惰之风，养发扬蹈厉之气，以此强国，何国不强，以此治校，何校不治。

（丙）思想笃实化

国家之纷乱，每始于学说之庞杂，人各是非，时有变异，正如水激于风，愈扩愈大。人每有赞战国时代学术之昌明者，宁亦知三四百年战争不绝之苦。近世自孔子信仰破坏以来，外人思想之侵入，与日俱增，而社会行为之浮动亦愈甚，人类之安宁，果应为学说之试验而牺牲，抑应将庞杂之学说，暂为人类安宁而捐弃？况以相背之说，并世而存，则持之各有其故。信之者，遂以一时之感，蓦予取舍，亦有因于利害，藉便私图者，于是门户各立，争执不已，党同伐异，祸变迭乘。而青年学生意虑不深，鼓惑至易，偶得一二惬心之言，即以为百世不易之道，推波助浪，轻信盲从，尽弃前人笃实忠恕之行，而群趋浮薄叫嚣之境，使国家失育才之功，学校有多难之痛。惩前毖后，惟在整严思想，力求笃实，不为出位之思，先勤修身之学。念彼历代大儒，孰非造端于此，立以为则，不从者去，惟使相互勖励于正心诚意之间，而不存重于责人轻于自恕之念，则近代之纠纷可除，伟大之人才可得。设或惑于解放思想之言，而以作者之说为武断者，则十数岁之学生，于经验既无可言，于学说更无足数，其先入为主，何有于解放？每见有坚持不彻底之说，以傲睨一切者，其流弊何可深言，而操守之不固，言行之不洽，尤易造成广大之罪恶。

　　以上三端，迳举其目，若其细微，请待后论。惟念近代青年，在家庭则受父母之娇纵，而濡染于妇姑勃豁、兄弟倾轧之事。在社会则因外物之诱惑，而羡慕于富贵淫乱、声色狗马之好。若在学校更遇事而任其自由，为之师保者复日示以挑拨把持之技，怪诞谀谄之言，则其不为恶也几希。是故训练学生，务求严格，必使无一时之苟安，而常处于工作紧张之境，则意不外驰，心能归一，久而习之，将以自安。此固古人教人立身之法，或可不以过当视之。

请支持栖霞农民借贷
——致上海商业储蓄银行邹秉文函[①]

（上略）今年本省金融枯涩，新谷登场，价极低贱。村民穷苦，为生活计，又不得不急于脱售，以解一时厄困，而影响所及，遂使下足以破坏农村组织，上足以阻陁国家进展。受业颇欲就其能力所及，勉予救济，拟先其近者，筹备万元，放贷于栖霞四境农民，俾使贮谷待价，养其财力，似亦匹夫应尽之责也。比闻树文（即邹秉文，编者注）仁长有款可以贷出，即思由受业负责，借五千元，从事此项事业。今更悉夫子方筹划农村借贷，则受业此种志愿，或能因夫子鼎力，得告完成。群情急迫，理须速图，如蒙慨允，则一切手续，统乞赐示，俾可趋谒几席，亲领训诲也。

附一 邹秉文先生复函

（上略）示悉。关于农业贷款押米事，请迳赴南京大行宫上海商业储蓄银行，与敝行南京分行经理李桐村先生面洽。文已函桐村先生处介绍矣。（出处同前）

附二 本校推广部第一次办理抵押贷款志略

吾国乡村，十九贫苦，遽云教育，乡人有所不受。盖衣食不足，何知礼义！推广乡村教育之道，舍从事实上救济其生活之贫苦外，实无他途。宣传者唯千言万语，舌敝唇焦，终不及一批食粮或一笔贷款之见输也为有效。非乡人之好货也，实际生活问题之所系，迫不得已也。今年本省秋收虽尚不恶，然因此而货剩价低，乡人迫于生活，忍痛贱售，而富者乘机囤积，入冬转向贫者剥削，乡人之

---

① 本文题目为编者所加，摘自《本校推广部第一次办理抵押贷款志略》，原载于栖霞乡师编《新栖霞》1932年第1卷第1期。

困,益不堪言!

　　本校推广部有鉴及此,特向上海商业储蓄银行南京分行接洽抵押贷款一万余元,救济栖霞附近二十余乡村。该分行经理来栖霞考察一次,本校校长前往该行接洽三次,召集各乡长开会两次,赴各乡调查四次,前后历二十余日,遂于本年十月六日,将贷款一万余元完全放出,乡民欢声雷动,爱戴莫名,而本校乡教事业之推广,于此乃奠一坚实有效之基础焉。(出处同前)

请放贷赈济栖霞农民
——致农业银行杨冯署函①

（上略）贵行关系苏省各县农民，救济挹注，素仗贤劳。去岁灾变兼至，农村衰落，金融阻滞，益佩维持之不易矣。今岁苏省虽告丰收，而新谷登场，价极低贱，几为十数年来所未有，以与现代生活相衡，其为病农可知。此种现象，及其救济方策，想已在台从感虑之中。昨曾以此事就商邹秉文先生，并拟以学校名义，或以义私人担保，代借万元，放贷栖霞村民，以待谷价稍高，俾培养农村原气。除已向秉文先生恳借五千元外，拟向贵行息借五千元，以完成此项义举。台从胞与为怀，疴瘝在抱，谅可予以慨助也。所有一切手续，如蒙惠示，无不遵命以行。果能分西江之水，广活枯鱼，则将来大旆入山，定当率村民遮道罗谢也。（下略）

附　杨冯署先生复函

（上略）所商放款救济农谷一节，良佩高见。查栖霞山一带，系敝行第二区分行营业范围，应由该分行接洽。再此项巨数之特种放款，恐须由二区行转敝行转陈监理委员会核议。（下略）

---

① 本文题目为编者所加，摘自《本校推广部第一次办理抵押贷款志略》，原载于栖霞乡师编《新栖霞》1932年第1卷第1期。

我们的主张与实施①

我们的教导

甲、理论

第一，主张

1. 教育即生活。
2. 知识即道德。
3. 手脑须兼用。
4. 工学应合一。
5. 教材应以乡村生活为起点，整个的社会化为归宿。
6. 教材应以学生经验为基础，完全的理论化为鹄的。
7. 学生学习，应始于兴趣，成于努力，终于满足。
8. 导师教学，应兼重主学习、副学习及附学习。
9. 学生学习，应由现象观察深入专注探讨之堂奥。
10. 学生学习，应由自学辅导，达到自动研究之境地。
11. 个别指导，应与团体指导并行。
12. 学习历程，应与学习效果兼顾。

第二，目标

1. 使学生具有知行合一精神。
2. 使学生学有所用，用得其当。

---

① 本文原载于《江苏教育》1933年第2卷第12期。文前有编者按语云："江苏省立栖霞乡村师范，立校于江宁县属之栖霞山麓，交通便利，风景天然，其设备概况已载本刊一卷师范教育专号，诚为士子修学之良好处所。校长黄质夫先生精明强干，勤劳任事，年来对于该校惨淡经营煞费苦心。霁光 本年一月奉厅令前往监考，小住一周，观察所及，觉该校设备之整洁，工作之紧张，教学之认真，学风之纯朴，教职员精神之团结，有非他校所可及者。此外全校数百人连附小在内，仅用校工二人，一切操作，均由师生分任，其提倡劳动节俭如此。余以是卜该校之前途正未可限量也。顷承该校以其二十二年度第一学期之我们的教导、我们的训育、我们的体育、我们的推广各种计划见示，细谈内容，非同凡响，爰提总名，乐为刊布于次，以供从事乡教者之镜焉。"

3. 使学生做尽其力,学尽其量,教尽其才。

4. 使学生以乡村为乐园,以服务为职志,以研究为能事。

乙、行政

第一,组织系统

本校于校长之下设有教导部,掌理一切教导事宜(包括工作指导)。

第二,人员

教导主任一人,导师十三人。

丙、实施

第一,工作

一、试行工作之理由

(一)消极理由

1. 试行工作,可以打破官僚化与金洋化合演——阶级独占——之教育。

2. 试行工作,可以改变"学优则仕"及"以读书为升官发财之终南捷径"等错误观念。

3. 试行工作,可以打破传统病与模仿病合演——形式轮回——之教育。

4. 试行工作,可以革除专务、奇技、淫巧而与国民实际生活不相应之工艺教育之弊害。

5. 试行工作,可以打破文雅迷与名位迷合演——无聊消费——之教育。

6. 试行工作,可以矫正学生"徒侈美观"及"浮夸游惰"等恶习。

7. 试行工作,可以打破教育方面之各种矛盾现象(例如一方厉行普及教育,一方则不开办学校或学非所用;一方大声疾呼救济失学青年,一方则不予以实力上之援助;一方造就人才,一方则学生出路狭窄等)。

(二)积极理由

1. 试行工作,可以使手脑并用。

2. 试行工作,可以使劳心与劳力合一。

3. 试行工作,可以培养学生生产的、建造的知能。

4. 试行工作,可以养成劳动自立及知难行易之精神。

5. 试行工作,可以增进学生身体之健康。

6. 试行工作,可以使教育适应乡村社会之需要。

7. 试行工作,可以使教育能渐次社会化、科学化。

二、工作之种类

本校工作分为二种：一为培养学生农事工艺等之技能，名为"工作"，如下列（一）至（四）等项均属之；一为锻炼学生身体，培养劳动身手及增进耐劳刻苦之精神起见，名为"劳作"，如下列第（五）项属之（详见本校《我们的体育》）。

（一）农事——如关于各种作物及蔬菜、果树等之选种、播种、间拔、中耕、除草、灌溉、施肥、收获、整枝、移植等。

（二）工艺——如藤工（内分敲工与编工两种）、竹工（内分劈工与编工两种）、木工、拓碑、印刷及缝绣等。

（三）缮写——如关于毛笔缮写、钢笔缮写、印刷缮写（包括油印及石印）、图表缮写等工作。

（四）医药看护。

（五）劳作（包括各种杂务）如筑路、开垦荒地、开沟、搬运物件、洁除及布置等工作。

三、本学期各项"工作"选习人数

（一）园艺：甲组六人，乙组六人。

（二）作物：甲组六人，乙组五人。

（三）竹工（劈工）：甲组六人，乙组五人。

（四）竹工（编工）：甲组六人，乙组五人。

（五）藤工（敲工）：甲组七人，乙组七人。

（六）藤工（编工）：甲组十四人，乙组十四人。

（七）木工：甲组四人，乙组四人。

（八）拓碑：甲组三人，乙组二人。

（九）缮写：甲组二人，乙组二人。

（十）印刷：甲组二人，乙组二人。

（十一）缝绣：甲组五人，乙组四人。

（十二）看护：甲组十一人，乙组十一人。

（十三）劳作：甲组八十一人，乙组八十一人。

四、工作时间

每人每日须工作二小时（在每日第八节时间得视季节而增减之），选习甲组"工作"学生，其工作时间为星期一、三、五，其"劳作"时间为星期二、四、六；选习乙组"工作"学生，工作时间为星期二、四、六，其劳作时间为星期一、三、五。

五、工作选习及支配

凡本校一年级学生选习"工作",以劳作(包括杂务)为中心;二年级学生选习"工作",以农事为中心;三年级学生选习"工作",以工艺(指藤工、竹工、拓碑、印刷等)及缮写、医药看护为中心(四年级学生因在各义务小学实习,此项"工作"概免习)。女生选习"工作",以缝绣、医药看护为中心。每年度改选一次,至"劳作"之项目,由教导部临时决定支配各生操作之。

第二,课程

本校二、三、四各年级学生学习课程,均依本校自订并经呈准教育厅之《学科科目时间表》办理(其内容包括人本修养、乡村生活、实用艺术、专业修养、教育智能、职业化课程及复习等七类)。一年级学生学习功课,依照教育厅颁《四年制乡村师范课程表》办理。

第三,学级编制

本校一、二、三、四各年级均秋季始业,仍为学年制。

第四,课程纲要

本校对于各学科教材内容及分量,均由教导部会同各该科担任导师编订之,现已订定者计有社会、生理卫生、医药常识、农业、教育、工艺、图画、音乐等学科;余均在编订及修订中。

第五,教学方法

本校各科教学方法,由各导师视各该科性质,自由采用下列各法:讨论法,习述法,演讲法,问题法,图书馆法,实验室法,观察法,调查法,鉴赏法,练习法等。本学期起并订有《学生自学辅导施行细则》,除一、二、三各年级由各导师自由采用外,四年级各科教学,均依该细则指导各年级学生实习。

第六,自修指导办法

本校于每日学生自修时间内,均有一种科导师指导学生自修,遇有成绩恶劣学生,即予以个别之指导,一般学生除随时向各导师请益外,并得于此时向该导师请示解惑。

第七,课外作业

本校因各年级学生程度不同,由各年级组织各种研究会。计一年级现有演讲会之组织,二年级有文艺研究会及演讲会之组织,三年级有读书会及演讲会之组织,四年级有教学讨论会之举行(本会由附小校长有义教办事处主持)。此外尚有征文比赛及假期作业等。最近拟打破年级界限,组织全校之各种研究会。

第八，成绩考查

本校自本学期起，依照部颁《师范学校规程》关于成绩考查方法之规定，订定适用于本校之《成绩考查细则》，各科成绩考查及核算方法，均依本细则办理。

第九，教育实习

参观自第一学年起，实习自第三学年起。实习与参与、证验实习及系统实习三项，渐次实施。三年级学生作一部分参与及证验实习，四年级学生证验实习及系统实习——另订《教生实习通则》《教生遵守通则》《教生参观参与及系统实习施行细则》《教生分组实习办法》《实习研究会简则》《义务小学最低限度行政标准》及《教生实习考查成绩办法》等指导学生实习，并组织辅导会议，讨论实习指导办法。本学期四年级教生实习学校有义务小学十四所，短期学校三所，共计十七所。

我们的训育

第一，理论

（一）主张

1. 应诚恳接受三民主义，并矢志实行。

2. 应富有民族意识、国家观念、尚公精神。

3. 应富有乡教信念、服务决心、严正操守。

4. 应认识现实政治、现实社会，具有革命精神，养成转移环境、改革社会之毅力。

5. 训导青年，所以为国家社会，非为学校或家庭。

6. 训导之表现与适应，固在学生肄业时期，尤重在其毕业以后。

7. 养成好师资，好公民，不仅养成好学生，好青年。

8. 以将来做先生的责任做学生，应使其以永远做学生的态度做先生。

9. 训练青年，不戕贼青年。

10. 诱导青年，不麻醉青年。

（二）目标

毕业后完成国民基本训练，及乡教师资之全部训练。

（三）进度

（甲）一年级

1. 学者教者，彼此有深切认识，学者对教者有充分信仰。

2. 开始有规律之生活，一切整齐严肃，秩序井然。

3. 开始养成刻苦耐劳之习惯。

4. 深明大义。

5. 一切"勉而行之"。

（乙）二年级

1. 师生情感融洽，精诚团结。

2. 积极的感化与指导进一步，消极的干涉与制裁退一步。

3. 开始注重自治习惯，与群体制裁。

4. 一切渐趋自然，不勉强，能"安而行之"。

（丙）三年级

1. 扩大自治范围到群体自治。

2. 意志坚定，有相当操守。

3. 一切优良习惯已养成，并能"乐而行之"。

（丁）四年级

1. 信心确立，操守坚强，具有牺牲、奋斗、百折不挠之精神。

2. 具有自治之充分能力，群治之相当能力。

3. 刻苦耐劳程度，足敷应付毕业后之服务。

4. 熟习应对进退，待人接物，适应环境之方法。

5. 有为人师表之气度与涵养。

（四）途径

1. 发展自我——自学，自治，自立，自决……

2. 养成群治——尚公，有公德，合作，互助，有民权训练，有群体制裁，能令，受命……

3. 以挽救国难、建设国家为中心。

4. 以切合乡教、蔚成师表为本位。

5. 生活规律化——简单，朴实，清洁，整齐，严肃，自然。

6. 厉行劳作与服务。

7. 师生共同生活，教训认真合一。

8. 充实设备，优美环境，以助陶冶。

9. 深切注意毕业生服务情形，一面予以指导或制裁，一面供训育上改进之参考。

10. 联系家庭教育,注意友朋教育与休闲教育。

11. 考核不惮繁琐,奖罚明而勿滥。

第二,行政

(一) 组织

1. 校长负训导上最高责任。

2. 暂时设生活指导部,掌理一切训导事宜,包括训育、体育两方面。

3. 组织训导会议,审议训导上重要事宜。

(二) 人员

生活指导主任一人,女生指导员一人,级导师每级一人,组导师每级三四人。

(三) 行事历

凡训导应办事件,于学期开始后编《训育行事历》公表之,并按照进行。

第三,实施

(一) 原则

1. 经常而无间断——如早起,星期日、假日均照常;如救国储金,假期中亦照常储蓄。

2. 普遍而无例外——不因高年级生,或教生而例外。

3. 显著教育责任——年级愈高,受教育愈久者,责任愈大,如服务较难、惩处加重等是。

4. 兼取研究方式——各种设备、制度及应奖惩之事实发生必加充分说明,并常认为教育实际问题,与学者作理论上与办法上之研究。

5. 负有实验使命——较新之办法,俟经相当试验后,方能确定。

6. 与教导互取联络——与党义、公民、国语、史地、教育等科及特约讲座、来宾讲演等,均有联络。

(二) 提高民族意识

1. 民族道德——于礼堂前,标"忠、孝、仁、爱、信、义、和、平"八字,并于日常实际训导中援用阐明之。

2. 民族九戒——一戒衰弱,二戒污秽,三戒懒惰,四戒自私,五戒浅陋,六戒敷衍,七戒畏缩,八戒散漫,九戒骚乱。除大字图画之表现外,于日常实际训导中援用阐明之。

3. 民族教训——除作团体及个别训话之中心外,党义、公民、国语、史地等科内,于民族意识,均有特别发挥。

（三）深植国家观念

1. 升旗制旗——每日于早晨时升国旗敬礼,男生工艺、女生缝纫中,每人必制尺度严正之纸布国旗若干面。

2. 救国誓词——遵用厅颁誓词,于日常实际训导中援用阐明之。

3. 救国歌——遵用厅颁歌词,于每晨升旗后唱之。

4. 救国口号——参照厅颁口号,于每晨唱救国歌后呼之。

5. 时事报告——由学生摘录,导师审定,于早会前由学生报告之。

6. 雪耻壁画——于通道处张之（现有四幅）。

7. 国难挂图——于通道处张之（现有两套）。

8. 救国教训——除作团体及个别训话之中心外,党义、公民、国语、史地等科内,于救国意义,均有特别发挥。

9. 救国储金——每日每人一铜元,于每晨早操前缴纳之。

10. 服用国货及土货——公私服用,均以采取土货或国货为原则。

（四）确立服务乡教思想

1. 乡村教育宣传挂图——就乡村教育之重大意义,与乡村教育者之重大使命所在,特制图说十六幅（现悬饭堂内）,于日常实际训导时,援用阐明之。

2. 我们的信条——共十条,多就乡教本位立义者（现悬饭堂内）,于日常实际训导时,援用阐明之。

3. 乡教教材——除作团体及个别训话之中心,及乡村教育课程、各种教育课程所有内容外,党义、公民、国语等科教材内亦多及之。

（五）养成自治能力

1. 级自治——订有《级自治试行办法》以初步试行,俟有相当自治基础时实施之。

2. 级会——各级每两周举行级会一次,由学生筹备主持,并各有经常组织。

3. 励志会——女生组织励志会,分自治、学艺、生活、体育、总务五股,并于每周集会一次。

4. 研究会——由各级自由组织,研究文艺、国乐等,或出壁报,或作其他课外活动。

5. 批评——如假期作业成绩批评,演讲预赛批评,各种成绩展览批评,均有学生投票互评之部分。

6. 日记——每人每日必记日记,叙其身心经过状态,及自省之意见,交导师批阅。

7. 自治教训——除作团体及个人训话之中心外,党义、公民课程内,于自治意义,均特别发挥。

8. 养成自治习惯训条——共六则,张于通道,并在日常实际训导中援用阐明之。

(六)严整群体生活

1. 衣——全校禁着长服,学生禁着杂服。制服禁杂色,风纪扣、校徽,均常在严格检视中,至养成习惯为止。

2. 食——师生一堂会食,必严号令,整服装,肃静,禁带杂食。

3. 住——寝具常保高度之整洁,榻下全空,阁上储藏什物,亦必整洁。

4. 工——休息同,甘苦同,不得有例外。

5. 读——上课严禁无书、借书、看闲书及精神散漫、肢体懈弛。

6. 自修——室内无论何时遏密音乐歌唱,禁止弹棋嬉戏。在规定自修时间,完全肃静。

7. 告假——病假必有校医证明,宿假必有家长正式函件并得学校同意。

8. 群体生活概况指数——群体生活概况,每日检查统计一次,分优点、缺点两份设表,以数目指明之,日有升降,于每日早餐前报告一次,每周每学期各有平均数揭示,以资比较。

9. 群育教训——除作团体及个人训话之中心外,党义、公民、国语等科内均注意及之。

10. 养成群体制裁训条——提倡群体制裁,有训条九则,张于通道,并在日常实际训导中援用阐明之。

(七)发挥服务精神

1. 舍务服劳——每一自修室、寝室均有正副服务生各一人,全体有总服务生一人,各部每日均有值日生一人,并有《值日证》轮流传递,以重职守。教室服务生亦正副二人,每周更换。

2. 洁除操作——全校室内外之经常洁除,由全体学生分区自理,无需校工。每晨操作二十五分钟,每周曜日大扫除一次,经过一小时。

3. 炊事值日——每日一人,担任炊事上购买、洗涤、烹调、分配、会计等监督或协助。

4. 浴事值周——每周曜日,由一个自修室内学生(约十四人)为全体同学备浴水,自担煮至管理,均由学生任之,每周洗浴不止一次时,于劳作时间备之。女生同。

5. 女生服务——看护,每日一人或二人;缝纫,励志会内设有缝件代办所,代办师友缝件;烹饪,每土曜日治菜一种。

6. 其他服务——升降国旗、吹号、记录、缮写、会计、油漆、印刷、报告、招待、修理、运输及其他劳力之工程,或全部,或一部,均由学生担任之。

7. 服务教训——用总理"人生以服务为目的"之遗训(现榜于校门牌楼里面),于日常实际训导时援用阐明之。公民课内,亦阐发此义。

第四,考成

(一)检查

1. 思想考查——根据谈话、讲演、作文、日记及下列之测验,由导师及训导人员兼任之。

2. 道德测验——分文字与事实两种,以测验学者之国家观念、责任观念、信仰观念等等。

3. 行为考查——根据观察及报告,经审核后决定,由导师及训导人员兼任之。

(1) 舍务考查——经常上下午各一次,临时者无定,宿舍于熄灯后多一次。

(2) 洁除考查——划定区域,由各部主任、训导员及农场工厂管理员分任之。

(3) 劳作考查——由担任指导或领导之导师随时考查之。

(4) 自修考查——除导师轮值指导外,更由训导人员考查勤惰。

(5) 各种检查——如服装检查,每次纪念周前行之(因周曜日多洗涤制服者);邮件检查,每日酌行之;箱笼什物检查,于必要时行之。

(二)比赛

洁除操作于每学期有比赛两次。

(三)登记

制有《操行优点缺点登记表》,就逐项考查,各方报告所得,每日群体生活概况指数所录之各种事实,分人分周登记之(视其事实轻重,规定加分减分标准,每周加减结算一次,并公表之,以资警惕)。

（四）评定

1. 千分制——前项登记表内采用千分制，千分为满分，六百分为及格；因优点缺点而加减后，溢出千分者，另作奖励。

2. 导师评定——导师将日常考查所及，收入群体概况指数及《登记表》，于学期终结时，对所导学生，根据考查，另作总评，仍归纳于千分制中。

（五）报告

1. 报告书——遵用厅颁《学生学行报告书》，报告家长。

2. 操行报告单——于报告书后附此单，分"性行评定"及"缺点扣分"两项。如"开学迟到"扣分、"告假逾期"扣分等，均列入，使家长特别注意。

（六）奖惩

1. 奖——奖勉、奖状、奖品。

2. 惩——劝告、警告、离开群体生活、面壁反省、为公共服役、禁假、停学、退学。

我们的体育

第一，理论

（一）主张

1. 切实——适应目前及未来之生活而实施体育，可谓"本位体育"或"业内体育"，与所谓"业余运动"不同。

2. 普遍——除生理上有特殊情形者外，对全体学生之体育，作均等之实施。

3. 深造——企向世界最优良人种之体格与体力，渐进而谋深造。

（二）目标

毕业后人人至少能耐乡村单级小学教师每日工作十五小时之劳苦。

第二，行政

（一）系统

1. 体育目的既在适应生活，故其事业属于生活指导部分。其成绩分数单独计算。惟下列课程部分，仍属教导部。

2. 凡关于身体之一切，如积极之培养、锻炼，消极之防护、治疗乃至作息之调节、知识之研求等，均属之。

（二）人员

体育导师一人，校医一人，学生指导人员二人。

第三，实施

（一）营养

1. 空气——乡村空气较为鲜洁，室内每人可占二百四十立方尺之空间。

2. 三餐——晨粥，中晚饭菜三素一荤（土曜夕增加一荤，由女生烹治）；园蔬自给，脂肪及其他养分均较充裕。

3. 豆浆——自制豆浆，于晨间或上午之课间饮之。

（二）锻炼

1. 劳作——以劳作代运动。

（1）意义

（甲）以劳作代运动，寓健康于生产，建设个人，同时建设国家，是民族的一条伟大的生路。

（乙）以劳作代运动，乃适合中国国情（既贫、且弱、又危）的一种新体育方法。

（丙）以劳作代运动，花体力消费为各种生产，开体育理论与体育事业的新纪元。

（丁）以劳作代运动，可以使体育普遍发达。

（戊）以劳作代运动，可以使劳作发生兴趣，增加效率。

（己）以劳作代运动，适合农民的生活与需要，乃乡村教育的重要设施。

（庚）以劳作代运动，可免旧式运动中违反卫生的各种流弊。

（辛）以劳作代运动，可免购买大宗外国运动器具。

（2）办法

（甲）种类——有洁除、运输、建筑、农事、工作、消防、救护等。

（乙）时数——每人每周至少劳作六小时。

2. 矫正劳作——原名"劳作运动"。

（1）意义——矫正身体上之畸形发展，或补救其各种缺陷。

（2）办法——有锯木、运磨、舂米、织布、摇绳、筛谷等（本学期因需要少，暂合并于普通劳作中）。

（3）远足——每学期举行一次，每次行路五十里至一百里，并背负行李。

（4）早操——冬夏季每晨起身为六时、五时半、五时三种时间；日曜、假期照常。起身后操柔软操十五分钟，日曜、假期均不间断。

（三）卫生

1. 禁戒

（1）卫生十禁——① 禁随意涕唾；② 禁留蓄指甲；③ 禁盥洗不勤；④ 禁寝具不洁；⑤ 禁好吃零食；⑥ 禁吸烟饮酒；⑦ 禁咀嚼太快；⑧ 禁排便失时；⑨ 禁斫丧体力；⑩ 禁妄耗脑力。

（2）办法——制订标语，编印浅说，调查习惯，考核成绩。

2. 衣

（1）工衣——短褂裤两套、草帽、麻鞋（得赤足），盛暑及夏季作工时着之。

（2）夏季制服——每人单服两套。

（3）冬季制服——男生夹服、棉大衣；女生单罩褂、黑裙、棉大衣、毛绒绳护腿。

3. 食——碗箸自备、自洗。

4. 住

（1）宿舍铁床、纱窗。

（2）电灯。

5. 洁除

（1）室内外经常洁除——每日一次，全体学生任之。

（2）室内外大扫除——每周一次，全体学生任之。

（3）用具洁除——如手巾、面盆及日常用物之洁除，于劳作内实施。

（4）消毒——便所痰盂等均每日洁除消毒，蚊蝇按时扑灭。

6. 沐浴——夏季一日、两日、三日一次不等，冬季每周一次。

7. 计划——设自来水，建新式厨房，为有效之灭蚊，预防疟疾。

（四）医药

1. 医院——设栖霞医院于校内，学生每学期纳健康保险费一元，除注射药针代办外，所有医药，概取给于该院。

2. 调养室——患病者随时迁离宿舍，入调养室。

3. 校外医药

（1）注射——卫生署或市卫生局按时来校注射防疫针。

（2）医院——重病非校内医院所能治者，除家长自愿领回医治者外，由校介往京省优良医院治疗之。

4. 看护——除校医及工役看护外，每日由女生二人于工读之余担任之。

（五）休息

1. 时间——每日睡眠八小时，休息约二小时（课间、饭后等时间之总加），自由活动约二小时（一周内每日之平均数）。

2. 休闲生活——游山、玩乐器、下棋、踢毽等。

3. 娱乐室——前以民众茶园代用，近在设计建造中。

（六）课程

1. 生理卫生——性教育之实施，包含其中。

2. 健康教育。

3. 医药常识。

4. 小学体育教学法——拟创制中小学"以劳作代运动"之一贯实施法及教学法。

（七）女生体育

1. 大致与男生同，惟劳作为适应女生体力及需要，常偏于各种家事（如浣濯等事）方面。

2. 月经期间若状态正常，不停止劳作及早操。

3. 女生励志会内有体育股，协同学校，促进会员之体育。

第四，考成

（一）检查

1. 身体检查——于每学期始末，各举行一次，分体力、体格、疾病三大部分，惟眼力、听力尚感无精确测量器械。

2. 体重比较

（1）每月检查体重一次。第一月与"应得体重"比，以后各月与前月比。

（2）应得体重，十八岁以下者用麦克乐氏中国男女学生标准；十八岁以上者用伍特氏美国男女国民标准。

3. 卫生检查

（1）指爪、内衣、寝具等，均按期检查。

（2）生活及卫生习惯，于学期始末各调查统计一次。

（二）竞赛

1. 健康比赛——每学期举行一次，于第一次身体检查后择优公表，是为预赛，于第二次身体检查后选取三名，是为决赛。

2. 劳作竞赛

（1）意义——充分表现体育在日常生活及紧急事变时之应用，并测验平日劳作所养成之能力如何。

（2）项目——有掘壕、筑路、挑砖、负米、挑水、锯木、搓绳、登山、递信、锄种、收囤、樵采、拉挽、超距、担架、缉获、烹饪、绷扎、缝纫、浣濯等。

（3）办法——冬夏两季各举行一次，不采气候温和之时期，以测验抵抗能力。

（三）评定

1. 千分制——以千分为满分，以六百分为及格，缺点减，优点加。溢出千分者，另作奖励。

2. 优点缺点，取给于平日全部实施之事项，及竞赛、检查之两部分中。

3. 每周登记结算一次，并公表之。

我们的推广

第一，理论

（一）主张

1. 改良农村，以学校为起点。

2. 教育是整个的，学校教育应与社会打成一片。

3. 乡村师范学校，应为乡村文化中心。

4. 我们要：改良农村组织，增进农民生活，普及农村教育，提高农民知识，提倡农村娱乐，培养农民道德。

5. 我们要实现村无游民、野无旷土、人无不学、事无不举的愿望。

（二）目标

1. 使学生明了乡村社会的实际情形。

2. 使学生为优良的乡村小学教师而外，同时具有改造社会的知能和精神。

3. 唤起农民能自动的改善生活。

4. 培养农民能负起完成训政之责任，推进个人之自立自治，以达到国家民族之自立自治。

第二，行政

（一）系统

本校于校长之下，设有推广部，掌理一切推广事宜。

（二）人员

推广部主任一人，推广委员会委员七人。

第三，实施

（一）关于生计教育者

1. 开放农场、林场。本校农场分两部：（甲）园艺部，（乙）作物部，除供在校学生实习外，同时供给附近农民参观，所有优良品种，农民均得以同样物品调换或购买。林场亦分两区：（甲）生产区，（乙）苗圃区，以目前所造林木计算，已逾五十万株，所有树苗，均以无代价赠与农民，已达十余万株。

2. 组织合作社。农村合作，极关重要，本校除自行组织合作社外，于本年内已在附近村落，组织信用兼营合作社六所：（甲）石乘乡，（乙）栖霞镇，（丙）赵家大圩，（丁）实贞庵，（戊）姚湾村，（己）梅墓村。关于生产、运销等社，在组织中。

3. 筹设押稻仓库。本校以农村经济衰落，曾于上年间举行押稻贷款两次，农民前来押稻者，计有二十余乡镇，贷款达二万余元（详载本校《新栖霞》第一期第二十五页）。农村金融，大为活动，惟以仓库缺乏，殊感不便。刻拟筹设固定仓库，以为押稻之准备。

4. 建筑交通道路。本校曾与附近乡镇长，组织筑路委员会，以谋交通之发展，尧龙路之建筑，本校师生，尽力协助，镇站路（栖霞镇至车站）年久失修，本校曾函上海京沪铁路管理局捐赠煤屑二百吨，函请江宁县政府派员工作，刻已完成。

5. 举办农事展览会。本校为明了农村状况及鼓励农民改善生活兴趣起见，每年举行农事展览会数次：（甲）春季举行品种展览会；（乙）夏季蚕茧展览会；（丙）秋季举行稻作展览会；（丁）冬季举行农家副业展览会。所有出品，均以农民选送者为主，延聘评判员评定成绩，优良者，由本校酌给奖品。

6. 推广改良品种。本校除由校内农林各场推广优良花木、蔬菜之种子苗木外，并与中央大学、金陵大学合订推广办法，代销麦种、棉种、蚕种等类，本年冬季，为金大推行二十六号改良麦种若干担与合作社员。本校农场蓄有英产白克斜改良雄猪一头，农民愿改良猪种者，均携母猪前来交配，费用免收。

7. 举办艺徒班。栖霞附近工人，除以打石为职业而外，均无他事。本校工场现招收竹工、藤工艺徒各十名，除授以各项技能外，并教其识字。本校女生亦办有妇女缝纫班，招集附近妇女，授以缝纫技能，以期农村副业之改进。

8. 举行各种运动。如合作运动、造林运动、筑路运动等,均由本校师生分别按期举行,以为各种事业推行之便利。他如生计调查、改良水利、介绍农具、驱除害虫等事,亦曾相机举行多次。

(二) 关于语文教育者

1. 指导民众认字。本校历年以来,已由本校学生办理民众学校五班,附近民众受教育者不少,其有未识字者,多因业务忙碌,不能依一定时间,前来学习,从上学期起,本校特改订办法,不用班级制度,由全校学生,每生招收附近不识字农友一人,个别教学,其教学地点有三:(甲)在本校;(乙)在农友家中;(丙)在农友工作场所。采用《农民千字课》为基本用书,由校赠送,费用免收。

2. 民众阅书报社。本校对街建有茅屋二间,设民众阅书报处,内有民众丛书、科学丛书、文艺丛书等百余册,壁上悬有各种日报,以便民众阅读。

3. 民众代笔处询问处。本校为便利不识字农民起见,设有代笔处,凡有书件等项,均可托本校代办。如有不明了之事件,及不能解决之问题,均可代为解释,并为说明正当途径,指导进行。

4. 缮贴民众壁报。本校对门,设有壁报牌一大座,每日摘录京沪报上重要新闻,用浅近字面,缮写壁报一大张,以便民众浏览。

5. 举行识字谈话会。本校对于民众识字,改订个别教学办法以后,缺少公共谈话机会,乃于每两周间,举行识字农友谈话会一次,本校识字工友一体参加。

6. 识字运动。关于识字运动、识字调查等项,均逐步进行,概况从略。

(三) 关于健康教育者

1. 栖霞医院。本校附近,无医院设置,农民遇有病症,除求神问卦外,别无他策,本校有鉴于斯,特设栖霞医院一所,凡农民疾病,均可代为医治,每人来院挂号,收铜元六枚,药费免收。

2. 注射预防针苗。每年春季,由医生免费施种牛痘,附近数十村落,均按期前往施种;夏季注射霍乱预防针,办法同前;秋季赠送疟疾丸药,以年计之,不下数千人。

3. 举办平民产院。刻与江苏省立医院助产学校,在栖合办平民产院一所,办法业经议定,江宁县政府每月可给津贴以助之,不日即可观成。

4. 卫生运动。除上述而外,本校曾编印卫生画报,并按期举行卫生运动,以期农民注意。

（四）关于村政教育者

1. 村政研究会。本校曾联合区长及乡镇长,组织栖霞村政研究会,以研究的态度,探讨的精神,集中力量,共谋地方事业之进展,集会有十余次,议决案达百余件,举凡治安、合作、生计、教育、交通、卫生,咸有不少建议。所有会议记录,详载《新栖霞》第三期内,兹不赘述。

2. 请设警察分驻所。栖霞市面,经本校积年之努力,已日渐繁荣。深恐宵小混迹,危害治安,特函请江宁县政府设立警所,以资保卫。兹已于本学期内实现,凡街道之卫生,地方之治安,更喜有人协助也。

3. 栖霞保卫团。本校为防卫治安起见,曾联合附近村落,组织栖霞保卫团,订有简章十条,提交村政研究会通过。江宁县刻正办理保卫团训练班,毕业在即,栖霞保卫之整理、扩充,正有希望也。

4. 敷设街道电灯。本校电灯装设完竣,刻拟沿车站大路及栖霞镇内敷设街道电灯,以利行人,并拟装设自来用水,现正计划进行中,他如保甲运动筹备冬防等事,均按时举行。

（五）关于家事教育者

1. 举办农忙托儿所。本校为解除农忙期间农民家庭困难,特于每年割麦种稻期间,举办农忙托儿所一班,招收六岁以下儿童,代为教养。

2. 举行家庭访问。平民产院开诊后,即着手家庭访问,并调查孕妇数目,及宣传家庭卫生等事,以期逐步改善。

（六）关于休乐教育者

1. 栖霞民众茶园。本校对门,设有民众茶园一处,内设桌凳、茶壶、茶杯、书报、丝竹、管弦、棋类等件,任凭农民前来休息。每壶茶资,仅收铜元六枚,各种瓜子、饼干,应有尽有,惟香烟、酒类概不经售,以戒除一切嗜好,引导作正当之娱乐。

2. 娱乐大会。附近村民于工作以外,无正当娱乐,殊属缺憾! 本校常利用星期六晚间,举行娱乐会,引导农民高尚兴趣,间或参加说书、双簧、笑话、京曲等,每节中间,更加以识字、卫生等简短演说以广宣传。

3. 举行各种比赛。关于各种游艺比赛,如棋类等,均择期比赛,以引起兴趣,他如幻灯、电影,本校亦不时开映,招待农民参观,概不取资。

4. 戒除烟赌。关于烟赌之危害,本校已一再宣传,然无行政实权,未敢即云戒绝。兹幸江宁县政府特派警察,来栖分驻,从此烟赌处分,负责有人。惟戒烟医院之设立，亦属必要，曾经讨论办法，不日当可实现。

第四，理想中之推广区

本校奉令代办栖霞山义务教育实验事宜，当经划定栖霞附近四镇二十乡地方，为施教范围，面积凡三百二十方里，每乡镇内，设有义务小学一所，关于推广事项，即拟依照区域，按步施行。各该校内已责令兼办推广事业，其实施方法分别说明如下：

（一）由各校单独办理者

如代笔处、问询处、民众学校、民众茶园、改良农场、民众药库等项，均由各校尽力设置，本校加以指导。

（二）由本校联合办理者

如民众壁报，由本校供给稿件，分别缮写张贴，各种宣传运动，由本校发给材料，约定日期，同时举行，他如施种牛痘苗，注射预防针，表演游艺戏剧，推广改良品种等事，均由各校先期宣传，本校按日派员前往，使区内农民同沾福利，盖"改良农村，以学校为起点"之主张，本校当勉力为之。

华北教育考察见闻录[①]

一、车抵下关

十一月十四日,星期四,雨。下午五时离校,校中师生拟走送,固辞始已。登车后,细雨淡风,增人离绪。三等车厢中,乘客无几,颇感岑寂。同行有绍良兄及内子宜耘,与谈别后校中及家中各事,琐屑不足记也。车抵下关,余素以臂力过人自负,手提行箱,迈步出站,设假手于人,则又增却许多麻烦矣。出站后,雇车入城,风驰电掣,泥花四溅,行者侧目,心大不安,嘱御者开慢车,伊竟目笑存之,究竟是何居心,此则非吾所知也。晚下榻南洋旅馆,有歌女时来探首,以色相示人,憔悴可怜,诵昔人"但使桑麻能遍野,肯教行露夜深来"之句,不禁感慨系之。晚膳后,旅居无事,偕绍良、宜耘赴首都大戏院观电影,片名《今古奇观》,由洪荒时代迄近代文明,人与兽搏,人与人搏,包罗万象,力斥战争足以破坏文明之进展,写意深远,有功于世道人心之作也。吾国军备不充,理应整军备武,力求自卫,否则,人为刀俎,我为鱼肉矣。

二、赴女中

十一月十五日,星期五,雨。晨起,以皮鞋紧小,不良于行,拟另购一双。偕绍良、宜耘跑遍太平路,始觅得,尚称意,费银七元半,亦云巨矣。旋赴江苏农民银行,晤魏副经理,为栖霞两合作社商贷款事,蒙允照办。据云,放款日期,尚须

[①] 本文连载于《新江苏报》1935年11月29日、30日,12月1日、28日、29日,首篇文前有编者按语云:"江苏省立栖霞乡村师范学校校长黄质夫,刻奉江苏省教育厅训令,赴华北各省市考察教育,其经地点,计有江苏、安徽、山东、河北、绥远、河南、山西、陕西、湖南、江西、青岛、北平、天津、汉口等省市;考察处所,计有泰安、济南、邹平、青岛、北平、张家口、定县、太原、郑州、西安、汉口等地,于十一月十四日出发,行程约一月有余。经过之处,见闻必多,加以黄校长艰苦卓绝,从事教育事业多年,领导之栖霞乡师,成绩优良,国人共悉,观察所及,必与常人不同。再加华北各地现状如何,教育趋势又如何,想为国人所急于闻悉。本报特约黄君将沿途情形,按日记载,由本报披露,想为读者一睹为快也。"惜于山东济南之后,各地考察情形,未见再有登载。

在半月后，农民将望眼欲穿矣。午膳后，赴女中，始悉乘车减价事，铁道部手续尚未办妥，今晚不能成行。天雨，旅居无事，略阅游记，就寝较早，不似在校生活有规律矣。绍良兄今晚回校。

三、浦口与下关

十一月十六日，星期六，天阴雨，气候亦转寒。偕宜耘赴夫子庙，新奇芳阁啜茗，买小报数份读之，兴趣盎然，其闲情逸致，直无殊有闲阶级中人，一笑。午间齐兄来约午餐，并谈及北方谣啄繁兴，此行宜多注意。越时始去，以电话与李伯英、刘伯禾诸先生谈，为校事有所接洽也。并赴肆购买笔□数事，即将行装略事办当。午后风吹愈紧，气温骤低，改着冬季服装，幸宜耘早为余备妥，否则窘矣。抽暇作书，分致岳中、和卿诸兄，对校事处理略有述及。四时许，女中刘校长以电话来召，宜耘亦于此时辞去回校，依依之色，见于颜面。到女中后，与郑、江、彭、刘四校长相晤，此行计八人，俞、曹、章三校长约定由徐州登车，故由京出发者仅五人。雇车两辆，一载行李，一载人，驶向下关澄平轮渡码头，购票登轮，解缆后，风浪较大，船身略有晃动，吾习于水上生活，夷然处之。回首下关，灯光烛天，夜景颇不恶也。未十数分钟，船即靠岸，乘客上下，秩序极坏，新生活在首都推行经年，成绩若此，殊堪浩叹。尤奇者，上岸码头无电灯，暗中摸索，至感不便，路政当局何以未注意及之？令人无从臆测也。为交涉车票分程事，颇费唇舌，跑遍各处办公室，或阒无其人，或藉故推诿，结果仍无办法。年来京沪、沪杭甬两路，由黄伯樵先生任两路局长后，锐意改良，较之津浦路改良多矣。浦口与下关虽一江之隔，居民生活情形，乃大不类。肆中陈列，白丐红薯大白菜等，显然表现着北方的情调。民众衣着，多青袄红鞋，往来踪迹，数见不鲜也。七时十五分，车蠕蠕向北而行，黑夜漫漫，奔向征途矣。晚餐于车中，菜尚清洁可口，取价殊昂，一般民众无力享受也。余生平不坐二等车，此次以团体关系乘之，并购有卧铺票，车内水汀温度过高，殊感不适，硬骨头耐得冻，无福消受此也。车每至一站必停，大站停车达二三十分钟，而美其名曰"特别快车"，其不快者，不知又将如何耶？车行动荡殊甚，不易入梦，灯下读周厅长著《精神建设与民族复兴》一书，几尽其大半。

四、车到徐州

十一月十七日，星期日，晨六时车到徐州，俞、曹、章三校长上车，晓帆、光涛诸兄亦登车晤谈,情至殷渥,殊可感也。车开始去,晓日初升,浓霜在地,一白无垠,江南今年尚未之见也。徐州城东黄流尚未合龙,一片汪洋,树梢没顶,时一露现,宛若岛屿,几疑身在海中行矣。北去平原漠漠,麦畦菜垄,弥望皆是,野已无旷土,而村尚有游民也。早餐大啖式如先生捎来之牛肉、鹅卵、面包,至乐,脍炙人口之萧县石榴、砀山梨,亦于此行尝之。徐州多柳,摇曳于晓风残月中,景殊不恶,叶犹在枝,昔人谓"蒲柳之质,望秋先零",以此证之,未尝确当。北地河流不多,亦有河干见底,遇雨宣泄无自,无惑乎亦成灾也。耕种多凿井灌溉,以轮轳汲水,为量无多,殊笨拙也。北地居民大都聚族而居,车中遥望,绿树丛中,即为村落也。乡民衣着多尚红绿,缠足之风尚未稍杀,双翘如锥,步履艰涩,执政者应注意及之。俗尚勤俭,落叶草根,亦为妇女幼童背负筐筥扫集,以充燃料,不复弃置也。车过临城,座中人噱谈当年孙美瑶劫车事,此君亦不朽矣。临城石榴极大,剖而食之,味殊甘美,惜无人提倡,运销他埠,否则早与砀山梨、泚城桃等齐名矣。盖所谓有遇有不遇也。上午十一时二十分,车过兖州,下车闲眺,车站布置雅洁,旁有津浦花园,面积虽不大,结构殊巧,五卅惨案纪念碑矗立站旁,阅之令人触目惊心也。

五、车到泰安

车过曲阜,圣邑在望,未克下车行礼。午后二时到泰安,将行李什物寄存站长室,拟雇舆登山,因索值过奢,历久未决。余先至泰安饭店,放置箱笼零件,西谷等亦踵至,雇定轿八乘。为时已晏,肆中人有尾余等行者,吾人孑然一身,无所顾忌,决乃登山。轿名爬山虎,构造殊陋劣,中绑一藤椅,承以扁担,两人肩之横行,盖山势峻峭,阶坡逼仄,不得不尔也。上行颇费力,未数级,轿夫已汗涔涔下,张口作锯木声。意良不忍,余乃下轿步行,左顾右盼,山色水声,均足流遑,余无所苦,而轿夫则感念余不置也。沿途悬崖峭壁,古柏苍松,一丘一壑,无不画态极妍,天造地设,鬼斧神工,令人观叹止矣。历一天门、二天门,略为休息,途经斗姆宫,屋宇结构尚佳,落叶满阶,斜阳照窗,钟磬无声,空庭寂寞,有老尼出迎客,面目怆俗,同行中有道此间往事者,颇涉香艳。余不之信,恐系文人无行,掉笔弄墨所致。过登二天门,天已昏黑,藉星光略辨途径,村厩迎吠,居民探首出视,颇有讶色。此处峰回路转,山径颇坦,舆夫谓此地为快活三,然此亦不过比较平坦,并非康庄也。过此则山势愈上愈陡,每历十数级,即须一息,否则气促汗流,令人头昏目眩矣。八时三十分到南天门,月黑风高,寒威殊烈,俯视泰安,烟雾笼罩,灯火荧荧,宛如长江轮船之夜航也。时同人饥寒殊甚,道人张灯具食,为状颇谨,肴虽不丰,味则甘美,饥者易为食,岂信然耶?饭后围炉共话,庄谐百出,令人捧腹。炉火不温,衾冷似铁,支板作床,余与钦明共一榻,转侧不能成寐,风吹纸窗,呦呦作声,四壁萧然,一灯如豆,此景此情,令人殊难堪矣。明日拟观日出奇景,嘱道人请朝来唤。

六、登日观峰

十八日,星期一,晴。晨四时许,道人促余等起,张灯盥漱讫,即拾级前进。星月在天,冰雪在地,山高风烈,吹面如割,冒寒上街,登日观峰,张目四望,群山攒聚,若顶礼膜拜者然。文人□□□四时,霭然可观。泰山多石,质地极坚,为良好之建筑材料,松柏亦多为百年以上物,古趣盎然。玉皇顶侧新建一气象台,为状殊伟,尚未竣工。同人为避风威计,伫立墙下,注目东视,屏息以待,白云横空,宛如云海,未几彩霞万道,现于天际,以为日即出矣。历时炊许,仍无端倪,足冻至不可耐。继见紫光一抹,衬以蓝色,绚缦难以言状。一丸旭日,涌出地平,跳跃不定,光芒闪烁,变化无穷,不可逼视。曩读《桃源传》《泰山观日出记》,漠然无动于中,今则觉其字字逼真。事非目睹亲历者,不感若何兴趣,施教者当知所法矣。玉皇顶为全山之最高处,有屋数楹,将就倾圮,墙外有孔子小天下处,秦始皇没字碑,巍然矗立于旁,此君亦可谓阅尽沧桑矣。下山途中见碑碣甚多,无非文人题咏,附庸风雅而已。土人以山中所产枣进,谓食之可致长寿,余笑颔之。碧霞宫在玉皇顶下,屋宇结构尚不恶,为历代帝王封禅之所,南有铜碑二,高逾寻丈,春秋佳日,香火称盛。早餐后,略事摒当,作下山计,并购碑帖数事。南天门上,建一楼,登临远眺,千岩峻秀,万壑争流,极宇宙之壮观。门悬一联,略能道其仿佛。联云:"门辟九霄仰步三天胜迹,阶崇万级俯临千峰奇观。"由十八盘至南天门一段,山势壁立,谓为天梯,道旁凿石贯以铁索,登山者须攀缘以上,稍一失足,将不堪设想矣。昨夜经此,昏暗中未识此险,毫无所惧,迄今思之,犹心悸也。沿途经历名胜极多,唐槐、汉柏、秦松,随处皆是,舆夫口讲指划,津津乐道,吾人几于目不暇接矣。

归途至二天门,不循旧径,另由西山而下,山势亦形峻峭,景物倍觉清妍。双峰夹峙,一溪中流,巨石蹲伏,涧底现各种鸟兽形,龙骧虎腾,鸢飞鱼跃,离奇不可言状。黑龙潭瀑布尤脍炙人口,匹练高悬,下坠深渊,隐然作雷鸣,浪花四溅,水流湍急,较之云步桥所见瀑布,尤为雄伟。在昔游人,每以涉水寻幽,死于非命,今则长桥卧波,不劳褰裳,铁栏围绕,无处临涯,土人引水灌田,沟渠网布,地多砂碛,二麦发育,殊不旺也。沿途所见泉水,清冽见底,令人生"在山泉水清,出山泉水浊"之感。崖上多时贤摩刻,冯玉祥氏于涧底刻墨子《非攻》篇全文,字如斗大,其旁即为某中委所刻之《金刚经》"波多密多"等字样,□□之判,昭然若揭。余尝谓人不亏心,何必求佛。人果聪明正直,人且为神,佞佛何为?世之奸人,日惟争夺是务,杀人盈野,及其衰也,皈依佛门,藉赎前愆。佛倘有知,当不容若辈恶魔,涸迹其间也。西山绝少佛寺,为此游之最大快事。不然,僧人迎送,又多见几次势利面孔矣。途中时有小儿向客索钱,追随不舍,其母从旁指引,得钱则休,否则将作呷呷之消詈。若辈为乞讨世家,其所举动,既损观瞻,尤种恶因,亟盼当局予以取缔也。

　　冯玉祥氏自解兵柄后,在山筑室小住,短褐博带,生活一如常人,舆夫呼之为先生而不名,其受民众敬爱如此。途经一庙,庙额无存,屋顶洞穿,神像犹正襟危坐于凄风苦雨中挣扎图存,观状良苦。嗟呼,神且不能自救,而望其救人耶?

　　下山后,以时尚早,入肆小逛。泰安工商业不发达,仅有德成麦粉厂一所,民风朴实,遇人有礼。男子虽多不蓄发,女子则无不缠足也。土质硗瘠,出产不丰,民生殊形凋敝。倘能将泰山石,减低运费,售诸他埠,充建筑材料,有补于民生,当不鲜矣。午后二时许,平浦北上车到站,遂登车,并于站畔摄影数帧,以为纪念。

　　车行所见,山陵起伏,绝少河流。农民辟山治畦,成梯状,播种二麦,行次井然,非若吾苏之撒种也。

　　车上二等座位殊劣,远逊京沪车。腹饥,各进洋葱牛肉丝饭一盆,旨在果腹,其他概非所计也。五时许到济南,寓津浦宾馆,设备完善,取值尚廉。晚膳后,作书数通,分致亲友。皙吾、瘦梅诸兄来谈,夜深始去。室设水汀,温暖如春,夜梦酣适,连日疲劳,赖之恢复。

七、山东教育

　　十二月十九日,星期二。晨八时,余与西谷赴教厅,先事接洽参观地点,晤孔秘书及王、葛两科长等,略谈山东教育近况及施教方针,并蒙派郁君、瘦梅等为余等向导,至可感也。济南为吾旧游之地,曩曾一任山东省督学,为时虽暂,然厅中同仁,大都均旧相识,久别重逢,快慰可知。济南年来市政建设,颇著成绩，道路平坦，市容整齐，颇有近代大都会气象。牌文明鞋、老笃眼药、味之素等招纸，触目皆是，令人感喟不置。最奇者，济南日报用大号字揭橥华北五省三市组织防共自治委员会，定于本月二十日成立，并有其他不逮之消息。时距冀察政委会成立之期尚早，当局竟未予以取缔，孰谓中国人言论不自由耶？呜呼，余欲无言，夙闻连日有某国人来济，日以自治独立等事相絮聒，当局权筹利害，尚踌躇未决也。

非常时期教育设施的一种探试①

一、总述

近年以来,国家多故,民族危机,迫于眉睫。推其原因,固非一朝一夕,及局部设施之不良所由引起。然在教育立场上言之,以往之教育,亦应负有相当之责任。挽救之方,固应待多方之努力,然为应付目前万难时局,教育规章,亦何能一成不变?本校——栖霞乡师——爰本斯旨,多方探讨,除整个救国教育方案,俟由国家公布后,再行遵照办理外,兹先就可能范围以内,勉力设施,期于非常时期间,作些须贡献。故不揣简陋,用将设施情形,录供读者参考。谬误之处,自知难免,尚希读者多所指教,则幸甚矣。

二、训练类别

本校在此非常时期,对于教育方面,觉应注意下列之训练:(一)精神训练;(二)体格训练;(三)生产训练;(四)特殊技能训练;(五)社会活动训练。精神训练,可由教导部主持之;体格训练,可由体育导师、童子军教练主持之;生产训练,可由本校农场工场主任办理之;特殊技能训练,应设军事专科训练之;社会活动训练,可由学校推广部办理之。盖非有精神训练,不足以激发民族意识;非有体格训练,不足以担当大任;非有生产训练,不足以建设国家;非有特殊技能训练,不足以应付垂危之时局;非有社会活动训练,不足以领导民众。遵循四者以推行,或可稍补于万一。即不幸大难当前,此辈有训练之士,亦可效命于前方。兹将各项训练内容分述如下:

三、精神训练

精神训练,以本校教导部主持之,以激发民众意识为惟一目标,其主要设施

---

① 本文原载于《江苏教育》1936年第5卷第1、2期合刊。

如下：

（一）实行军事管理

本校学生教室、自修室、寝室、饭厅及各种团体活动，悉用中小队之编制，严密其组织，以养成军人精神，并采用军队礼节。此外又设置风纪值日生，协助教师，严密考察各生风纪，务使绝对服从，以期养成有用之士。

（二）举行升旗敬礼

本校特建大国旗一面，高耸天空，全校各处，均能仰望。每晨行升旗礼，除全校师生一体参加外，校工农夫亦均加入致敬，下午行降旗礼亦如之。升旗后，随唱厅颁之《救国歌》，高呼口号，以深植其国家观念及民族思想。

（三）举行时事报告

每晨升旗后，指定学生一人，向全体作时事报告，凡与民族意识有关者，特别提示之。每星期六日，更将本周要闻，如内政外交以及国际间之要事，用图画说明，张贴壁间特制之世界地图板上，使学生明了所处环境，知所警惕。

（四）举行精神训话

时事报告后，必举行精神训话，以养成其忠勇服务、勇敢爱国之精神。每日降旗时亦如法行之，用语简赅，寓意深长，为时约十余分钟。

（五）举行集合演讲

遇有纪念周、国耻或国庆等纪念日，必预约人员，讲演有关国耻、国仇之事实，及报告中国历史的光荣，及其他新兴国家复兴救亡之先例，以发扬民族精神。

（六）举行领袖谈话

遇必要时，举行各中小队长领袖谈话，使其领导全体学生，同归于善，并养成层层节制、身之使臂、臂之使指之习惯。

（七）举行个别谈话

除上述训练外，更不时传令学生至办公室作个别谈话，以考查其心性，指导其思想行为，以坚定其一切为民族的信念。

（八）订定性行标准

依据新生活规约，及非常时期之特殊之行动，订定考查标准，切实执行，以训练学生在非常时期内应有之规律生活。

（九）举行特种训练

如中小队长之特殊训练，集中学生之军事训练，择期举行，俾获有相当之军事经验。

（十）布置教育环境

本校各处环境布置概以民族意识为中心，如礼堂设横额，题有"忧劳兴国"四字，两壁间装有民族英雄照片十帧，片旁装民族运动标语又数十帧，教室外走廊，悬有童子军德日故事画十余帧，饭厅壁间又挂有文天祥《正气歌》写意大幅图画十余幅。总期激发民气意识，以期养成非常时期之有用人才耳。

四、精神训练之二

上述之精神训练，细别之，均属于普通学校训育部分者，至属于教务部分之精神训练，可有下列数种：

（一）确定各科教学中心

各科教学，仍照部颁《课程标准》及厅颁《教学进度表》，按序进行，未敢有所改动。惟使各科在其正常之教学过程中，特定民族意识，为教学中心。如国文科，注重发扬民族性之传记、论文、诗歌。历史科，注重本国历代之对外战争，国耻史略，及世界各国之亡国痛史。地理科，注重国防地带及租借、割让等地志。……均由各科担任教师，悉心研讨，提出要点，特殊指示。

（二）增加自由阅读时间

如上所述，各学科中，各有其特殊注意部分，此特殊部分之研究，有非教学时间内所能奏效，此需要自由阅读时间者。又以目前时局现状，现代论著，有研究之必要，坊间各种杂志、刊物，亦需特定时间阅读。本校基上原因，决定在本学期内，下午除体格锻炼课程外，其余时间改为"自由阅读"。阅读时间，学生仍一律到教室，由教师出席指导，备其咨询。增进活的知识，以补教科书中之不足；引起阅读杂志兴趣，一洗往昔死读书之流弊。至各生所读之刊物，悉由学校核定。读后，并作读书札记，以查明其心得若何。

（三）试行大段制教学

下午既不上课，则将所有课业，并入上午教学，其时间如何支配？换言之，即如何能符合部颁各科教学时间？解决此项问题，则有大段制教学之施行。

大段制教学施行方法，为每节八十分钟。每日上下午教学四节，合计有三百二十分钟。以六日计之，有一千九百二十分钟。以四十五分钟作为一课分配，已超过三十八小时。核与部颁标准，尚无不合。至大段制教学施行，可以节省浪费时间，以供自由阅读，已如上述。更能使学生于每节课内，无进退课室之频繁，有专心潜修之兴趣。

（四）限制学生阅读

鼓励学生课余阅读，前已定之，惟原有图书馆之书籍，凡思想颓废者，一律封存，禁止阅读，以严防颓废及不健全思想之发生。

（五）添设国防军事讲座

延聘军事专家，定期来校讲演关于航空、陆军、海军之知识，以唤起青年对于国防之认识。

（六）添辟国防教育参考室

关于国防用具、模型、图表、书籍，均逐项设法购买或搜集，辟室陈列，使学生加意研究，以为学习之印证。

（七）添设化学兵器研究会

除上课及自由阅读外，更设化学兵器研究会，由理化教师主持之。根据理化上之原理原则，分别说明战争上各种毒药。定期开会讨论，以增进其非常时期应有之知识。

（八）举行有关国防之各科常识测验

关于国防上之修养常识，无论其在课业室内、图书馆内、展览室内、研究会内所提供之知识，均定期加以测验，以引起学生之注意。

（九）举行有关国防研究成绩展览会

凡关于国防上各生之研究报告制作出品，定期加以展览，俾激发其爱国兴趣。

五、体格训练

体格训练，由体育教师、童子军教练、学校医师主持之，暂不设专部，以体育教师总其成。各种设施，述之如下：

（一）举行体格检查

按月举行一次，使学生明了本人身体之强弱，知所惕励，在学校方面，可以根据检查结果，施以特殊之训练。身体不及格者，实行停学或予退学处分，以免虚糜公帑，并使各生自知所锻炼。

（二）配合饮食养分

调查饮食材料之成分，配合每人应有之分量及食品，制定表格，按照使用。并间时采用干粮及冷食，以为非常时期之标准。

（三）检查学生清洁

凡学生用具、衣帽、被褥、鞋袜，均逐日加以检查。再以本校各处场所，向由全校学生担任洁除，并订期举行洁除比赛，以养成其良好卫生整齐之习惯。

（四）严行早操跑步

每日清晨，必全体上早操，并强迫跑步，例假星期概不间断。并规定每学期内远足两次，作露宿行军之举，以增进学生实际经验。

（五）督促国术练习

由校聘请专家，训练指导，并不时举行技击、角力等比赛，以养成学生尚武之精神。

（六）奖励特种技能练习

本校东倚栖霞山，西凭便民河，常有攀登、泅水、划船等练习，近则更购买自行车多辆，猎枪多支，奖励学生，按时练习。

（七）练习野外生活

仿效军人之打野操，到野外过生活，烹饪、露宿一并练习。每学期内，并举行大会操，请上级人员检阅，以鼓励学生锻炼之精神。

六、生产训练

学校为研究知识场所，应有军队之纪律，更应有工厂之生产，吴中委稚晖曾于中央纪念周中述及。本校主张，向亦同此。除训练学生获有应有之知识技能外，又注重国防与生产，前者所以养成学生自卫卫国之精神，后者乃所以养成学生自活活人之技术。自卫即所谓自保，自活即所谓自养。能保能养，而救亡建国，更可两补。故确定生产训练，亦为非常时期不可少之要件。

本校生产训练，分为两大部：曰农场，曰工场，各设管理员以司其事。每日下午，全体师生必前往工作八十分钟，未许任何例外。并严密考查其工作成绩，记其效能，俨如工厂之制度焉。

（一）工场部分之工作

内分木工、金工、藤工、竹工、泥水工、油漆工、石印工、铅印工、制衣工、制鞋工。每部设有技师指导全校师生前往服务，制订工作记录，严密考查其工作效能。一切统制，以养成非常时期内加紧产量之技术。

（二）农场部分之工作

内分水田、园圃、高地、山丘等部，每部厉行种植，使无尺土之荒地。所有整地、播种、中耕、灌溉、收获等事,均由师生共同工作。他如挖沟、做埂、挑粪、施肥、造林、樵柴、育苗、移植,亦随同分别工作。务期人必做工,工作必有相当之效能,发生最大产量,庶使大难临头,后方之给养,无缺乏之虞也。

七、特种技能训练

前述之两种训练:精神、体格——系由教导部与体育部将平时所设施之事项,确定中心,补充练习教材,已可藏事。换言之,即上项之训练,仍与平时学科有相当联络。其所悬之目标,仍不失为养成健全之国民而已。然当此国家垂危之秋,作战危机,一触即发,仅是上面之基本训练,恐仍不足以应付万难之目前。本校深觉当代之中等学生,应有相当之特种技能训练,庶一旦大难当前,不致手足无措。虽然,特种技能,应有多大范围?必练习至何种程度方能够用?诚属问题。以目前中等学校之设备、之经费、之师资、之时间,能否练习至若何成绩?亦殊难事前决定。但既为需要,必在实行,因噎废食,如何而可?既感需要,亦只能择其重要而实施之,至于利弊如何,而不必多所顾虑,将来实施后当可决定也。兹将理想中认为急需者,及事实上之易于举办者,略述数端于后:

(一)防卫技术方面:① 紧急集合的练习;② 防空的练习;③ 各种毒气避免方法的练习。

(二)救护技术方面:① 消防的练习;② 急救的练习;③ 巡察监护的练习;④ 救济难民的练习。

(三)军事工程技术方面:① 木工金工制作的练习;② 修路与筑路的练习;③ 照相技术的练习;④ 军事测量的练习;⑤ 架设电线的练习;⑥ 造桥的练习;⑦ 制造防毒面具的练习;⑧ 制造毒气的练习;⑨ 关于伪装战术的练习;⑩ 关于利用地形及各种隐蔽法的练习。

(四)战事救济技能方面:① 警戒的管制交通的练习;② 斥候传讯的练习;③ 防避子弹的练习;④ 侦察敌情的练习;⑤ 破坏交通的练习;⑥ 小队游击的练习。

(五)战事物品制造及运输技术方面:① 烧饭与做面包的练习;② 修理军用品的练习;③ 自由车驾驶的练习;④ 骑马的练习;⑤ 操舟的练习;⑥ 传递消息的练习;⑦ 搬运子弹的练习;⑧ 交通运输的练习。

(六)各项军事动作方面:① 登山的练习;② 游泳的练习;③ 跳水沟的练习;④ 障碍赛跑的练习;⑤ 武装赛跑的练习;⑥ 攀登的练习;⑦ 摔跤的练习;

⑧ 掷弹的练习；⑨ 击剑的练习；⑩ 野外露营的练习；⑪ 夜间行军的练习；⑫ 实弹射击的练习；⑬ 巷战的练习；⑭ 战地整理的练习。

八、社会活动训练

每一中等学生，能受以上各项之训练，庶于非常时期，勉能应付。然当此中国教育未发达时期，全国人民中之能受中等教育者，占数几何？其未受训练之人民，一旦临变，又将如何应付？此则不能不希望已受训练之中等学生，同时受有社会活动训练；抽出余暇到农村去，将国家当前之危机，慷慨陈述，将人民应行注意事项，缕晰陈明，庶几全国动员，步调齐整，复仇杀敌，万众一心。本校职司训练师资，毕业学生，应到农村服务。早设有推广部，从事校外之推广事业。此项社会活动，即由该部会同有关系之教师主持之。订有展览、表演等项，述如下面：

（一）讲演方面

1. 确定人民信仰心：① 服从政府一切命令；② 唤起国民自信力；③ 誓死不为敌人利用。

2. 指导人民遵守秩序：① 确实遵守各种管理号令；② 记牢各种警报信号；③ 主持镇静，注意各种避难方法；④ 协助政府维持地方秩序；⑤ 宣传时局真象，消弭谣言；⑥ 检举汉奸与间谍。

3. 督促人民注意生产：① 实行劳动服务；② 协助征募粮秣军用品；③ 农人工人加高生产；④ 商民不抬高市价，阻碍金融。

4. 指导人民注意救护：① 注意各种简单防毒消毒方法；② 注意危险物的处理；③ 贮藏各种易办之防毒品；④ 有互相救护精神；⑤ 救护难民及伤兵。

5. 坚定人民之爱国心与杀敌心：① 不泄露军情；② 不窝藏汉奸；③ 不做敌人向导；④ 设计摇撼敌人军心；⑤ 有誓志杀敌决心。

（二）展览方面

1. 定期展览各种有关国防之实物、模型、标本、图表等件；

2. 巡回展览（物品同上）。

（三）表演方面

1. 化装表演英雄故事；

2. 化装表演亡国痛史。

（四）指导民众方面

1. 协助训练壮丁；
2. 指导民众从军杀敌之光荣；
3. 指导保甲组织。

九、训练组织

　　以上各种训练，分由各部担任，由校长总其成。另设非常时期教育设计委员会，以担任设计改进之责。以各种设施，既无法规可凭，亦无成例参考；一切革创，时待修改也。

十、最后希望

　　本文第七节特殊技能训练章所订之各节，必有军事教师担任训练，似非未受专业训练之人员所能胜任者。乡村师范，以隶属初中阶段，仅设有童子军。查童子军训练，虽粗具训练规模，究与理想之军事训练，相差尚远。当此非常时期，有全国皆兵之趋势，乡师校学生年龄既长，又无升学受训之机会，且离校即为人师，不有军训，又何领导民众？故陈述之余，深愿乡师学校，即时增设军事训练，以完成非常时期教育之使命！

致贵阳师范学校师生书

朝惠主任、诸位老师、全体同学：

余自受命，到职月余，夙夜思忖，国难当头，教育兴邦，责任殊重。常思：乡村师范，宜在乡村；边疆师范，宜在边疆，且尤宜在土著同胞聚居之边远县，以培养大量人才，开发和建设山区之经济、文化，是为办学之宗旨。故而我校何须在贵阳省城之郊，况基地狭小，物价日涨，生活维艰，立身安命尚难，何言展事业之宏图耶？于是，不敢苟安，宁不辞辛劳．不远千里，独步黔南诸县，觅敬业乐群之所。因将学校大事，暂委诸公，谅事必井然，诸生无恙，是幸！兹为解校中悬念之情，并致书慰问之心，喜讯相告，望勿为念。

余离青岩，取道于筑，乘车南行，至都匀，越山道，过大登山、二登山、三登山，颇有蜀道固难，而黔道亦难之感。但登高一层，自有高一层之景观和情趣，虽缺临海泰山之风韵，却别有内陆高山之俊美，或雾海茫茫，雪浪滔滔，时隐时现；或青天娇娇，田光灿灿，好一个云雾山，美不胜收。步步程程，翻越山岭，至八寨，抵三合，得见榕树，根叶繁茂，郁郁苍苍，格外喜人，亦多南国风光之新味。至此取水路，乘小舟，时而飘浮于河水悠悠之中，时而舟行于急流险滩之上，船家打招呼，不用怕，坐稳就行，余亦心安。然而，人在都柳江，心却在校，但愿此行成功，则余愿足矣。故乘舟颇多潇洒自如，也多惊心动魄。然两岸风光，亦美如画，不由得想起李白诗章："朝辞白帝彩云间，千里江陵一日还。两岸猿声啼不住，轻舟已过万重山。"行程三日许，船抵目的地——榕江，此即昔日古州城。停留数日，复去黎平，得游何腾蛟古墓地，仰忠魂气节之高尚。到此二地，四处走访，说明择址办学之来意，申述树人育才之大义，两地父老欣然欢迎，悉表热忱支持之情。余深受感动于心，思以事业为重，学校利益为先，细加比较，权衡优势，论天时、地利、人和，黎榕皆善，但如经贸交通，可作校舍屋宇、劳动生产基地而言，则榕城较佳。故拟定榕江为校本部所在，再办一分校于黎平，以求两全其美。是为择址办学之倾向，亦为实地勘察，附告沿途旅行、赏咏风光之所得，愿共享之。

斯榕城之地，航运畅通广西，经济商业活跃，物价远比青岩低廉，人民富裕，民情纯朴，生活勿忧。气候尤佳，得天独厚，无冬寒只有春，虽在十月，"红杏枝头春意闹"。论地理位置、自然环境，皆为好地方。她地处三江（都江、平江、车江）汇合处，依山傍水，三面环江，背靠俊秀西山，面对优美五榕，左有车江大坝谷仓，右有都柳下游村寨田园，土著同胞聚居地，榕树苍翠榕城美。河滨商埠，繁华似锦。人文风物，历史有名古州城。此地城乡父老，热情欢迎我们来此办学，发展文化教育，且商定划拨全城地域之一半，良田百余亩，荒山二十万余亩，作兴业之基地；又划出中心小学、三义宫、中山公园及有关会馆、公祠多处，为校舍住宅用房。如斯办学胜地，优异至佳，故决定将我校南迁于此，新开天地，另辟美好教育环境。愿我全体师生，为摆脱困境、追求理想、开拓前程、恢宏志气、展鸿鹄高翔羽翼，作有胆识之创举；立十年树木、百年树人之大计，为智勇双全、手脑并用、就业之好汉，建成学校教学理想之园地。密望所期，众志成城。临书情意殷殷，切切命笔，不知所云，区区赤胆，尚盼多加体谅。

元月中旬，余可返贵阳，校址勘定，待上报允准。迁搬之事，回校再作周密计议。目前，切盼安心，事事顺利，学期结束，取得圆满成绩，是为预祝。专此，向老师问安！同学问好！

黄质夫
十二. 廿于榕江

初到榕江生活近况^①
——致付况麟学长信^②

况麟吾兄大鉴：

航示敬悉，奖饰逾恒，益增惭恧。弟唯有尽忠职守，以期无负国家，无负兄等。汇款寄蓉后，以投递无着，退回，刻已改由邮汇。内子及儿辈，于三月中由铜仁来榕，旅怀得以稍慰。寇气未靖，东归有待，一念及高堂衰亲，战区稚子（三、四两儿未及携出），则不禁肝肠寸断矣。榕江地处边疆，群山屏峙，三江萦流，土质肥沃，甲于黔省。居民不讲卫生，过去死亡踵接。内地人士，目为烟瘴之乡，相戒裹足不前。究其实，稍稍注意饮食起居，则百病自无。国人喜以耳代目，类此之事正多，可笑可怜。

专复，顺颂著绥！

弟　黄质夫　谨启
七·一〇

---

① 本函以《黄质夫函述近况》为题，原载于《国立南高东大中大毕业同学总会会刊》1940 年第 28 期。编者按语云："黄质夫同学，顷由贵州榕江来函，述近况甚佳。"

② 付况麟，时任国立南京高师、东南大学暨中央大学同学会会长。

实践的师范教育

国民教育为国家命脉所系,而师范教育乃为国民教育之母,国民教育之能否普及与能否达到预期之效果,应视师范教育为枢纽。盖以国民教育之推行,须有适量之师资,而优良师资之造就,则有赖于师范教育之培养。我国数十年来提倡师范教育之结果,不能尽满人意之处颇多,抗战以来,其缺点更形显露,无论在制度、课程、教学等各种设施,皆有重行调整之必要,而目前迫切之图,当以待遇之改善、事业精神之养成、生产技能之训练、教学课程之改变四者为最。爰就管见所及,略述如后:

一、改善待遇

年来师范学校招考学生,常寥寥无几,原有在学之学生,亦多纷纷请求退学者。以贵州省而论,二十七年全省师范学校为47级,学生1 685人,二十八年为46级,学生1 557人,二十九年为42级,学生1 244人,其中学校有每级平均15人者。历年师范学校经费,虽逐次激增,而学级及学生数,反有逐渐减少之趋势,此种现象,不仅贵州一省如此,全国各省大都皆然,是不可不谓为师范教育前途之危机。国民教育之实施,中央早已限期完成,贵州省已遵照部颁国民教育实施纲领,分三期五年实施。据二十八年统计,全省小学教员数8 928人,其中合格者仅3 000余人,而依照计划所需中心学校及国民学校之师资,则为36 996人,即将原有不合格之教师,皆以代用教员计算,尚缺少28 000人之多,师资需要之迫切,概可想见。虽然设立短期师资训练班,可应一时之急,但国民教育师资,决非粗制滥造可臻理想,治本之法,自在造就巨额之师范毕业生。查目前师范生来源枯竭之主因,乃由于师范生升学就业皆有种种限制,在学待遇既未能优异于一般中等学校几何,加以抗战以后,国家各部门需才孔亟,即贩夫走卒终日收入亦远胜之,待遇均较小学教师为优,服务小学教育,又难免冻馁之处;一般青年,计虑将来出路,因皆望而却步,以是酿成今日国民教育师资之恐慌状态。救济之法,自莫善于改进师范生之待遇,以鼓励青年升学师范,提高国民教师之薪给,奖励师范生乐于服务教育。八中全会曾通过各省切实改善师范生待遇,除由政府供膳食及免交一切费用外,所有书籍、制服、文具、被褥、鞋袜及零用等费,应全部由政府供给,入校以前,发给到校旅费,毕业分配服务发给到达地旅费。现中央已根据此案,拨款千万元,专用改善师范生待遇之用,如设置清寒奖学金,供给膳食补助、制服补助,充实图书仪器设备,推进师范教育运动等,已一一见诸实行,是诚为今后师范教育之转机。唯年来经费虽有增加,而终不及物价上涨,致各省县师范学校学生之待遇,距离标准甚远,优待小学教师办法,各县亦多不能切实执行,故今日师范生与小学教师待遇之改善,为急不可缓之事实。但此已不在政府法令如何规定,乃在各地方行政机关如何切实执行。在此非常时期,吾人生活固不应存何奢望,但最低限度之物质条件,必须维持,深望当局,注意及之。

二、提高事业精神

教师荒及师范生寥落情形,已为现在普遍现象,形成此种事实,物质条件不足,固有以致之,但教师专业精神之衰退,实亦不可忽视。试观耶稣教徒传播教义,甘受艰苦、不避危险、乐于牺牲之精神,远优于一般教师,盖一则未具有中心之信仰,一则缺乏健全的人生观。人类生活,必须具一中心思想,对于人生的目的与价值认识清楚,从事一生事业,遂不致见异思迁。我国古时,以"师"与"天地君亲"并重,贵州人民至今居室厅堂,犹悬挂"天地君亲师"之名位,朝晚馨香祷祝,尊师重教可以想见,故往昔一般小学教师,皆以教育为清高事业,虽说窘苦,犹乐于服务。降至近世,功利主义盛行,学校教育渐趋于商业化,甚至教员为薪俸而教书,学生为文凭而入学,聘之即来,辞之即去,师道因以日衰,教育事业乃渐为人所轻视。吾人今后必须力矫此种错误。一方面政府须移风易俗,提倡师道,使社会上恢复尊师重道之美德,以树教师之自尊心,重其责任,有所慰藉。一方面师范学校应注重学生专业精神之训练,培养其终身乐于从事教育之旨趣,确认教育为清高神圣之事业,养成淡泊自甘、刻苦自励、穷且益坚、奋斗不懈之精神,则今日教育界之不良现象,当可消弭。

三、变更教学课程

自县各级组织纲要公布以后,全国各省已纷纷限期实行,此种划时代的政治变革,已使小学教师之任务,十倍于往昔。依照县各级组织纲要之规定,自乡镇以至保甲之基层组织中,乃至采取三位一体制,将乡镇一级之乡镇长,中心学校校长,壮丁队长,及保一级之保长,国民学校校长,保壮丁队长之职,定为一人兼任,其乡镇保之警卫、经济、文化、卫生等建设事业之执行,亦由小学教师负责分担。国民教育委员会,曾又决定以乡镇中心学校与保国民学校校长充任乡镇长及保长,而不以原来之乡镇长与保长兼任校长。此在发达之地,固可专任为原则,但依目前地方行政干部人才缺乏之情形而论,所有组训民众,实行自治之使命,仍应以小学为中心,故今日之师范生,将来不仅成为培养现代儿童健全之师资,更须进而担当地方自治之职务,训导全民之导师,故师范生在校之训练,必须适合此种之要求。最近师范及简师已增设地方自治一科,师范学生并得选习地方行政,但仅增此科,实嫌不足,且中心学校国民学校之教育,已将义务教育、成人教育、妇女教育打成一片,今后师范学校之课程,必须重新调整,淘汰不必要之教材,增加需要之教材,如民众教育、民众组织训练等,能合并之科目应尽量合并,以免互相重复,使获得"管教养卫"实际经验。附属小学须增设妇女班及成人班,视各校能力范围,划拨一二乡镇为国民教育实验区,一方面实验国民教育,一方面供师范生之实习,使理论与实际得相配合。

四、注重生产训练

近年以来,提倡生产教育思潮,甚嚣尘上,国内人士已咸认生产劳动训练为今日教育之要举。教育部且指拨巨款,以为推进生产教育之补助,但各级学校施行著有成绩者,尚属罕见,抗战军兴,国家军费支用浩繁,财政万分窘困,岁出经费,除有关国防军事者外,莫不极力撙节,然教育经费却每有激增。良以教育为国家百年根本大计,影响抗战建国至深且巨,不容稍或忽视,唯胜利愈近,艰苦亦愈甚,未来之情况,或有更甚于今日者,吾人固望政府能排除万难,提高待遇,然是否能长久维持此种优厚待遇,实属疑问。故今日之教育界,皆应求自力更生,师范学校尤宜力求自给自足,以期安度未来之难关,吾人丢去其他理论不谈,即此一端亦宜注重生产劳动之训练,培养师范生双手万能之技艺,以解决其现在及未来之问题,实属刻不容缓。生产劳动训练总之方法甚多,除去农工艺之实施外,举凡校内炊事,杂务,文书,教导等事务,皆可以训练学生助理,藉以减少雇用工役职员之经费。贵州地广人稀,荒山隙地,随处皆是,学校人力众多,吾人应善为利用,从事农林畜牧及其他生产事业,进而改进社会生产,则生产教育目的,不难提早实现。

总之，今日之师范教育，必须适合抗战建国之需要，提高待遇，训练事业精神，调整课程，注重生产教育，乃为今日师范教育最重要之事。欲求师范生来源充沛，并使毕业后不致改业，以救济今日之师荒，则必须提高师范生在学及服务期间之待遇，使其不为物质生活所困扰，同时更须提倡尊师重道之风尚，训练师范生敬业之旨趣，方克有济。欲求师范教育配合政治之要求，则必须调整现行师范学校之课程，使教学理论与实际情况相适应，力求自力更生，注重生产劳动训练，并达到自给自足之目标。总理云："我们要实践行的教育。"今日教育已不能再事空谈，窃以今日师范教育努力之途径，当以实践为要务，一切高谈阔论，都应摒弃诸师范教育范畴之外。质诸先进贤达，以为如何。

卅一年　于国立贵州师范学校

自　传①

　　一八九六年的春天,在扬子江边一个小小的市镇——仪征十二圩诞生了我。当时父亲是一个贫农,自耕了七亩半田地,家中食指浩繁,常感到入不敷出,母亲和我以及两个弟弟一个妹妹,全体参加了劳动生产,在农闲时还做些小买卖,贴补家中零用。那时的家境渐渐的好转,父亲送我到小学去读书,读完了五年初等小学和四年高小,每试名列前茅。辛亥革命后,考入了江苏省立第五师范学校,入学考试和毕业成绩均列第一名,深为师友所器重。毕业后,留在母校附属小学服务两年,一九一九年考入国立南京高等师范学校,农科肄业后更名国立东南大学,读完了农艺系课程。一九二四年出任江苏省立界首乡师校长三年,栖霞乡师校长三年,一九三零年在中央大学农学院推广处工作一年,一九三一年任浙江省立湘湖师范校长半年,"一·二八事变"后中止回苏,续任栖霞乡村师范校长,直至抗战军兴,苏省沦陷时为止。这些学校都富有革命性的,当时颇获得各界好评,毕业生参加革命工作者不下千人,颇多知名之士。流亡期间在汉口任战时员生收容所所长,旋入黔任国立贵州中学校务委员兼高中部主任半年,到湘任湖南农业改进所技师兼榆树湾工作站主任,沅芷垦区办事处主任,抚辑流亡,增加生产,当时难民赖以存活者很多。贵州教育厅一再电邀我去长贵州省立贵阳乡村师范学校,旋改为国立贵州师范学校,迁校贵州东南角榕江,专收苗胞子弟,学生数达一千四百多人,实行半耕半读,达到全校自给自足。教学方面,主张教学做合一,做什么,学什么,教什么;生活方面,提倡以教人者教己,育己者育人,树立艰苦朴素的作风,至今为黔南人士所称道。

　　胜利后,入苏建设厅任技正兼江苏省会经济农场场长,勘察沿江沙洲,计划开垦增产,颇多建树。一九四七年入农林部棉产改进处任技正,兼总务组主任、金陵植棉指导所主任,勤勤恳恳,未常稍懈。解放前后,留守乡间,亘八月之久,使公家财产物资丝毫未受损失。今奉调华中南区工作,本应遵命前往,徒以老

---

① 本文写于1949年,时供职于江苏省农林厅。

母年逾八旬,子女七人,又均弱小,携同远行,则势不可能,留置此间,则乏人照顾。全家十口纯靠薪给为生,以是进退,深感狼狈,宜于宁沪线附近,觅一适当工作,为人民服务。我的优点是负责任,肯吃苦,做事有步骤,有计划,不敷衍,不苟且,能任重致远;缺点是赋性憨直,不畏强御,以是常为豪霸所中伤。服务教育界二十余年,农林界六年,对于生产劳动,提倡不遗余力。解放后,经数月学习,思想行动方面,较前更进一步。

恭请入山共话桑麻
——致孙伯亮信①

伯公春间杖履遥临，迄今全家认为近年罕有盛举，惟为时过促，匆匆来去，未能多聆教益，殊以为憾。时光易逝，瞬届深秋，山枫流丹，黄菊傲荣，又是一番景象矣！今年虽遭遇空前伏旱，由于辛勤浇灌，仍获喜庆丰收，芝麻、绿豆、青菜、萝卜依然满仓盈筐。值此江蟹初肥，晚藕味腴，山村风趣迥异城市，特肃函尊前，拟恳拨冗，偕大舅母，命驾入山，作数日盘桓，不仅欢然道故，还可共话桑麻，并消去日苦多，来日苦少。一回相见一回老，正宜行乐及时，谅有同感，千祈勿却是幸！何时首途，请预为函示，俾可趋站恭迎。专肃，恭请秋安！

黄质夫　重阳前夕

---

① 孙伯亮(1903—1988)，字晴梅，号雪檐，江苏无锡人，曾任《新无锡报》副刊主编，著有《黄山游记》《扬州游记》等，晚年常为《无锡文史资料》撰述文章。

诗歌

栖霞乡师校歌①

栖霞山在旁边,
扬子江在面前,
首都首善,
我们的责任先。
耐得千锤百炼,
才能任重致远。
做不完,
学不厌,
教不倦,
救百万村庄的穷,
化万万农民的愚,
争整个民族的脸。
好青年,
着先鞭,
新中华,
就实现。
栖霞山在旁边,
扬子江在面前,
首都首善,
我们的责任先。

---

① 歌词由黄质夫、任中敏合写,敖克成作曲。

国立贵州师范校歌[1]

南岭高峰在旁边，
粤江源头在前面，
朝晖夕映，
气象万千。
披荆斩棘，
吾校基础奠，
树人树木，
且耕且读，
教育上新贡献。
边地拓展，
我们的责任先。
耐得千锤百炼，
才能任重致远。
做不完，
学不厌，
教不倦，
救百万村寨的穷，
化万万工农的愚，
争整个民族的脸。
好青年，
着先鞭，
新中华，
就实现。

---

[1] 校歌由黄质夫作词，敖克成作曲。

我是师范生[1]

我是师范生,
热血满腔,
做人做事,
至大至刚,
丝毫无愧俯仰。
学有专长,
当仁不让,
献身教育,
造福边疆,
唤起民众我担当。
看他日,
国富民强,
赫赫英雄我手创。
桃李满园,
宿志得偿,
我心真欢畅!
我心真欢畅!

---

[1] 黄质夫作词,敖克成作曲。

学生劳动歌

我们是不怕苦，
没有难，
自己事自己干。
嗨哟嗨，嗨哟嗨，
铜筋铁骨仗锻炼，
荷锄弄斧成习惯，
衣食住行靠流汗，
抗战建国一肩担。
四体勤，
五谷分，
士人作风今改换；
自私自利，
苟且敷衍，
压根铲；
自给自足，
做个顶天立地的男子汉。

尊师重道歌

巍巍吾师，
安贫乐道，
授业解惑心情饶。
暮暮朝朝，
舌疲唇焦，
严父慈母恩同天高。
文化赖指导，
品德赖敦陶，
不厌不倦，
任劳任怨，
身心憔悴为吾曹。
饮水思源，
有德必报，
严父慈母恩同天高。

劳动建校歌

要享乐,
先流汗。
教育即生活,
生活要生产。
春耕秋收仓廪满,
弦歌一堂乐洋洋。
衣食住行,
师生分工合作干;
管教养卫,
我们同学都能担。
扛起了镰刀锄头,
拿起了笔杆枪杆,
建设自己,
建设国师,
建设边疆,
保卫大西南。

(用《保卫黄河》曲)

国师学生怎样

我们是不怕苦,
能实干,
负责任,
守纪律,
明礼义,
知廉耻,
不消极,
不苟安,
埋头苦干,
努力向上,
能工,能农,
能教学,能生产,
在后方,能保安,
上前线,能作战。
我们有万能的双手,
负重的双肩,
热血满胸膛,
现在下了最大决心来开发边疆!

榕江好

云山万叠，
三江绕，
民风淳朴，
物产富饶，
勤耕织，
业渔樵，
仰事俯蓄，
堪温饱。
国师校，
广施教，
无量青年受甄陶；
明礼义，
知廉耻，
精神早改造；
负责任，
守纪律，
刻苦又耐劳。
地灵人杰，
蔚起贤豪，
壮志凌云，
学艺超。
瞧！
苗岭春晓，
柳江波涛，
榕树苍茫，
榕江好！
榕江好！

贵州好

贵州高居大后方，
天时地利样样强。
山多好造林，
雨多宜垦荒，
只要肯辛勤，
不游荡，
自然会桑麻遍野，
稻谷满仓。
抗日有军粮，
建国有栋梁，
农林牧渔齐兴旺，
交通在变样。
金汞铜铁样样有，
还有铝锌无限量，
大力兴教育人才，
兴家富国定居上。

愧不如牛①

功高不居，
劳而无怨，
生前享受无多，
死后捐躯为人。

---

① 据贵州国立师范学校学生陈若尘回忆，《群牛图》为该校某美术教师所作，当时校中师生把黄质夫先生比作"固执的牛"，黄质夫曾自谦地说："把我比作牛，自愧不如。"见陈若尘《牛——黄质夫先生二三事》，载《江苏文史资料》第54辑。

附录

回忆在江苏界首乡师的生活[1]

古 楳

"我从乡村来,应回乡村去。"回乡村去干什么？我却未曾深深的想过。自从民国十二年研究乡村教育发生兴趣后,我才想到回乡村去的时期、方策、目的等等。十四年回到东大,选习功课不多,我尤有余暇注意这个问题。记得有一天早饭后,和晓晚、益棠、沛成诸同学谈到乡村教育问题,大家都很高兴的想下乡考察实际状况,于是大家相约,自动组织乡村教育考察团,赴江苏境内各乡村考察。所有旅费,由各人自筹。

在民国十四年春,江苏境内的乡村教育机关,徐公桥还没有产生,晓庄师范也没有萌芽,无锡教育学院更没有胚胎,我们容易去考察参观的,只有燕子矶小学、栖霞山四师分校、洛社三师分校、吴江一师分校、黄渡二师分校和界首五师分校,因此,我们考察团也就以这几处为目的地……

在五师分校参观所得印象最深的,就是学生的做工,简直和劳动工人一样的努力,一样的成绩。当时我很赞赏他们,而主任黄君即约我到这里来一齐干。

考察回来,大家都觉得领略了许多见识……这一次下乡考察,虽没有写出报告,到底也是一种准备,暑假后到乡村工作,实有很多的帮助。十四年暑假后,我是实行下乡运动了。在未出发之前,还有一段值得回忆的事,就是我怎样会到界首五师农村分校去的呢？原来我在南高东大的时候,对于乡村教育颇有兴趣,同学都知道的;暑假前下乡考察,更引起界首五师分校主任黄君的注意。暑假将届,他果然实践前言,要聘我到界首去和他一齐干乡村教育的工作。并且他以为他是学农业的,我是学乡村教育的,乡村教育如不与农业携手共进,都

---

[1] 本文摘自古楳《三十五年的回忆——下乡运动》,题目为编者所加,原文藏于南京大学图书馆。古楳1925年夏从国立东南大学教育科毕业,应黄质夫之聘,到江苏省立第五师范界首分校工作,一年后离校。

不很好,所以他一定要我去帮忙。恰好济南山东一师也办农村分校,托同学代聘,两方面都有同学关系,所不同地分南北,五师分校的薪俸不及山东一师的高,何去何从,颇难裁决。和同学商量结果,我终于到界首五师分校去了。

我到界首五师分校是担任学行指导,实际是教务主任兼训育,此外还要担任教育功课,所以弄得很忙,往往到十一二点钟才睡觉,幸得主任黄君精明强干,诸事均能亲身参与,故未曾遇着极大困难。校舍是新建筑的,在运河之旁,学生三班,人数不多,刚好合用,校中有相当农田菜地,足供学生实习耕种之用。学生工作,极为认真,举凡耕作、肩挑、洒扫、洗涤、炊事、抬水、运砖……无不切实的做,所谓劳动教育,确能名副其实。课程没有标新立异,但能切实施行,也有相当成效。学校所在的环境,除界首镇的商店外,周围都是农田农户,不过很有点贫穷的样子。

学校教育宗旨是"养成适于农村生活之小学教师,指导农村教育,改进农村社会"。我们训练学生的方法,除了"身教"和"同情"外,更无其他,我们觉得"以身教者从",是一个很好的训育原则,再加以真挚的同情,青年学生更如影随身,没有不顺利进行的。我们与学生同甘苦,大家都在同一个饭堂里吃饭,先生可以添菜,学生也可以添菜,要学生洒扫,大家都要拿笤帚、畚箕、抹布,学生扫不干净,先生再扫一次,要学生到农家做推广工作,先生尤要率领他们同行……这一切一切试行下来,觉得很有成效。

十四年的时候,实行"纪念周"的办法,还没有在江苏各地推行,却是在界首五师分校已经举行了。作为团体训练的一个机会,这"周会"是每星期一早晨六时举行,若冬季天尚未大亮,我们就集合在操场上,先唱校歌,后向国旗行礼,师生互行一鞠躬相见礼,礼毕,由主任报告,由我们训话。我的训话不讲为圣为贤高深莫测的道理,只就日常生活所见的事物,说明其意义,分解其关系,教学生晓得在社会生活中如何去处置,营谋合理的生活,互助合作和斗争的道理。

中国的师范学校向来都设在城里,所以培养出来的学生,不适合于乡村生活,指导乡村教育,改进乡村社会,更无论矣。民国十一二年,江苏几个省立师范创设农村分校,要算中国师范教育的转机,不过当时事属草创,一切办法均无成例可援,到民国十四年还是各行其是,没有共同标准。分校同人有见于此,乃组织江苏省立师范农村分校联合会,想来议定设施标准。当时我在界首五师分校服务,也曾参与其事,记得我还拟有农村师范教育方针草案、课程纲要、设备标准等草案,提交联合会大会讨论。当时陶知行先生看见联合会如此努力,认为于中国师范教育颇有关系,且在《新教育评论》第一卷第六期上发表一篇《师范教育下乡运动》赞美联合会的工作。唯我读了陶先生的文章,觉得他没有说出师范教育如何下乡,心犹不满,随即写成一篇《师范教育应如何下乡运动?》,借《国家与教育》第二十一期发表。此事现隔八九年,中国乡村师范已有新的途径,且进展甚速,从前所见所想,当然成了陈迹,没有什么保存的价值了。

学校开放,让社会人士都得自由来观赏、领教,原是很合理的。推广教育,必须先把学校的竹篱围墙拆散,学校和社会打成一片,然后才是真正的教育。

教育的对象,原不限于校内的学生,也不限于校外的工人和农夫,这才是尽了我们教育的能事。想到这层,我们在界首五师分校,也曾在膳堂内办过平民夜校,由同学担任教学,困难问题虽多,成绩虽不见佳,到底他们也能认识若干字,会写简单的便条、账簿……记得毕业照相的时候,我们还叫六十多岁的校工孙贵坐在正中间,表示敬老的意思哩!

我们不仅在校内施教,并且常到农家去观察、访问、讲演、宣传、劝学,所涉及的问题,或是卫生,或是农事,或是教育,或是时事政治,深入浅出的方法,尤为主任黄君的特长,因此,农民极乐意和他谈话。

五师分校有特殊的精神,就是脚踏实地,不务虚名。因为大家都保持着这种精神,所以凡超越空间时间性的活,超越人力财力范围的事业,都不肯轻易去干,而只就各人本务上努力。我在这样环境中,自然不是例外。

待至暑假考试完毕,我引退之心已决,而学校仍再三劝挽,挽留无效,我离开了界首五师分校。

南京栖霞乡村师范主要规约

一、南京中学乡师科"栖霞新村"组织大纲[①]

第一条 本村由中央大学区立南京中学乡村师范科全体师生共同组织之，一切设施力求为新的农村化，以实现吾人理想中之新农村，故定名为"栖霞新村"。

第二条 本村设村长一人，由本科主任任之，统治全村行政事宜。另设村副一人，佐治一切，由全体村民公举三人，经村长呈请村政监导委员会选任之。

第三条 本村设有村政监导委员会，由本科教职员互选七人任之，其组织法另详。

第四条 本村村政局，于不抵触本科各项规程范围内，村长得发通告或村令，自订各项办事细则或规程，但事情重大者，须呈由村政监导委员会及科务会议核准后，方可施行。

第五条 村政局设总务、财政、教育、建设、公安、推广六股，各股设正副股长各一人，由村民公举。各股股长禀承村长分掌本村各项公共事务，另设秘书四人，辅助村长掌理关于布告、记录、文牍等事务。

一、总务股——分设集会、膳食、书牍、事务四委员会，掌理本村集会、膳食、书牍（不属于秘书职务范围者）及其他不属于各股之事项（组织法另详）。

二、财政股——分设经济、稽核、商业三委员会，掌理本村经济之出纳及编制预算、决算、审查账目及其他商业各事项（组织法另详）。

三、教育股——分设图书、游艺两委员会，及各种学术研究会，掌理本村图书，并提倡村民正当娱乐及从事各种学术之研究（组织法另详）。

四、建设股——分设工程、村景、农事三委员会，掌理本村建筑修缮工程、校景布置、农事经营及其他一切建设事项（组织法另详）。

五、公安股——分设风纪、卫生、消防三委员会，掌理本村风纪、卫生及消防

---

① 本文原载于栖霞乡师编《栖霞新村》半月刊1929年4月第13期。

等事项(组织法另详)。

六、推广股——分设交际、出版、村政、统计、民教五委员会，掌理本村交际、出版、村政、统计及民众教育各事项(组织法另详)。

第六条 各委员会得依事务之繁简设委员二人或三人，由各股股长呈请村长选任之，商承各股股长办理各该委员会应办事项。

第七条 各委员会对于其直辖之各机关得拟定干事若干人，呈由股长转请村长选任之。

第八条 各委员会对于其直辖之各机关办事人员负有监督指导之责。

兹将各委员会直辖之机关分列如下：

一、总务股

甲、书牍委员会——缮写组、文牍组

乙、事务委员会——浴室、洗衣室、理发室、清洁用具室、其他

丙、膳食委员会——材料保管组、炊事料理组、经济出纳组、饮料管理组、豆汁公司

丁、集会委员会——公共演讲组

二、财经股

甲、经济委员会

乙、稽核委员会

丙、商业委员会——栖霞商店、栖霞储蓄处

三、教育股

甲、图书委员会——村民图书馆

乙、学术研究会——音乐研究会、民生研究会、教育研究会、农事研究会、演说竞进会、自然研究会(理化组、生物组)、数学研究会、美术研究会(工艺组、绘画组)、摄影研究会(栖霞照相馆)、体育研究会(小学游艺教材、各种球组、田径赛组、国技组、舞蹈组)、文艺研究会(会文组、习字比赛组、新文学研究组、诗词研究组)、社会研究会(历史研究组、地理研究组、法制经济研究组)、党义研究会、医药卫生研究会、童子军研究会

丙、游艺委员会——乒乓组、戏剧组、影戏组、魔术组、音乐组、弈棋组

四、建设股

甲、农事委员会——蚕业组(蚕业指导所)、园艺组(温室)、农艺组(农业指导所)、森林组(栖霞村有林)、畜牧组(动物园)、庶务组

乙、村景委员会——栖霞公园、室内布置组、室外布置组

丙、工程委员会——建筑组、修缮组、栖霞工场

五、公安股

甲、卫生委员会——宣传组、检查组、执行组、指导组

乙、风纪委员会——总务组、级务组、斋务组、舍务组、公安组

丙、消防委员会——消防队

六、推广股

甲、民教委员会——民众夜校（成人班、妇女班、儿童班）、民众剧场、识字运动组、民众娱乐组、村民问字处、村民代笔处、农民教育馆、民众体育场、民众茶园、民众合作社、民众周报社、民众画报社、流动书报社

乙、统计委员会——生产统计组、人口统计组、教育统计组

丙、村政改进会——友农社（附设民众阅报处）、农忙托儿所、种苗交换所、农村妇女会、农村互助会、农村老人会、农村儿童会、农村合作指导会、农村卫生指导所、农余副业指导所、职业介绍所、农村医院、通俗演讲社、标语制订处

丁、出版委员会——栖霞半月刊社、乡教丛刊编辑所、栖霞通信社

戊、交际委员会——栖霞旅社、栖霞代办膳食所

第九条　村长对于各股股长认为不称职时，得呈请村政监导委员会撤换之，其余各机关服务人员得迳以村令分别奖惩之（奖惩规程另订之）。

第十条　各股及各种学术研究会得由村长聘任本科职教员一人至三人指导之。

第十一条　凡设有指导员之各股股长及各种学术研究会干事处理各该股及各该会事务时，须受各该股及各该会指导员之指导。

第十二条　村政局除村长外，各股股长、各委员会委员及各机关职员，均任期半年，连选得连任。

第十三条　村长因事缺席时，由村副代理。

第十四条　村政局于每周土曜午后由村长召集各股股长开村政会议一次，磋商一切进行事宜。会议时由村长主席（会议规程另订）。

第十五条　本村经费有下列数项：

一、学校补助金

二、村民捐

三、本村各种营业盈余所得

四、罚金及其他

五、校外人捐款

第十六条 本村各机关职员均由村民分任之,凡被选或被委任为各机关职员者,非有下列事由之一者,不得藉故规避,亦不得在任期内告退。

一、中途退学者

二、常因疾病请假者

三、连任至三次以上者

四、其他事由经村政会议核准者

第十七条 村长因讨论全村兴革事项,得召集村民会议,会议时由村长主席(会议方法另订之)。

第十八条 本组织大纲经村政监导委员会及科务会议核准后施行。

第十九条 本组织大纲如有未尽善事宜,得向村政监导委员会及科务会议提出修改之。

二、南京中学乡师科"栖霞新村"村民信条[①]

一、我们相信:一个好人,不但把一家弄得好,还要把一乡弄得好。

二、我们相信:滴自己的汗,吃自己的饭,是无上的光荣。

三、我们相信:随时随地肯帮助人,是赛过烧香拜佛。

四、我们相信:读书识字,是有无限的好处。

五、我们相信:耕种田地,用人力可以胜过天灾。

六、我们相信:待人好,就是待自己好。

七、我们相信:能够勤俭的人,终身吃着不尽。

八、我们相信:烟酒赌博,可以使人倾家荡产,肇祸伤身。

九、我们相信:男女是平等的,男子所做的事,女子也应该去做。

十、我们相信:地方的事,应该大家去做,有钱的出钱,有力的力。

三、南京中学栖霞乡师科课程概要[②]

本科根据中华民国教育宗旨,参照现代乡村环境,办理乡村师范教育,采取

---

① 本文原载于栖霞乡师编《栖霞新村》1929年9月第15期。

② 本文原载于栖霞乡师编《栖霞新村》1930年6月第25期。

由做而学，由学而教之原则，施以最适宜之科学教育，最严格之身心训练，并注重生活作业，农事操作，社会服务，教育实习，以期养成道德健全，学术优良之乡村师资，俾能于服务乡村社会时，以丰富之学术，耐劳之精神，俭朴之习惯，热烈之心肠，设法增益农民知识，改良乡村组织，提高农民生活，实现农有、农治、农享之新农村。兹将本科课程做、学、教总目暨各科做、学、教分目分述如次：

(一) 总目的

1. 使学者具有教育儿童之基本知识及小学教学上应用之方法、技能，并培养为教师者正当之态度及理想，而尤注重养成其对于教育建国之信心。

2. 取材务求切实，一方顾及学生之经验，同时注重乡村实际需要问题之讨论及练习，以求适应乡村生活环境。

3. 使学生对于乡村社会之组织有清晰之了解及具体改良之方法，并使了解人生努力的意义，以养成其为人群努力向上之精神。

4. 使学生有欣赏自然景物之观念，以增进其村居之乐趣。

5. 注重本国文化，发挥民族特性，并明了国际间新形势，以谋国家地位之增进。

(二) 各科目标

1. 三民主义与公民课程目标

（1）彻底了解三民主义之真谛，以收笃信力行之效。

（2）养成健全人格与爱群之习惯，以集体生活训练民权民生之应用。

（3）研究人生之真义和人类之社会生活，引起学生对于社会事业之热烈兴趣。

（4）使知经济原理、法制常识和国际的关系，以养成乡村社会适当之领袖。

（5）根据总理遗教陶融青年"忠孝、仁爱、信义、和平"之国民道德，养成公民自治必备之资格。

2. 教育课程目标

（1）使明白我国最近所采取之教育宗旨和实施方针。

（2）研究并实验党义教育之具体的实施方法。

（3）研究并实验小学教育原理和教学技能。

（4）养成终身服务乡村教育的决心和兴趣。

（5）研究并试验民众教育的实施。

（6）养成乡村小学教师应有的态度、习惯和精神。

3. 国文课程目标

(1) 养成学生运用语体文,及语言充畅地叙述事理及表达情意的技能。

(2) 引起学生读书浓厚的兴趣,能自由选读有用的书报,以广见闻。

(3) 养成学生能阅报和欣赏古今平易书籍,并使彻底了解文字与国家的关系,以发抒青年志气,振起民族的精神。

(4) 了解日常生活应用文字和社会习用文章法式。

(5) 培育学生优良情感,增进田园乐趣。

(6) 训练学生创作儿童文学及乡村适用文学之技能。

(7) 明了小学国语教材及教法,运用普通语言及文字以改革社会的心理,并用为小学的教材,使各有优良的意味,而不囿于机械式的规模。

4. 国语课程目标

(1) 明了语音音素。

(2) 熟练发音技能。

(3) 校正方音方言。

5. 农业课程目标

(1) 使学生明了农事上新知识及新方法之大要,有指导农民和教授小学生农事之能力。

(2) 使学生躬自耕作,养成勤劳习惯与重视劳动之精神,培养实行民主主义之基础。

(3) 使学生对于农村社会组织有清晰之了解及其改进之方针。

(4) 使学生有欣赏自然景物之观念,以增进其村居之乐趣。

(5) 使学生洞悉农业之重要与农民在国家经济上之地位。

6. 数学课程目标

(1) 熟悉算术及珠算簿记之各项演法,并自由应用于日常生活。

(2) 使学生能了解并应用数量的概念及其关系,以发展正确的思想分析的能力,并养成敏速的计算习惯。

(3) 使学生根据数理以推究事物自然的结果,并为自然科学的工具。

(4) 了解小学算术科之目的价值及其取材标准。

(5) 有编制小学算术教材或审定小学算术教科书的知识和教授小学数学的技能。

7. 历史课程目标

（1）研求中国政治经济变迁的概况，说明近代中国民族受到列强侵略之经过，以激发学生的民族精神，并唤醒其在中国民族运动上责任的自觉。

（2）研求重要各国政治经济变迁的概况，说明今日国际形势的由来，以培植学生国际的常识，并养成其远大的眼光与适当的国际同情心，但同时仍注重国际现势下的中国地位，使学生不以高远的理想而忘中国民族自振自卫的必要。

（3）研求各国重要民族学术文化演进的概况，与中国学术文化演进的经过，使学生略知现代人类生活与文化的由来。

（4）对于中外各时代的政治状况，特别注意说明现代民权发展的由来，以树立学生政治训练与运用民权的基础。

（5）对于中外各时代之经济状况，特别注意说明现代经济状况与重要社会问题之由来，以阐明民生主义之历史的根据，并促进学生对于民生问题之注意与了解。

（6）由历史实例的启示，培养学生高尚的情操，服务人群与精进不息的精神，并增进其观察判断的能力。

（7）使学生明了近代科学对于物质文明及社会进化的贡献。

（8）注重中国各时代之农政及农业进化史。

8. 地理课程目标

（1）使学生明了地理与人生之关系。

（2）根据民族主义讲明本国各地之风土人情，以培养民族精神；讲明国际之形势，以培养世界眼光。

（3）根据民权主义讲明政府之施政方针与外交政策之地理背景，使学生对于政治皆能发生兴味，成为健全公民。

（4）根据民生主义讲明国民之衣食住行四大需要皆有赖于天然富源之开发，因而唤起乐观的积极的精神。

（5）注重各地方农产品的分布及农村生活的概况。

（6）注重国际间新形势，做将来应付的准备。

9. 理科课程目标

（1）使学生认识自然与人生之关系。

（2）使学生有解剖自然与应用自然之能力与精神。

（3）使学生了解生物界之进化与天演淘汰之前因后果。

(4) 使学生明了科学之价值,及中国需要现代科学之情形。

(5) 使学生对于坊间自然教科书有选择教材与搜集教材之能力,以为将来服务乡村指导乡民之准备。

10. 图画课程目标

(1) 引起对于艺术欣赏的兴趣和能力。

(2) 使认识艺术与人生的关系,并涵养美的态度,以为生活的指导。

(3) 熟练中西艺术的技能,发展各人个性。

(4) 注意图案画,俾能应用于乡村美术上的设计。

(5) 造就小学校图画科师资。

11. 手工课程目标

(1) 训练手眼脑同时并用,养成劳动工作的习惯和兴趣。

(2) 关于日常生活上必需的工艺,应自动的研究而实习之。

(3) 培养工艺的制作技能,俾能改进乡村生活。

(4) 造就完善乡村小学实用手工的教师。

12. 音乐课程目标

(1) 涵养美的情感与融和乐群的精神,引起欣赏文艺的兴趣。

(2) 发展学生音乐兴趣及才能,使能了解普通的乐理和曲谱,组织并能奏单音和普通和音的歌曲。

(3) 教以有革命精神和描写农工生活的歌曲,俾将来传布民间,激发民众情感和爱国思想。

(4) 造就小学校音乐科师资。

13. 体育课程目标

(1) 锻炼健全体格,发展内脏器官,养成优美正确的姿势,增进民族之体力。

(2) 养成服从、耐劳、自治、勇敢、团结、互助、守纪律诸美德。

(3) 了解人体各部器官的构造和功能。

(4) 了解增进健康方法和简易疾病治疗法。

(5) 增进肢体感官上的灵敏的反应,养成健身的娱乐习惯。

(6) 研究体育上应有的知识和小学校实用的体育教材,造就小学校适当体育教师。

四、南京中学栖霞乡师科训育概要①

乡村师范学生,多半来自田间,敦厚诚朴之风是所固有,而学校所在地之环境,又绝少外界之引诱。训育方面,关于消极之管理,困难绝少,而积极方面,如何能于短少期间,使一血气未定之青年,训练为适合社会所需之乡村小学教师,实一最大困难问题也。故本校训育侧重积极方面之陶冶,凡校中所有教职员,无不训育化;凡校中一切设施,无不以训育为中心,俾学生能于直接间接方面,俱收潜移默化之功,以期达到吾人最后之目的——理想底乡村小学教师。

(一) 训育标准

吾人认为理想底优良乡村小学教师,必具下列各项条件,故即以为训育标准:

1. 和蔼的态度;
2. 丰富的感情;
3. 坚强的意志;
4. 活泼的精神;
5. 强健的体魄;
6. 好学的兴趣;
7. 正义的信仰;
8. 勤朴的习惯;
9. 高尚的理想;
10. 真挚的同情;
11. 远大的眼光;
12. 敏活的手腕;
13. 勇毅的气概;
14. 领袖的才能;
15. 雄辩的口才
16. 科学的头脑;
17. 创造的能力;
18. 奋斗的勇气;

---

① 本文原载于栖霞乡师编《栖霞新村》1930年6月第25期。

19. 耐劳的身手；
20. 牺牲的决心。

（二）训育方法

甲、积极方面

1. 全体教职员皆训育化，参加学生一切活动，务使多接触之机会，以收人格感化之效。
2. 一切生活作业、农事操作、社会事业，皆使学生自理，或尽量参加，以增加处理事务之经验，并养成耐劳之习惯。
3. 使多参加农民运动之实际工作，及为农民服务机会，俾了解乡村社会状况，以培养领导乡村民众之能力。
4. 布置优美之环境，提倡欣赏艺术与自然美之兴趣，以养成高深之情操。
5. 鼓励各种团体活动，以养成合作之精神。
6. 鼓励各科课外自由研究，以养成探讨高深学理之志趣。
7. 常参加小学实际工作，以引起接近儿童之兴趣。
8. 常齐声讽读《我们的信条》，藉资策励而坚信。

附录：

我们的信条

1. 常想着乡村教育是救国惟一的政策。
2. 常想着乡村师范是乡村文化的中心。
3. 常想着乡民是我们的好友。
4. 常想着乡村是我们的乐园。
5. 努力做师生协作的功夫。
6. 努力把做学教打成一片。
7. 努力实现新中国的乡村。
8. 努力实现新时代的一个乡村师范。
9. 生活简陋思想不要简陋。
10. 埋头的努力胜过无谓的夸张。

乙、消极方面

1. 加以劝导，使明瞭所犯之过而知悔改。

2. 过失较大,则加以严重之警告。
3. 如所犯过失重大,或屡诫不悔,则令其退学。

五、南京中学栖霞乡师推广事业概要①

本科为适应乡村社会,改良乡村环境起见,特设推广部,以学校为乡村文化之中心;凡乡村农民之需要者,无不尽量供给;学校之范围,不仅以学校校舍为范围,以本科所在之乡村为区域;教育者之对象,不仅以学校学生为对象,凡乡村一切民众,均为教育者之对象,以期达到改良乡村社会之目的。所有之事业,约分三种:

(一)关于教育者:如民众学校、民众补习学校、民众注音符号宣传运动、民众识字运动、民众读书处、民众代笔处、民众问字处、民众茶园、流动图书、通俗讲演、科学常识试验、民众科学馆、幻灯讲演、说书、影片、新剧、民众周报、民众书报之类。

(二)关于村政者:如村政改进会、户主会、风俗改良会、劝戒烟赌、破除迷信、保存古迹、平粜米面、消防队、合作筑路、乡村社会调查、代办物品、提倡国货、指导合作、民众娱乐会、音乐会、各项体育运动、卫生指导、施诊给药、清洁运动、种痘运动、防疫运动之类。

(三)关于农业者:如改良农事、指导种植、交换麦种、赠送棉籽、指导育蚕、推广造林、扑灭蝗蝻、合作灌溉、合作售卖、农忙托儿所之类。

本部所办之事业甚多,要皆以农友之需要为目的;本科学生均须服务练习,藉以养成服务乡村社会之能力也。

六、南京中学栖霞乡师招生简则②

宗旨 本科恪遵三民主义教育之原则,参照乡村环境,适应地方需要,养成优良小学教师暨改进农村之人才。

办法 本科为养成优良乡村小学教师起见,除授以最适宜之科学教育外,并施以最严格之身心训练。学生在校一切生活,均须共同处理,每日课外至少有六十分钟工作,工作范围:一年级注重生活作业,二年级注重农事操作,三年

---

① 本文原载于栖霞乡师编《栖霞新村》1930年6月第25期。
② 本文原载于栖霞乡师编《栖霞新村》1930年6月第25期。

级注重社会服务,四年级注重教育实习。毕业后须终身服务乡村小学,或从事农村改进事业。学生在修业期中,如认为不适宜乡村师范教育时,随时得令其退学。

学额 一年级四十五名(男女兼收),春季二年级秋季二年级各收插级生五名(男女兼收)。

投考资格 投考一年级生,须备具下列各项资格:① 新制六年小学毕业,或旧制高等小学毕业者。② 年龄在十五岁以上者。③ 身体强壮,思想稳健,行为端正,能耐劳苦者。④ 有乡居兴趣而愿终身从事教育事业者。投考二年级生除备具上列②③④三项资格外,须曾在其他县立师范或省立中学乡村师范科肄业一年以上取得修业证书者。

毕业年限 暂定四年。

考试科目 党义、国文、算术、常识、谈话、农事操作、生活作业、体格检查。

报名日期 投考者须先期来函报名并备齐下列各件,缺一不得与考:① 县教育局保送公文;② 最近四寸半身照片(背面须注明姓名、年岁、籍贯、毕业学校、通信处,并请现任校长签名盖章负责);③ 小学毕业证书,如投考二年级,并须缴验县师或乡师肄业证明书;④ 试验费一元五角(录取与否概不退还)。

试期及地点 试期:七月三日至五日。考试地点:京沪路栖霞山南京中学乡村师范科。

纳费 录取后入学时,本省学生学膳宿费完全免纳(省令如有变更,再行函达),惟须纳左列各费(外省学生须纳膳费每月六元):

保证金	十元,(毕业时发还)
制服费	十五元(有余发还,不足补缴,修业期内无论何季,均须着规定制服)
课业用品费每学期纳	一元(有余发还,不足补缴)
讲义费每学期纳	一元
实习费每学期纳	一元
图书费每学期纳	一元
体育费每学期纳	一元
医药费每学期纳	一元
新村村民捐每学期纳	一元
浴费每学期纳	五角

校址 京沪路栖霞山站南二里许。

交通 略

投考生膳宿问题 本校位于乡村，附近无旅馆饭店，投考者膳宿均可由校供给，二日起至五日止，每人纳费一元，但被席、手巾、面盆及其他零碎应用物品均须自备（事前须备齐，附近无处可买）。

游览 栖霞为六朝胜地，林壑幽邃，形势天然，风景之佳，冠绝金陵，考试后乘兴一游，当能增人兴趣不少。

最后忠告 考生于考本科前，务希郑重考虑为何投考本科，将来是否愿从事此物质报酬菲薄之乡教事业，设有意志薄弱、见异思迁、将来无服务乡村社会之决心者，请不必为本科区区免费之待遇而轻易来此一试，徒劳往返跋涉，致公私双方均蒙莫大之损失也。

七、江苏省立栖霞乡师小贩贷款处简则[①]

第一条 本校为救济本村小贩之穷困起见，特设小贩贷款处。

第二条 小贩贷款处基金暂定国币二百元。

第三条 凡本村村民具有下列条件者，皆有依法享受本处贷款权利：

（一）住居本村有相当职业者。

（二）确因营业缺乏资本，暂借贷金作临时周转者。

（三）自信能于一定期内如数偿还者。

（四）有殷实铺铺保者。

第四条 凡怠惰成性不务正业之村民，一律不得享受本处贷金之权利。

第五条 贷款之办法如下：

（一）不取息金。

（二）金额自一元至十元。

（三）期限不得超过一月。

第六条 借贷之手续如下：

（一）填具请求书及表格亲赴本校谈话。

（二）经本校审查，认为确有借贷之需要者，通知请求人领取保证书，觅取殷实店保。

---

① 本文原载于栖霞乡师编《新栖霞》1933年第1卷第2期。

（三）所觅店保经查明属实后，方得签字付款。

（四）除店保外仍须有本人之确实不动产作抵押。

第七条 凡借贷之款，须在一定日期内偿还，不得过期，如事前说明分期偿还者，应凭摺按期登明，以免讹误。借款者如过期不还，保证人应负责偿还，不得藉口推诿。

第八条 借款者如因种种关系不能如期偿还，须遵照下列手续来校申请续借：

（一）借款者邀同保证人来校说明理由续借。

（二）补填贷款自愿书及表格。

（三）其他手续同第六条各项。

第九条 续借时期至多不得逾半月。

第十条 在续借期间酌收息金，其利率不得超过一分。

第十一条 本简则如有未尽事宜，得随时修改之。

八、江苏省立栖霞乡师实施教训合一暂行法①

第一条 本校为实施"教训合一"起见，特遵照江苏省县中等学校教训合一实施初步办法，及本校工读指导部、生活指导部实施方案，订立本办法。

第二条 本校实施"教训合一"之原则如下：

一、依照三民主义，运用各科教材、教法，各项研究、实验，积极指导青年思想。

二、遵照部颁训育目标，实行个别训练。

三、厉行师生共同生活，实行人格感化，养成健全师表。

四、适应乡村需要，提倡各项劳作，师生共同养成刻苦耐劳之习惯。

第三条 分每年级学生为两至三组，设导师二人或三人分率之，并于每一年级设一首席导师。导师由担任各该级功课之专任教师兼任；首席导师由各部主任、附小主事或导师兼任。

第四条 导师及首席导师均得酌增月俸。

第五条 设训导会议，审议关于"教训合一"及其他生活指导上之重要事宜，由校长、生活指导部主任、女生指导员、导师及首席导师组织之，以生活指导

---

① 本文原载于栖霞乡师编《栖霞新村》1932年第1期。

部主任为主席。其简则另订。

第六条　每级每两周举行级会一次,以各该级首席导师为主席,级会细则另订。

第七条　导师之职务如下:

一、随时随地考察指导所率组内学生之思想、行为与言论。

二、分别参加生活上之各种操作。

三、于工读、研究、实验之时间内,除作做、学、教之领导外,并须负责使全级学生整肃礼貌,恪守秩序,秉正习惯,进而变化气质,端正学风。

四、指导学生自修。

五、指导学生自治,其细则另订。

六、举行个别谈话。

七、协助检查各该组学生之体格。

八、出席训导会议。

九、与各该年级其他导师及生活指导人员,会商本年级教训联贯方法,每两周一次。

十、填交生活指导部所发关于操行、体育成绩之各种考察表格。

十一、担任关于各该组学生身心训练上其他事宜。

第八条　首席导师除担任导师之全部职务外,并须担任下列各职务:

一、轮流考察清洁操作成绩。

二、轮值生活指导部办公室,协助处理该部日常训导事宜。

第九条　本办法由校务会议通过施行。

黄质夫在浙江湘湖师范学校①

廿年

六月
1. 教育厅委黄同义先生接充校长。
2. 预备移交。
3. 介绍毕业同学。
4. 停止经常公事。

七月
1. 黄校长同义来校接受移交。
2. 开始招生,招收简师、特科各一班,简师招收高小毕业者,训练期限由三年制改四年制;特科招初中毕业生,训练一年结束。
3. 计划建筑校舍,教室一座,共四所十二间,寝室一座,共三所十二间,厨房、调养室、浴室一座,导师宿舍一座五间。
4. 改弹性制为班级制。
5. 聘请教职员二十多人。

八月
1. 审查各部规程、学则、规约。
2. 办理二次招生：第一次在杭初招考,第二次在本部试验。
3. 布置校景。
4. 举行暑假留校导师座谈会。

---

① 本文摘自杨恩培《本校大事记（十七年—廿五年五月）》,由原湘湖师范校长阙沛霖整理。

九月

1. 拟定各科课程纲要。
2. 购置铁床二百张。
3. 三四届学生分别补习。
4. 组织抗日救国宣传队。
5. 组织炊事委员会,实行雇工自理炊事,每日派定学生二人值日。
6. 新校舍建筑甚速,约一个月可以完成。
7. 学校组织改分生活、工读、研究、推广、总务五部。

十月

1. 预定五年计划。
2. 支配学生课外农工活动。
3. 举行老虎洞郊叙。
4. 三四届仍自习课程纲要,各科规定指导教师分别研究。
5. 增辟体育场地一处。
6. 改建本部山上厕所。
7. "九一八"事件发生后,全校师生沉重苦干。

十一月

1. 组织各科研究会,每人至少加入一种。
2. 考查学生课外工作成绩。
3. 加入全国乡村改进会。
4. 增设定山农民教育馆。
5. 调查毕业生近况。
6. 增宽湘堤,以利交通。
7. 举行新校舍落成典礼。

十二月

1. 往闻堰举行国难化装宣传。
2. 举行清洁运动,本部及沿湖各村。
3. 移图书于湘云寺西厢,一间作藏书室(藏书四千多册),二间作阅报室并杂志阅览室。

4. 迁设科学馆于寺之东厢,二间作实验室,一间藏理化仪器。

廿一年

一月

1. 组织贷学金委员会。
2. 生活部办理寒假留校学生事项。
3. 黄校长辞职,学生会派代表进省挽留。
4. 办理移交结束事项。
5. 学生自治会出版第一期《锄声》。
6. 湘湖农场及定山,村民把定山原来风景树——松类完全伐去,殊觉可惜。

二月

金海观先生继任校长。

中华乡村教育社史料

一、中华乡村教育社筹备消息①

中华乡村教育社于本年四月,由乡村教育同人发起组织,筹备以来,各地人士纷纷投函加入者,现已达千余人之多。社员籍贯,已遍布江浙赣闽广云桂陕甘蒙藏直鲁豫等地,殊为乡教发达之好消息也!该社筹备处设在京沪线栖霞山乡村师范学校内,发起人订于本年十月十五日开筹备会议。兹将该社征求社员启事及社章案附载于后。

中华乡村教育社筹备处征求社员启事

吾国乡教运动,肇端于民八,植基于民十二,而大盛于今日。屈指计之,忽忽已十有三年矣。在以往十三年中,乡村教育者,对于乡运之推进,与夫乡教之探讨,不可谓不力,而卒以所循之途径,未尽妥善,所取之方法,未尽精当,收效未能如吾人之始愿于万一。今也民智之闭塞如故,民群之散漫如故,民体之羸弱如故,而民生之凋敝,且更甚于昔。国难日亟,国亡无日,吾人果将何以挽此颓运乎?同人深信:非扩大乡教运动,无以裕民生;非扩大乡教运动,无以开民智;非扩大乡教运动,无以强民体;非扩大乡教运动,无以救民散。同人深信:扩大乡教运动,为今日救国之唯一途径;扩大乡教运动,为中国今后唯一之出路。惟乡教运动之前途,问题复杂,障魔丛生,欲谋扩大,决非少数人之力量所能胜任。同人有鉴于此,爰不揣狂愚,毅然有全国乡村教育社之发起,以期集中全国人才,整齐步伐,共谋乡运之开展,刻正广征社员,着手筹备,以期早观厥成。

久仰先生对于乡村教育,钩探精深,乡运前途,端赖指引,尚蒙惠然加入,幸甚,幸甚!

---

① 本文原载于栖霞乡师编《新栖霞》1932年10月第1期。

	王引民	俞庆棠	彭百川	古 楳	涂闻政	
	程其保	江恒源	高 阳	邹秉文	任孟闲	
	孙 枋	杨卫玉	何玉书	唐昌言	杨效春	
发起人	冷御秋	唐启宇	叶汤铭	汪懋祖	陈昌嵩	同启
	腾嵩石	周 淦	冯 策	韩文庆	周邦道	
	黄质夫	顾 琨	金海观	陆殿扬	顾克彬	
	相菊潭	梁漱溟				

(以姓氏笔画多寡为序)

二、中华乡村教育社举行成立大会①

——到会社员何玉书、黄质夫、章之汶等主席
——中央党部暨教育部均派代表致训词
——行开会式，乡民赠栖霞乡师木匾致贺

一月二十九日栖霞通讯 中华乡村教育社于二十七日上午十一时在栖霞山省立栖霞乡师举行成立大会，该社先于二十年夏季，由各地乡教同人，公推栖霞乡师担任筹备通信工作，其时志愿加为发起人者，计有三十八人，乃分别征求社员，至最近止，连团体社员人数，共有三千人以上，区域达十五省。二十一年十月十五日在栖霞乡师举行发起人会，并推定彭百川、黄质夫、孙仲威、汪典存、唐启宇等五人为筹备委员，于二十二年六月呈准中央党部立案，及教育部备案；同年十一月，加推江问渔、何玉书、陈剑修、章之汶、相菊潭、赵鸿谦为筹备员；十二月二日续在南京开会，决定于二十七日在栖霞乡师开成立大会。各地社员均纷纷赶到参加，中央党部及教育部亦均派员莅会指导，开会式于上午十一时举行，下午二时开始讨论提案，晚开审查会，二十八日上午继续开会，下午游栖霞名胜，兹将各情分志于后。

现有社员

（甲）"个人社员"如下：王引民、王万钟、王元辅、何玉书、江恒源、任孟闲、汪

---

① 本文原载于《民众教育通讯》1934年第3卷第10期。

懋祖、冷御秋、金海观、相菊潭、俞庆棠、梁漱溟、高阳、孙枋、黄曝寰、黄质夫、冯昭梵、冯鼎芳、彭百川、陈剑脩、蓝渭滨、程其保、邹秉文、邰爽秋、盛振声、罗廷光等二百余人。

（乙）团体社员计有：河北省立邢台师范、山东省立第四乡村师范、河北省立百泉乡师、江西省立乡村师范、江苏省立栖霞乡师、江苏省立洛社乡师、江苏省立界首乡师、江苏省立黄渡乡师、江苏省立吴江乡师、江苏省立灌云乡师、江苏省立石湖乡师、江苏省立连云乡师、浙江省立湘湖乡师、江苏昆嘉青三县共立乡师、浙江省立锦堂中学、山东省立长山中学、南通县立初级中学、浙江永康县第五区教育会、江苏汤山农民教育馆、镇江民众教育馆。

筹备会议

该社筹委会于二十六日晚八时在栖霞乡师举行第三次会议，计出席彭百川、相菊潭、黄质夫、孙枋、章之汶、李绍良、赵鸿谦等七人，当推黄质夫为主席，赵鸿谦记录，决议要案如下：（一）推举黄质夫报告筹备经过；（二）筹备会推举主席团三人，当选者章之汶、陈剑脩、何玉书；（三）推定章之汶致开会辞；（四）推定大会职员，文书李绍良、缪阴祖、赵吉士，事务黄质夫、孙仲威，招待章之汶、相菊潭、彭百川，司仪朱贡三；（五）大会主席团临时公推二人；（六）通过大会议事日程及开会顺序。一月二十六日筹备会；一月二十七日上午十时三十分开幕式，下午二时开讨论会，下午七时开审查会；一月二十八日上午九时继续开会，下午游览栖霞名胜。

开会情形

大会于二十七日上午十一时，在栖霞乡师大礼堂行开幕式，中央党部代表张皎，教育部代表吴研因，筹备会彭百川、章之汶、孙枋、相菊潭、赵鸿谦、黄质夫、何玉书，以及各省市社员约二百余人，当推章之汶、何玉书、彭百川等三人为主席团，如仪行礼后，即由章之汶氏致开会词，黄质夫氏报告筹备经过，中央党部代表张皎，教育部代表吴研因先后致词，次即由山东省教育厅代表赵怀柔、社员邰爽秋等演说，对于乡村教育之重要发挥均极详尽，至下午一时摄影散会。开会时栖霞附近各乡乡民赶来参观颇众，足见乡民之迫切。二时开讨论会，讨论提案凡八十余件，晚间复开审查会，二十八日上午继续讨论，下午游览栖霞山名胜。

主席致辞

主席章之汶致词，略谓：此次承各行政机关之协助，并蒙中央及教育部派员莅会指导，各社员远道赶来参加，及栖霞乡师同人热诚之招待，本会非常感激，个人特代表筹备会方面，向各位致谢。乡村教育在目前已成为一种重要之事业，以美国论，美国在二十余年前，农村情形，亦感觉恐慌，大多数农民亦离开农村趋向都市。前美总统罗斯福鉴于此种情形，乃特组织一农村生活委员会，调查结果，其报告中之结论曾有一言曰："乡村问题，即教育问题。"在中国方面，十余年前据美人伯德非尔博士之考察，亦认为"中国最近五十年之内最大之工作，应当注重小学教育，教导三万万二千万农民。"孙总理亦认为非农民参加革命，则革命不能彻底。故吾人认为现时应提倡者，应注意下列五点：（一）智识方面，（二）技能方面，（三）态度方面，（四）欣赏方面，（五）理想方面。至于本社事业之范围，亦甚广大，约可分下列五项：（一）调查，（二）研究，（三）实验，（四）推广，（五）编纂。在最近一年内，拟根据本社实际情形，确定几种目前迫切需要之事业，分配于个人或机关，从事研究及工作云云。

代表致辞

筹备员黄质夫氏报告筹备经过后，即由中央党部代表张皎氏致词，略谓：个人奉中央命前来参加，得与诸专家同聚一堂，颇为荣幸。我们知道，教育乃立国之根本，教育不良，至少对于国家前途要发生多少影响，由此可见教育之重要云云。旋教育部代表吴研因致辞，略谓：本人亦社员之一，因参加之便，教育部派兄弟代表与会，所可告诸位者，最近数十年来之教育，颇有人表示不满，如谓政治不良，社会不善，经济不发展，均为教育不良之结果……

选举理事

下午二时开讨论会议，当推举章之汶、古楳、陈剑脩、赵德柔、何玉书为大会主席，讨论社章，除逐条修正通过外，并确定社址在京沪路栖霞山江苏省立栖霞乡村师范学校。下届年会时期，定于二十四年暑假，地点由理事于山东邹平、江苏无锡、湖北武昌三处，择一举行。继由中央党部代表张皎发票选举，计选出理事十六人，兹探录结果如下：何玉书、古楳、陈剑脩、吴研因、程其保、彭百川、黄质夫、章之汶、相菊潭、邰爽秋、孙枋、梁漱溟、江恒源、赵德柔、仝菊圃、胡宏模。晚继续举行第二次讨论会，由陈剑脩主席，全部提案共分四组，分别审查：（一）教育行政组计十六件，（二）社会教育组计十七件，（三）教材组六件，

（四）本社工事组计二十四件，至夜深十一时始毕。二十八日上午八时举行第一次理事会，选举何玉书、黄质夫、彭百川为常务理事，推荐理事章之汶兼研究组主任，李绍良担任总务组主任，滕仰支担任推广组主任。九时继续举行大会，正式讨论提案，仍由陈剑脩、赵德柔先后主席，因当值"一二八"两周年纪念日，如仪行礼，全体社员起立静默三分钟，以致哀悼，次即开始讨论提案，并通过中华乡村教育社第一年度工作计划大纲：

1. 继续征求会员；
2. 组织各地分社；
3. 征收社员入社费、常年费及特别捐，作为本社公费；
4. 请求党政机关划拨的款，作为本社事业费；
5. 调查国内各地农村教育、农村经济及农民生活状况；
6. 调查外国各地繁荣农村，及乡村建设各种设施方法；
7. 选译各国地方自治农村教育，及乡村经济著名书报；
8. 编辑《社友通讯》《乡教杂志》及"乡教丛书"；
9. 特约国内著名乡教机关担任本社各种实验工作；
10. 辅助个人或机关对于乡教之实施或改进；
11. 建议各省教育厅，以各乡师所在地为乡教实验区。

至十二时始毕，推古楳为主席，举行闭幕式，临时动议：用大会名义致函栖霞乡师，对于连日热情招待，表示谢意。

乡民送匾

栖霞乡师所办推广事业颇多，最近办理信用合作社六所，乡民颇为感激，特于二十七日由霞乘乡、大乘乡、栖霞镇、石乘乡、甘家村等乡民公赠该校木匾一块，文曰"民众福星"。送到时，锣鼓喧天，爆竹不断，时正大会举行开幕式，为之生色不少。

三、中华乡村教育社简章①

（十月十五日发起人会议修正通过）

第一章　总则

第一条　本社定名为中华乡村教育社。

---

① 本文原载于《教育部公报》1932 年第 4 卷第 41 期。

第二条 本社以集中全国乡村教育同志之力量共谋乡教运动之开展为宗旨。

第三条 本社工作如下：

一、调查各地乡村状况。

二、依据实际问题探讨解决方法。

三、编译关于乡村教育之书报。

四、促进乡村教育之发展。

五、辅助个人或机关对于乡村教育之实施或改进事项。

六、其他关于乡村教育事项。

第四条 本社社址

筹备处暂设首都栖霞山江苏省立栖霞乡村师范学校

第二章　社员

第五条 本社社员资格如下：

甲、个人社员

子、对于乡村教育有相当经验者。

丑、对于乡村教育有研究兴趣者。

寅、其事业与乡村教育有关系者。

乙、团体社员

子、各地乡村师范学校。

丑、各地乡村小学。

寅、各地乡村教育机关。

丙、凡热心赞助本社事业者，得由理事会聘请为名誉社员。

第六条 合于以上资格之一者，由本社社员二人以上之介绍，经理事会通过，得为本社社员。

第三章　组织

第七条 本社以社员全体大会为最高权力机关，全体大会闭幕时由理事会主持之。

第八条 理事会设理事十一人，候补理事五人，由全体社员选举之。

第九条 理事之选举由社员于常年社员大会前用记名连选法通信选举之。

第十条　理事及候补理事任期一年,连选得连任。

第十一条　理事会由理事互推三人为常务理事,处理日常事务,并由三人中互推主席一人,总理社务,对外代表本社。

第十二条　本社设总务、研究、推广三组,每组设主任一人,为义务职,由理事会通过聘任之,各组于必要时得设干事若干人,由各组主任提交理事会,通过任用,得酌给津贴。

第十三条　本社于必要时得设特种委员会,其组织另订之。

第十四条　本社各地社员人数在十人以上,经理事会之认可,得组织分社。

第四章　职权

第十五条　理事会职权如下:

一、执行大会决议案。

二、规划进行方针。

三、筹募经费。

四、审核预算决算。

五、审核各部计划及办事细则。

六、聘请各部主任及干事。

七、审查社员资格。

八、组织委员会。

九、办理选举。

十、召集社员大会。

第五章　会议

第十六条　社员大会每年开会,由理事会召集(未成立前由筹备处召集),其地点及日期由前一次大会决定之,理事会认为必要时或由社员五分之一以上之提议,得由理事会召集临时会员大会。

第十七条　理事会每年至少开会一次,由常务理事召集之,候补理事得列席。

第十八条　社员大会以到会社员(其因事不能到会者得托到会社员代表,但每人以代表一人为限)过全体社员三分之一以上为法定人数,理事会以全体理事过半数以上为法定人数。

第六章　经费

第十九条　本会经费以下列各项充之：

一、个人社员社费。

二、团体社员社费。

三、社员特别捐。

四、党政机关补助费。

第二十条　本社社费分入社费、常年费两种：

一、个人入社费二元，常年费一元（一次缴足二十元者以后免缴常年费）。

二、团体入社费十元，常年费五元。

三、特别捐无定额。

第二十一条　关于本社特别费用，经本社理事会之决议，得临时募集之。

第七章　附则

第二十二条　本简章如有未尽善处，得由理事过半数以上之提议，或社员五分之一之提议，交修改之。

第二十三条　本简章经社员大会通过后，呈准党政机关核准施行。

后 记

　　黄质夫先生生前信函、札记和文稿，在动乱中佚失殆尽，本书辑录的文字，大多数在新中国成立前出版或发表过，其中在栖霞乡村师范学校印行的《栖霞新村》和《新栖霞》两种校刊上发表的文章尤多。这两种校刊上有不少未署名的文章，从内容、语气和语言风格推断，当为校长黄质夫先生所撰，但是以严谨计，本书均未收录。在其他刊物和报章上零星发表的，以及少数未曾公开发表的文章，搜寻颇为不易，黄质夫先生的子女，有的已年逾八旬，仍不避寒暑，到南京图书馆、档案馆查阅，甚至学习利用网络资源，在各大学图书馆和古籍网站上搜寻，他们的精神，诚为编者所感动！

　　本书附录文章计有四篇，第一篇是著名教育家古楳的回忆，可填补黄质夫先生1924年至1927年在江苏界首乡村师范学校教育活动资料的空白；第二篇汇集了南京栖霞乡村师范主要的规章制度，借此反映施教者办学之用心；第三篇是原浙江湘湖师范学校校长阙沛霖先生辑录的《本校大事记》，记录了黄质夫先生1931年秋至1932年春在浙江湘湖师范学校的教育活动；第四篇汇集了黄质夫等人发起成立中华乡村教育社的主要史料，以便读者更加完整地了解黄质夫先生在乡村教育界的影响及其发挥的作用。

　　本书付印之际，承蒙黄质夫先生母校东南大学党委书记易红教授、中国著名教育史学者浙江大学田正平教授、南京大学教育研究院院长王运来教授欣然题序，不仅对黄质夫先生的教育思想给予积极的评价，而且对黄质夫先生献身乡村教育的精神给予高度赞扬。

自1980年代末以来，黄质夫先生的故乡仪征市政协文史办、江苏省政协文史委、贵州省教育厅、榕江县政府、南京市栖霞区地方志和教育局、南京市栖霞中学、贵州省榕江一中、高邮市界首中学、浙江杭州科技职业技术学院等相关单位，通过各种方式宣传黄质夫先生的教育思想和献身乡村教育的精神；社会各界人士，如贵州教育出版社梁茂林先生，徐州教育学院甘乃伟教授，河南大学刘克辉教授，南京师范大学陈敬朴教授，北京市第十八中学特级教师李锦超先生，南京市栖霞区文史工作者吕佐兵、徐兴昶、方可畏、胡国富、张智峰、管秋惠等先生，南京大学图书馆陈远焕先生，江苏省档案馆徐立刚先生等，都曾为编辑黄质夫选集和纪念文集做了大量工作，提供了许多帮助；近十余年来，教育界、学术界研究者发表了数十篇相关论文，极大地推动了黄质夫教育思想研究走向深入。上述各类活动和各项工作，一方面激励编者，一方面又为编者辑录黄质夫先生的遗文提供了重要的线索。东南大学出版社为本书的出版，亦给予诸多的便利。编者借此向所有推动学习、宣传和研究黄质夫教育思想的各方面人士表示由衷的感谢和深深的敬意！

受限于编者的知识和视野，原文排版时缺漏错讹之处以及难以辨识的文字，未能悉数补正，注释亦未尽周全，诚请读者赐教指正！

编者
2017年7月